핑크와 블루를 넘어서

젠더 고정관념 없이 아이 키우기

젠 더 고 정 관 념 없 이 아 이 키 우 기

핑크와 블루를 넘어서

크리스티아 스피어스 브라운 지음 | 안진희 옮김

창비
Changbi Publishers

차례

3부
고유한 개성을 지닌
(재미있고, 균형 잡히고, 똑똑하고, 행복한)
아이로 키우기

일러두기
1. 본문의 주는 모두 옮긴이의 것이다. 원문의 주는 책 끝에 붙였다.
2. 본문에 언급된 책, 작품, 프로그램이 우리말로 번역된 경우 그 제목을 따랐다.

이상한 며느리로
낙인찍히다

나는 이상한 며느리다. 나도 그 사실을 알고 있고, 받아들이기로 했다. 내가 처음 그 사실을 깨달은 것은 시누이가 조카아이에게 속삭이는 말을 우연히 듣고서였다. "그건 치워 놓자. 크리스티 외숙모가 좋아하지 않을 거야." 시누이 말이 맞았다. 그것은 여자아이들이 화장하는 시늉을 할 때 쓰는, 불 들어오는 화장대였다. 분홍색 플라스틱 거울이 달린 탁자에 플라스틱 화장품과 모발 관리 용품이 한 세트로 되어 있는 데다 소리까지 나는 장난감이었다. 그 장난감에서 "그렇게 화장하면 정말 예뻐 보일 거야."라거나 "와, 머리가 끝내주는데!"라고 크게 말하는 소리가 나올 때마다 온몸에 소름이 쫙 끼쳤다.

나는 그 장난감 화장대를 몹시도 사랑하는 조카딸에게 얼른 말해 줬다. 나는 언제나 네가 예쁘다고 생각한다고. 너는 똑똑하고 웃기고 재미있다고. 그게 훨씬 더 중요하다고. 정작 나는 잘 기억이 나지 않지만 시누이는 그때 내가 화장대에서 더 이상 소리가 나지 않도록 건전지를 빼 버렸다고 했다. 그러지 않았다고 발뺌할 생각은 없다. 게다가 그건 내가 젠더 고정관념을 당장 수정하고 싶을 때 흔히 행하는 방식이기도 하니까 말이다.

나는 내 아이들의 삶에서 할 수 있는 한 많은 젠더 고정관념을 조용히 제거하곤 했다. 그러다가 이내 조용함을 버렸다. 우리 집에서는 엉덩이에 단어가 쓰인 바지를 철저히 금지했다.(일곱 살짜리 아이의 엉덩이를 빤히 쳐다보게 만드는 옷을 왜 좋은 아이디어라고 생각하는지 모르겠다.) 또한 우리 가족은 내가 얼마나 바비 인형을 싫어하는지 잘 알고 있다(그럼에도 불구하고 크리스마스 때면 우리 집에 다시 숨어들기도 하지만). 나는 틈날 때마다 큰딸 마야를 옆으로 불러 앉히고 말한다. "할머니가 여자아이보다 남자아이가 강하다고 말씀하신다고 해서 그걸 곧이곧대로 믿을 필요는 없단다."

마야가 생일에 최신 바비 인형을 선물받았을 때, 나는 바비 인형을 가지고 노는 여자아이들이 현실적인 모습의 인형을 가지고 노는 여자아이들에 비해 자신의 신체와 몸무게를 더 부정적인 시각으로 본다는 실험 결과를 떠올렸다. 마야가 최신 디즈니 공주 영화 DVD를 선물로 받았을 때는 머릿속으로 다큐멘터리 「미키마우스 모노폴리Mickey Mouse Monopoly」를 재생했다. 그 다큐멘터리에서 열 살짜리 여자아이는 디즈니 만화 「미녀와 야수Beauty and the Beast」를 보고 뭘 배웠느냐는 물음에 남자 친구에게 잘해 줘야겠다고 생각했다고 천진난만하게 대답한다. 심지어 남자 친구가 자신에게 못되게 굴더라도 말이다.(십 대 데이트 폭력 관련 통계 자료가 머리를 스쳤다.) 이러한 이유로 우리 집에서 몇 가지 생일 선물은 파티가 끝나자마자 쓰레기통 속으로 자취를 '감추곤 했다'.

고민스러운 점은, 나 자신이 이상한 엄마나 며느리가 되고 싶지 않은 것은 물론이고, 내 딸들이 '이상한 아이'가 되지 않기를 바란다는 것이다. 나는 딸들의 생일 파티 초대장에 "바비 인형 사절"이라고 쓰고 싶지 않다. 마야는 생일 파티 때 선물로 바비 인형을 받을 수도 있지만 자신이 좋아하는 다른 장난감도 선물받을 것이다. 게다가 마야는 한 번도 사라진 바비 인형을 궁금해하거나 그리워하지 않았다. 나는 젠더 고정관념에서 벗어나는 것과 사회적으로 수용되는 것 사이에서 늘 아슬아슬한 곡예를 할 수밖에 없다.

내가 또 고민하는 점은 젠더 고정관념의 가장 큰 지지자이자 젠더 유형화된 장난감, 대중매체, 옷의 가장 큰 소비자가 내 아이들을 몹시 사랑하는 다정하고 따뜻한 여성들이라는 것이다. 나는 운 좋게도 훌륭한 부모님과 시부모님을 만났다. 그분들이 전혀 악의가 없는 친절한 사람들이기 때문에 문제는 더 어려워진다. 이제 시어머니는 내가 환불하고 싶어 할 경우에 대비해 모든 선물에 영수증을 첨부해서 주신다. 나는 사람들의 마음을 상하게 하지 않으면서 젠더 고정관념을 수정하려고 애쓴다. 내가 이상한 사람으로 보이는 것은 괜찮지만 무례해지고 싶지는 않다.

나도 처음부터 이러지는 않았다. 결혼할 무렵에는 젠더에 큰 관심이 없었다. 그때는 젊고 아이도 없었으며 대학을 갓 졸업한 상태였다. 그 당시에 나는 빈민 지역 학교에서 아이들과 같이 지내면서 대학원에서 무엇을 전공할지 고민하고 있었다. 그러던 어느 토요일 오후, 맥도날드에 들렀다가 인생이 바뀌었다.

내가 맥도날드 드라이브 스루에서 해피밀°을 주문하자 스피커에서 쩌렁쩌렁한 질문이 돌아왔다. "남자아이예요, 여자아이예요?"

"네?" 내가 말했다.(나는 기껏해야 케첩이나 냅킨이 필요한지 물어볼 것이라고 예상했다.)

점원은 재차 묻는데도 내가 고분고분 답하지 않자 짜증이 난 것 같았다. "그게 왜 중요하죠?" 내가 물었다. "그걸 알아야 어떤 장난감을 넣을지 알죠." 점원이 말했다. 그 순간, 내가 얼마나 무의미한 질문을 던졌는지 깨달았다.

나는 운전해 집으로 가는 내내 생각했다. '남자아이인지 여자아이인지 안다고 해서 어떻게 그 아이가 무엇을 좋아할지 알 수 있다고 생각하지? 그냥 유니콘 포니 인형을 원하는지 아니면 레고를 원하는지 물을 순 없나? 우리는 얼마나 자주 누군가의 젠더에 따라 어떤 결정을 내릴까?' 그중에서도 가장 중요한 질문은 이것이었다. '이런 일이 아이가 어떤 사람이 되느냐에 영향을 미칠까?'

결국 나는 해피밀 덕분에 학업 목표를 세우게 됐다. 그날의 질문들에 대한 답을 찾아야만 했다. 나는 대학원에 진학했고, 발달심리학 전공으로 박사 학위를 취득했다. 젠더 그리고 남자아이와 여자

● 장난감이 포함된 어린이용 햄버거 세트 메뉴.

아이의 차이에 대한 우리의 강박이 아동의 발달에 어떠한 영향을 미치는지 연구했다. 나는 우리 사회가 (심지어 젠더와 전혀 상관없는 경우에도) 젠더에 초점을 맞추는 다양한 방식에 눈을 떴다. 또한 아이들이 젠더가 같은 무리와 어울리기 위해서 어떻게 스스로를 사회화하는지 알게 되었다. 나는 젠더 고정관념이 남자아이와 여자아이에게 끼치는 악영향을 연구하고 조사했다.

하지만 엄마가 되고 나서 내 연구는 완전히 새로운 차원에서 중요해지고 복잡해졌다.

첫아이 마야가 아주 어릴 때는 젠더 고정관념에서 자유로운 가정을 꾸리겠다는 목표에 집중하기가 그리 어렵지 않았다. 우리 가족을 둘러싼 젠더 고정관념을 제거하는 데 많은 시간과 에너지를 들였다. 나는 동화책을 읽어 주다가 '남자아이[boys]'나 '여자아이[girls]'라는 단어가 나오면 '아이[kids]'라는 단어로 대체했다. 그리고 머더 구스˚ 책에서 "피터 피터 호박 먹는 피터, 그에겐 아내가 있었는데 지키지 못했다네." 같은 구절은 찢어 냈다. 선물로 받은 갖가지 분홍색 아이 옷과 균형을 맞추기 위해 마야에게 파란색과 초록색 옷만 사 주기도 했다.

그때에 비하면 요즘 내 양육 방식은 약간 느슨해졌다. 가장 큰 이유는 마야를 디즈니 만화도 모르는 별난 왕따로 만들고 싶지 않기 때문이다. 젠더 고정관념에서 자유로운 아이로 키우고 싶은 욕구는

● 영미권의 구전동화와 동요 모음집. 이야기성보다는 운율과 언어유희에 집중한 형식이 특징이며, 처음 말 배우는 시기의 아이들에게 널리 읽힌다.

친구가 많고 사교성 좋은 아이로 키우고 싶은 욕구에 의해 균형이 잡혔다. 내 고민은 매우 여성스러운 친구들이 마야에게 강력하게 영향을 미치기 시작하면서 더욱 복잡해졌다. 마야가 어느 날 집에 돌아와 이제 자신이 제일 좋아하는 색깔은 초록이 아니라 분홍이라고 당당하게 말했을 때 느꼈던 고통이 아직도 떠오른다. 무엇보다, 이러한 변화는 마야가 제일 친한 친구인 다코타와 비슷해지고 싶어 하면서 더 커지고 빨라졌다.

작은딸 그레이스가 태어나면서 젠더 중립적 양육^{gender-blind parenting}을 위한 나의 노력은 완전히 다른 양상을 띠게 됐다. 일단 그레이스가 마야와 매우 달랐고, 내가 키워 주고 싶은 그레이스만의 개성도 마야의 그것과 달랐다. 나는 지금도 내 아이들이 서로 얼마나 다른지 매일같이 깨닫는다. 심지어 둘 다 여자아이인데도 말이다. 마야와 그레이스는 닮은 점도 꽤 있지만, 가장 핵심적인 면에서 서로 다르다. 게다가 나는 둘째 아이를 둔 사람들이 느끼는 피로감 또한 느끼고 있다. 이제는 책이나 장난감에서 눈에 띄는 모든 고정관념을 일일이 제거하기에는 기력이 부쳐서 싸워야 할 때를 점점 더 까다롭게 고르게 된다.

나는 발달심리학자로서 쌓은 지식과 아이를 키우면서 직면한 문제들을 서로 연결하기 위해 이 책을 썼다. 이 책에서는 먼저 젠더에 대한 우리의 문화적 강박을 살펴볼 것이다. 이어서 우리가 젠더 고정관념을 형성하는 이유, 그러한 고정관념이 제대로 작동할 때와 잘못됐을 때를 구분하는 방법, 젠더 고정관념이 남자아이와 여자아이에게 미치는 영향 등에 대한 과학 이론을 소개하겠다. 표준에 맞서는 양육의 어려움과 그 보상에 대해 설명하고, 이러한 양육이 궁극적으로 가치가 있다고 생각하는 이유에 대해 말할 것이다.

이 책은 3부로 이루어져 있다. 1부에서는 우리가 아이들을 분류하고, 범주화하고, 아이들에게 이름표를 붙이기 위해 어떻게 끊임없이 젠더를 이용하는지를 알아볼 것이다. 그리고 이것이 자신의 아이를 포함해 사람들을 대하는 사고방식에 어떤 영향을 미치는지 이야기할 것이다. 2부에서는 젠더에 대한 강조가 대개 얼마나 부정확한지를 설명하고, 우리가 추정하는 젠더 차이 대부분이 과학보다는 고정관념에 얼마나 더 가까운지를 이야기할 것이다. 3부에서는 현실 세계에서 젠더 차이를 강조하는 일이 아이들에게 실제로 어떻게 영향을 미치며, 아이들의 강점과 능력을 어떻게 제한할 수 있는지를 밝힐 것이다. 그리고 젠더에서 조금 더 자유로운 시각으로 아이 개개인에게 집중하면서 (시어머니가 당신을 완전히 별종 취급하게 만들지 않고) 양육할 수 있는 현실적인 방법에 대해 이야기할 것이다. 이러한 접근법을 통해 아이들은 더 안전하고, 더 행복하고, 더 균형 잡힌 삶을 살 수 있고 자신의 잠재력에 좀 더 가까이 도달할 수 있을 것이다. 물론 이러한 접근법은 부모의 양육 과정 또한 훨씬 더 재미있게 만들 수 있다.

이 책을 읽은 모든 부모가 내 양육 방식을 그대로 따르기를 바라지는 않는다. 이 책의 목표는 부모들이 과학이 젠더 차이에 대해 무엇을 말해 주는지 알도록 돕는 것, 아이의 행동을 이해하고 설명하는 방식에 대해 생각해 보도록 돕는 것, 어떤 활동에 아이를 참여시킬지 결정하기 전에 몇 초 더 고민해 보도록 돕는 것, 아들과 딸의 차이가 전적으로 젠더에서 기인한다는 믿음에 대해 두 번 생각해 보도록 돕는 것, "남자아이들이 어떤지 잘 알잖아."라고 입버릇처럼 말하지 않도록 돕는 것이다. 무엇보다도 나는 이 책이 많은 부모가 자녀의 고유한 강점들을 인식하고 키워 주는 데 도움이 되기를 바란다. 모든 사람을 분홍 상자 아니면 파란 상자에만 들어맞게 만들려는 강박에 사로잡힌 문화에서 벗어날 수 있도록 말이다.

1부

젠더 차이에 대한
우리의 강박:
중심 이동하기

1
젠더 알아차리기

일상에서 흔히 마주치는 것들은 좀처럼 우리의 관심을 사로잡지 못한다. 1센트 동전에 새겨진 링컨의 얼굴이 왼쪽을 보고 있는지 오른쪽을 보고 있는지 알아맞히는 (대부분의 사람이 정확히 모르는) 고릿적 퀴즈가 지금까지도 떠돌아다니는 이유다. 인간은 공기에 대해 깊이 생각하면서 걸어 다니지 않는다. 별생각 없이 그냥 숨을 쉴 뿐이다. 젠더도 마찬가지다. 젠더는 어디에나 있지만 크게 주목받지 않고, 대부분의 경우 별생각 없이 받아들여진다.

우선, 우리가 어떤 방식으로 젠더에 이름표를 붙이고, 젠더를 정형화하고 범주화하는지, 그럼으로써 우리 스스로 젠더 중심 사회 gender-focused world를 만들고 있는지를 간단히 살펴보자. 이러한 사례들이 당신의 경험이나 가정생활과 들어맞는지도 잘 살펴보기 바란다. 이어서 우리가 왜, 그리고 어떻게 젠더를 정형화하고 이름표를 붙이는지 그 핵심에 대해 논의할 것이다. 일단은 우리가 매일 부딪히는 상황부터 주의 깊게 들여다보자.

　모든 일은 임신하고 배가 불러 오면서 시작된다. 예비 부모가 되자마자 가장 많이 받은 질문 중 하나는 "딸이에요, 아들이에요?"였다. 영리하게도 내가 "그냥 아기예요."라고 대답하면 사람들은 당황한 눈빛으로 예의를 차려 미소를 짓곤 했다. 부모들은 태어날 아이의 성별을 알게 될 때까지 아기 방 꾸미기나 장난감 사기를 미룰 때가 많다. 시트콤 「내가 그녀를 만났을 때^{How I Met Your Mother}」의 에피소드 하나는 아기의 성별을 알고자 하는 부모의 욕구를 코믹하게 다뤘다. 주인공 마셜과 릴리는 아기의 성별을 알아내야만 하는데, 그러지 못할 경우 아기에게 옷 중에서 유일하게 성 중립적인 마대 자루를 입혀야 하는 운명에 처한다.

　만약 아이의 성별을 꼭 미리 알아야겠다면 인텔리젠더 사이트 Intelligender.com에서 '태아 성 감별 키트'를 구입할 수 있다. 아니면 이른바 '중국 황실 달력'으로 잘 알려진 표를 인터넷에서 손쉽게 구해 공짜로 검사해 볼 수도 있다. 아기 엄마의 나이와 아기를 임신한 달을 근거로 만든 이 달력에 따르면 나는 아들을 둘 낳았어야 했다. 실제로는 딸 둘을 낳았지만 말이다. 또한 흔히들 얘기하는 방법도 있다. "배가 아래쪽으로 낮게 처져 있으니 아들이 틀림없어요." 나는 임신했을 때 이 말을 여러 번 들었다(그리고 다시 한 번 말하지만 나는 딸을 둘 낳았다). 그때마다 이렇게 대답했다. "제 키가 160센티이니 제 몸에 있는 모든 게 낮을 수밖에요."

　속설에 아기의 성별을 알아맞히는 방법은 수없이 많다. 다음에 해당한다면 아들을 임신했을 가능성이 높다. 아기의 심장박동 수가 분당 140회 이하다, 아기 엄마의 배가 앞쪽으로 동그랗게 불룩하고 오른쪽 가슴이 왼쪽 가슴보다 크다, 아기 엄마가 입덧을 하지 않는다, 짠 음식이 당긴다, 결혼반지를 실에 매달아서 아기 엄마의 배 위에 늘어뜨리면 반지가 빙글빙글 돈다 등. 그중에서 내가 가장 좋아하는 속설은 이것이다. 임신의 '수정受精 단계'에서 아기 엄마가 더 공격적으로 변했다면 아들을 임신했을 가능성이 높다. 내 단골 미용사의 말로는 아기 엄마의 머리카락이 푸석푸석해지고 얼굴이 상하면 딸을 임신했을 가능성이 높은데, 그건 "딸이 엄마의 아름다움을 훔쳐 가기 때문"이다. 아마 그녀는 부스스해진 머리카락과 여드름으로 뒤덮인 얼굴을 불평하는 나를 위로하려고 애써 그렇게 말했을지도 모른다. 속설에 따르면 또한 다음과 같은 경우에는 딸을 임신했을 가능성이 높다. 아기 엄마의 배가 높게 치올라 불룩하고 왼쪽 가슴이 오른쪽 가슴보다 크다, 단 음식이 당긴다, 잠을 잘 때 오른쪽으로 돌아누워 잔다(왼쪽 가슴이 커지면 이렇게 자기가 힘들게 틀림없지만), 소변이 탁한 노란색이다 등. 한 가지 분명한 것은, 아기들이 최초로 잉태된 이후로 쭉 사람들은 아기의 성별을 예측하려고 애써 왔다는 사실이다.

당신이 특정 성별을 선호한다면 아들 또는 딸이 될 확률을 바꿀 수 있는 방법은 수백만 가지나 있다. 가령 물구나무서서 골반을 들어 올린 채 섹스를 한 뒤 팔 벌려 뛰기를 41회 한 다음, 제자리에서 빠르게 세 바퀴를 돌고 나서 어렸을 때 키웠던 반려동물의 이름을 크게 외치는 방법이 있다.

이렇듯 아기의 성별을 아는 것과 관련된 열망들은 어디에서 비롯된 것일까? 이는 단순히 아기 방을 무슨 색으로 칠할지 결정하는 문제를 넘어선 것 같다. 사람들은 아기의 성별을 미리 알면 양육과 관련해 자신의 미래가 어떻게 펼쳐질지 예측할 수 있다고 생각하는 것 같다. 장차 태어날 아이와 어린이 야구단에 가게 될지 쇼핑몰에 가게 될지, 아이와 시간을 보낼 때 장난감 총을 가지고 놀게 될지 아니면 소꿉놀이 세트를 가지고 놀게 될지 등을 말이다.

우리가 딸을 가졌다는 사실을 알았을 때 남편의 첫 반응은 "나는 인형의 집 가지고 노는 거 진짜 싫어하는데. 엄청 지루하단 말이야."였다. '딸을 낳는 것'이 곧 '인형의 집을 가지고 노는 삶'이라고 자동으로 상정한 것이다. 나는 남편에게 나도 인형의 집을 지루해한다고 말해 준 다음, 그가 재미있어하는 활동들을 우리 딸에게 가르치는 건 어떠냐고 제안했다.

그렇지만 아이의 특성을 규정할 때 젠더를 남용하는 일에 짜증이 날 때마다 나는 미국인인 내가 이 문제에 지나치게 불평해서는 안 된다는 사실을 새삼 떠올리곤 한다. 최소한 미국에서는 아기의 성별을 근거로 출생률이 크게 달라지지는 않는다. 이에 비해 중국에서는 성별에 따라 낙태를 많이 하기 때문에 여자아이 100명당 남자아이 119명이 태어난다.● 어떤 사람들은 아기의 성별을 지나치게

──────

● 2005년 통계 자료 기준.

만약 당신이 현재 임신을 했다면 아기에게 어떤 기대를 하고 있는지 생각해 보자. 남자아이인지 여자아이인지에 따라 그 기대가 달라지는가? 그렇다면 스스로 그 이유를 물어보기 바란다. 당신은 남자아이를 낳았을 때와 여자아이를 낳았을 때의 삶이 완전히 다를 것이라고 기대할지도 모른다. 물론, 실제로 다를 수 있다. 여자아이를 낳는다면 발레 교실, '아메리칸 걸' 스토어, 공주 옷 쇼핑 등에 시간을 보낼 수 있다. 남자아이를 낳는다면 농구 시합, 레고 스토어, 장난감 총 쇼핑 등을 하며 지낼 수 있다. 하지만 그것은 전적으로 당신에게 달려 있다. 당신과 배우자는 아이의 성별에 관계없이 자신의 관심사를 아이의 삶에 적용할 수 있다. 개인적으로 나는 인형을 가지고 노는 것을 아주 싫어한다. 그래서 딸들과 인형 놀이를 하지 않고 요리나 자연 탐험 같은 다른 재밌는 활동들을 찾아내 함께 즐긴다. 또, 보트 박람회를 구경하러 갈 때 가장 행복해하는 남편 덕분에 큰딸 마야는 자동차와 보트에 관심을 갖게 되었다.

신경 쓴 나머지 자신이 원치 않는 성별의 아기는 낙태시킨다(성비 불균형은 어떤 성별의 아기가 더 선호되는지 나타내 준다). 그러니 나는 남편의 찡그린 얼굴은 그냥 가볍게 보아 넘긴다.

젠더로 색칠된 세상

　아기가 태어나면 젠더에 대한 우리의 집착은 더욱 커진다. 병원에서 아기는 분홍 담요나 파란 담요를 받는다. 그리고 분홍 카 시트나 파란 카 시트에 누운 채 집으로 온다. 분홍 유아차나 파란 유아차에 딸깍 하고 들어맞는 카 시트이다. 그리고 분홍 방이나 파란 방에서 분홍 깔개나 파란 깔개를 깐 요람에 누워 잠을 잔다. 남자아이는 봉제 자동차나 장난감 기차에 둘러싸이고 여자아이의 놀이방에는 '마이 퍼스트 베이비'●가 기다리고 있다.

　부모들은 다른 사람들이 아이의 성별을 확실하게 알아볼 수 있도록 최선을 다한다. "아빠의 작은 남자"라고 적힌 우주복을 뽐내는 남자 아기들을 보라. "아빠의 꼬마 강타자"나 "아빠의 믿음직한 조수", "아빠의 미래 올스타"도 인기가 많다. 표준에서 벗어난 것처럼 보이고 싶어 하는, 그렇지만 벗어나지 않은 게 확실한 부모는 이베이에서 "나는 문신한 영계를 좋아해."라고 적힌 우주복을 구입할 수 있다. 여자 아기들 또한 옷에 박힌 문구를 통해 아빠의 사랑을 듬뿍 받을 수 있다. "아빠의 소중한 천사"나 "아빠의 공주님" 같은 문구 말이다. 아직 머리카락도 나지 않은 측은한 아기들만 봐도 우리가 아이의 성별을 확실하게 하기 위해 얼마나 노력하는지 알 수 있다. 엄마는 자기 아기가 여자아이라는 걸 누구나 알아볼 수 있도록

●　실제 아기와 비슷하게 생긴 인형으로, 주로 여자아이들이 돌봄 놀이를 할 때 가지고 논다.

아기의 빛나는 민머리에 한사코 리본 머리띠를 매 준다. 나는 리본 머리띠를 엄청나게 싫어하는 데다 머리가 반질반질한 아기를 좋아한다. 그래서 작은딸 그레이스는 자주 남자아이로 오해를 받았다. 그레이스의 유아차는 하늘색이었지만 옷은 대개 분홍색이었다. 쇼핑을 좋아하는 할머니 덕분이었다. 하지만 사람들은 민머리 때문에 쉽게 오해를 했다. 산책을 나가면 처음 보는 사람들이 호의를 보이며 묻곤 했다. "아들이 참 귀엽네요. 이름이 뭐예요?" 나는 미소를 지으면서 대답했다. "고맙습니다. 딸 이름은 그레이스예요." 그들이 자신의 끔찍한 실수를 깨닫는 순간 두려움이 그 얼굴을 스쳤다. 속으로 이렇게 생각하는 게 뻔했다. '이런 젠장, 여자애를 남자애라고 하다니. 바로잡아, 당장.' 그들은 장황하게 사과를 하고서는 이렇게 덧붙여서 애써 바로잡은 상황을 다시 망쳐 버렸다. "그럼 그렇지. 여자아이군요. 완벽하게 여자아이로 보여요……." 이거야 실수로 아이에게 멍청하다고 했다가 못생겼다고 덧붙이는 격이다.

아기가 태어난 직후부터 젠더 의식gender consciousness은 우리가 하는 모든 소비 행위에 강력하게 영향을 미친다. 가령 자전거처럼 남자아이와 여자아이 모두 좋아하는 젠더 중립적인 장난감조차 두 가지 버전으로 판매된다. 한 가지는 대개 분홍색이나 보라색 계열의 파스텔 톤 버전이고 다른 한 가지는 대개 파란색이나 빨간색 같은 원색 버전이다. 플라스틱으로 된 아이들과 운전사 모형이 딸린 그 유명한 '피셔 프라이스 리틀 피플 스쿨버스' 장난감도 지금껏 노란색 스쿨버스를 고집해 온 전통을 깨고 분홍색 버전을 출시했다.

레고 블록에서도 똑같은 일이 벌어지고 있다. 2012년에 레고는 여자아이들을 대상으로 더 공격적인 마케팅을 시작했다. 이는 무엇을 의미할까? 이제 레고는 분홍색과 보라색으로도 나오고 주방, 미용실, 쇼핑몰을 조립할 수 있는 틀도 만들었다. 명백히 여자아이들을 겨냥한 레고 시리즈 '벨빌Belleville'●은 집을 조립하는 세트다. 레고는 그동안 명백히 남자아이들의 장난감이었기 때문에 여자아이들의 마음을 끌기 위해 새 버전을 만든 것이다. 그 결과, 이제는 레고 시리즈 중에서 원색은 남자아이들 차지가 되고 파스텔 톤은 여자아이들 차지가 되었다.

쇼핑을 하는 동안 부모가 젠더에 영향을 받지 않기란 매우 힘들다. 대부분의 상점, 심지어 온라인 상점도 남아용과 여아용이 나뉘어 있다. 자기 아이의 '범주'에 맞지 않는 장난감을 사려면 통로를 가로질러 가야 한다. 나 또한 딸아이들의 '범주'에 맞지 않는 장난감을 찾느라 액션 피겨와 장난감 자동차로 가득 찬 통로 사이를 헤매야 했다. 큰아이 마야가 걸음마기 아기였을 때는 온라인으로 장난감 작업대를 사기 위해 '남아용 장난감' 관련 링크를 클릭해야만 했다. 나는 이런 일을 이상하다고 느끼지만 딸을 둔 대부분의 부모는 그러지 않는 것 같다. 경험상, 아들을 둔 부모가 '여아용 장난감' 관련 링크를 클릭해서 인형을 구입하는 일은 훨씬 드물 것이다. 장난감 가게의 분홍색 통로에서 쇼핑을 하는 일은 더 말할 것도 없다. 아

● 프랑스어로 '아름다운 마을'이라는 뜻.

무리 젠더 평등에 신경 쓰는 부모라 하더라도 말이다.

남자아이는 오른쪽, 여자아이는 왼쪽

  일단 아이가 유치원, 다음으로 초등학교에 입학하고 나면 젠더에 대한 강조는 한층 심화된다. 아이가 교실에 들어간다. 아이의 생일이 분홍색 얼굴이나 파란색 얼굴에 적혀 게시판에 붙어 있다. 아이들은 남자-여자-남자-여자 순으로 줄을 선다. 몇 년 전 나는 초등학교 4학년 수학 수업을 참관했는데, 교사가 아이들에게 칠판 앞에 가서 남자-여자-남자-여자 순으로 서서 문제를 풀라고 시켰다.(10장에 가면 젠더를 이렇게 이용하는 일에 대한 나의 불만을 이해할 수 있을 것이다). 대부분의 학교에서 젠더는 체육 시간에 어김없이 이용된다. 단순히 피구 경기를 할 때 남자아이 대 여자아이로 시합하는 것 정도를 문제 삼는 것이 아니다. 대개 남자아이들은 여자아이들보다 윗몸일으키기와 팔굽혀펴기를 더 많이 하라고 지시받는다. 대부분의 초등학교 여학생들이 또래 남학생들보다 신체가 조금 더 빨리 발달하기 때문에 덩치가 크고 힘이 센데도 말이다.
  아이들은 스스로를 다른 아이들과 분리할 때가 많고, 어른들은 기꺼이 이러한 분리를 승인한다. 최근 남편은 마야와 함께 학교 식당에서 점심 식사를 했는데, 한 식탁에는 여자아이들만, 다른 식탁에 젠더를 이용하는 일은 매우 흔해서 우리는 그것을 쉽게 알아차리지 못한다. 고등학교 졸업식 때 나를 비롯한 여학생들은 흰색 사각모와 가운을, 남학생들은 빨간색 사각모와 가운을 착용했는데, 내가 그 일을 한 번도 떠올리지 않았다는 걸 얼마 전에야 알았다. 마야의 합창단 공연에 갔다가 여자아이들은 빨간색 셔츠, 남자아이들은 검은색 셔츠를 입은 걸 보고서야 그 당시가 생각났다. 당신의 삶을 돌아보고 아이의 삶을 둘러보라. 얼마나 자주 당신은 젠더에 따라 분류되고, 범주화되고, 색깔로 표시됐는가? 흥미롭게도 이러한 추세는 점점 강해지고 있기 때문에 당신보다 당신 아이가 살면서 이러한 일을 더 많이 겪을 가능성이 크다.

는 남자아이들만 앉더라고 전했다. 남편이 왜 그렇게 하느냐고 묻자 마야는 처음부터 그렇게 정해진 자리라고 말했다고 한다. 이러한 분리가 타당한지 한 번도 의문을 품어 보지 않은 것이다.

어른이 승인한 젠더 분리에 내가 처음으로 충격을 받은 것은 마야가 초등학교 1학년 때였다. 마야와 같은 반 친구의 엄마가 내게 어떤 아이의 생일 파티에 아이를 보내야 할지 말지 물었다. 우리는 초대장을 받지 못했지만 나는 마야와 생일을 맞은 남자아이가 친구 사이라는 사실을 알고 있었다. 게다가 그 전해에도 그 아이의 생일 파티에 초대받았던 터라, 나는 이번에도 똑같은 아이들이 똑같은 생일 파티에 가겠거니 생각했다. 나는 마야가 학교에서 집에 오는 길에 초대장을 잃어버렸나 보다고 짐작했다. 그렇게 별생각 없이 이리저리 알아본 결과, 상황을 제대로 알게 됐다. 그것은 남자아이만 가는 파티였던 것이다. 처음 그 사실을 알았을 때는 그다지 심각하게 생각하지 않았다. 생일 맞은 아이의 부모가 몇 명밖에 대접할 수 없는 상황이어서 초대 손님 목록을 줄이느라 그랬겠거니 했다. 하지만 진짜 이유는 놀라웠다. 생일을 맞은 남자아이가 해적 놀이를 주제로 파티를 열고 싶어 했고, 아이 엄마가 여자아이들은 해적에 관심이 없을 거라고 생각했던 것이다.

최근 한 친구는 내게 자기 조카가 연 '젠더 테마' 생일 파티에 대해 이야기해 주었다. 여자아이만 초대한 파티로, 액세서리 가게에서 열렸다. 열 살 생일을 맞은 여자아이의 엄마는 10달러짜리 상품권을 초대한 아이들에게 나눠 줬고, 아이들은 두 시간 동안 목걸이, 반지, 머리 끈을 쇼핑해야 했다. 솔직히 나도 두 시간 동안 액세서리 쇼핑을 하고 싶어 할 남자아이를 알지는 못한다. 하지만 5분 만에 이러한 종류의 파티에 싫증을 낼 여자아이는 많이 알고 있다.

맥도날드의 해피밀 장난감과 마찬가지로, 우리는 아이가 여자아이인지 남자아이인지만을 근거로 아이의 관심사(가령 해적 놀이 대 팔찌)를 추정한다. 그리고 오직 젠더에만 의지해, 어른은 아이가 좋아할 것이라고 생각하는 활동으로 아이를 떠민다.(어쩌면 더 자주는, 아이가 싫어할 것이라고 생각하는 활동에서 아이를 분리한다.)

아이들의 놀이만이 아니다

젠더에 대한 우리의 집착은 아동기에 끝나지 않는다. 당연하다. 어른들은 세상을 분류하기 위해 젠더를 자주 이용한다. 젠더는 당신이 가진 이름표의 일부이다. 가령 당신이 아카데미상 시상식에서 남자 최우수 연기상이나 여자 최우수 연기상을 받는다고 가정해 보자. 공공 화장실을 이용할 때에도 젠더는 이름표의 일부가 된다. 잡지 매대는 '남성 관심사'와 '여성 관심사'로 나뉘고 이름표가 붙는다. 이러한 마케팅 접근법에 따르자면 남자는 자동차를 좋아하고 여자는 파이를 좋아해야 한다.

게다가 신사 숙녀 여러분 모두 잘 알겠지만, 우리의 언어에 젠더를 끼워 넣는 일도 매우 흔하다. 그래서 신경을 더 많이 써야 하긴 하지만, 나는 소방관인 남편을 반드시 '파이어먼^{fireman}' 대신 '파이어파이터^{firefighter}'라고 부른다. 아이들의 학교생활은 "좋은 아침이에요, 남학생 여학생 여러분."이라는 말로 시작될 때가 많다. 그리고 우리는 "정말 똑똑한 여자애네!"라거나 "정말 의젓한 남자애야." 따위의 말로 계속해서 젠더를 강조한다. 심지어 우리는 젠더를 이용해 모욕하는 방법까지 알아냈다. 여자아이조차도 '계집애처럼 공을 던지고' 싶어 하지 않는다. 특히 누군가에게 "계집애처럼 징징댄다."라고 하면 엄청난 모욕이 된다. 이러한 말은 여자아이보다 남자아이에게 더 큰 상처를 입히고, 슬프거나 마음이 아픈 일에 자연스럽게 반응하는 것은 잘못이라는 암시를 준다.

우리는 상황에 적합한지에 상관없이 젠더에 근거하여 무언가를 강조하고, 이름표를 붙이고, 분류하고, 결정을 내리고, 판단을 한다. 물론 반대 의견도 있다. 다음은 내가 젠더에 따른 강박적 이름표 붙이기와 분류하기에 대해 이야기할 때마다 가장 많이 듣는 의견들이다. "남자와 여자는 확실히 달라요." "명백히 서로 달라 보이는 부류를 서로 다르게 대하는 것은 나쁜 일이 아니에요." "항상 그래 왔어요." 이 가운데 나는 마지막 주장을 제일 좋아한다. "항상 그래 왔어요."는 "글쎄요, 그냥 원래 그런 거잖아요."와 이종사촌이다.

그들에게 내놓는 가장 확실한 반박은(이름표 붙이기가 문제라는 사실을 밝힌 수십 년간의 연구는 일단 제외한다. 이에 대해서는 2장에서 더 자세히 이야기할 것이다), 남자와 여자는 서로 다르게 보이며, 여러 면에서 실제로 다르다는 사실을 일단 인정한 다음, 사실은 우리가 생각하는 것 만큼 많은 면에서 서로 다르지는 않다는 사실을 강조하는 것이다(4장과 5장을 참고하라). 더 중요한 것은, 우리가 항상 젠더에 따라 이름표를 붙이고 분류해 왔다고 해서 앞으로도 항상 그래야만 하는 것은 아니라는 점이다.

우리는 항상 사람들을 범주로 묶어 분류하기를 좋아해 왔다.(2장에서 이 경향에 대해 다시 이야기하겠다.) 우리에게는 젠더 이외에 또 다른 신체적 차이를 근거로 이름표를 붙이고 분류한 역사가 있다. 바로 '인종'이다. 시민권 운동 이전에 살았던 흑인 미국인들은 똑똑히 기억할 것이다. 짐 크로 법^{Jim Crow laws}●은 이제 사라졌지만 한때 우리는 이 법에 대해 항상 있어 왔고 앞으로도 계속 그럴 것이라고 생각했었다. "좋은 아침이에요, 백인 학생 흑인 학생 여러분. 백인-흑인-라틴계-백인-흑인-라틴계 순으로 줄을 섭시다."라는 말로 시작하는 수업은 이제 아무도 상상조차 하지 못할 것이다. 시인이자 작가, 배우인 (내 딸 마야와 이름이 같은) 마야 앤절로는 "더 잘 알면 더 잘 행동할 수 있다."라고 말했다. 인종을 이용하는 일에 관한 한 우리는 이제 더 잘 알고 있다(최소한 대부분의 사람들은 그렇다). 하지만 젠더에 관한 한, 우리는 여전히 배우는 중이다.

원칙과 실제 사이에서 균형 잡기

우리는 젠더 중립적 양육을 얼마나 실천하고 있을까? 극소수의 부모들은 극단적인 방법을 쓰기도 한다. 2011년에 몇몇 지인이 캐나다 신문 『토론토 스타』에 실린 '스톰'이라는 캐나다 아이 관련 기사에 대해 말해 주었다. 스톰의 부모는 아무에게도 아이의 성별을 말하지 않기로 결정했다. 그들은 말했다. "우리는 스톰의 성별을 당분간 밝히지 않기로 결정했습니다. 제약 대신 자유와 선택을 누리게 해 주고 싶어서이고, 스톰이 앞으로 살아갈 (더 진보적일?) 세상에 발맞추기 위해서입니다." 심지어 그들은 아이의 조부모에게조차 성별을 밝히지 않았다. 사람들이 기대와 고정관념에서 자유로운 상

● 공공장소에서의 흑인과 백인의 분리와 차별을 규정한 미국의 법으로, 1876년부터 1965년까지 존속했다.

태로 아이와 상호작용하기를 바랐다. 그들은 아이를 '스톰'이라고만 불렀지 결코 '그'나 '그녀'로 지칭하지 않았다. "스톰이 피곤해해요, 스톰이 낮잠을 자고 있어요, 스톰이 완두콩을 먹고 있어요, 스톰이 스톰이란 이름을 듣는 데 질린 것 같아요."

내가 내 부모님과 시부모님에게 이렇게 한다면 어떨지 상상이 된다. 그분들은 당장 아이를 요람에서 낚아채 기저귀를 벗길 것이다. 그러나 스톰의 엄마가 말한 것처럼 "누군가를 제대로 알고 싶다면 다리 사이에 무엇이 있는지 묻지 말아야 한다"(『토론토 스타』 2011년 5월 21일 자).

이 이야기가 신문에 실렸을 때 많은 사람들이 내게 어떻게 생각하느냐고 물었다. 나는 그 상황이 여러모로 흥미롭다고 생각했다. 나는 스톰의 부모가 스스로 세운 원칙을 지키는 것은 전적으로 옳다고 생각한다. 젠더로 사람들을 판단하면 안 된다는 것은 이 책의 주제이기도 하니까. 하지만 내 아이들에게 똑같이 적용하고 싶지는 않다. 나도 원칙을 중요시하지만, 그와 동시에 내 아이들이 친구가 많기를, 학교에서 괴롭힘당하지 않기를 원한다. 학교 폭력은 표준 밖으로 너무 멀리 나가 버린 아이들에게 흔히 일어나는 일이다. 그리고 바로 이 점이 이 책의 또 다른 목표다. 각각의 아이들을 대할 때 젠더를 덜 강조하기, 그러면서도 우리가 살고 있는 세상을 정확히 인식하고 조화롭게 살기.

숨은 젠더 '이용' 찾아내기

　당신은 아이를 키우면서 어떻게 젠더를 '이용'하는가? 우리는 누구나 종종 젠더를 '이용'한다. 그것에서 완전히 벗어나기가 매우 힘들기 때문이다.

• 아이 옷을 구입할 때 색깔 분류에 따르는가? 가령 두 가지 색깔이 주어졌을 때, 딸에게는 분홍색 옷을, 아들에게는 파란색 옷을 사 주는가?

• "사내 녀석이라 정말 힘이 세!"라거나 "아가씨 다 됐네!" 같은 말을 하는가?

• 아이를 칭찬하는 말이나 비판하는 말에 젠더를 포함시키는가?

• 나이 어린 아이의 생일 파티에 여자 친구만 혹은 남자 친구만 초대하는가? (사춘기 아이의 파티라면 이야기는 완전히 달라진다. 친구네 집에서 자고 오는 것을 포함한 파티의 경우는 더욱이.)

• 아이가 듣는 데서 이렇게 말하지는 않는가? "남자애들이 어떤지 알잖아." "남자애들이 원래 그렇지." 혹은 내 남편처럼 이런 말은 어떤가? "여자들만 가득한 집에서 사느라 미치기 일보 직전이야!"

• 장난감 가게에 가면 무엇을 살지 살피기 전에 무조건 분홍색 통로 혹은 파란색 통로에서 기계적으로 쇼핑을 하는가?

요점 정리: 꼭 하고 싶은 이야기

- 우리는 항상 젠더를 이용해 사람들에게 이름표를 붙이고, 그들을 분류하고, 범주화하고, 분리한다. 우리가 어떤 사람에 대해 이야기할 때 그 개인의 성별을 얼마나 자주 언급하는지 생각해 보자. (보라, 젠더를 언급하지 않고는 한 문장도 쓰기 어렵다.)

- 우리는 항상 아이에게 색깔 표시를 한다. 젠더로 아이의 관심사를 추정하고 아이들을 분리한다. 그리고 젠더를 이용해서 아이에 대한 결정을 내린다. 이는 태아 때부터 시작된다.

- 우리는 아이가 실수로 잘못된 범주에 놓였다고 생각이 들면 몹시 괴로워한다. 이것이 왜 중요한가? 실수로 남자아이를 여자아이라고 부르거나 여자아이를 남자아이라고 부른 것이 정말 아이에게 모욕적인 일인가?

- 이렇게 항상 젠더를 이용해 이름표를 붙이고 사람들을 분류하는 일이 정말 필요한가? 여자아이가 항상 분홍색 옷을 입지 않거나 남자아이가 항상 파란색 옷을 입지 않는다고 해서 과연 세상이 무너질까?

2
이름표가 문제인 이유

예전에는 미처 몰랐다 하더라도 이제 당신은 우리가 얼마나 자주 젠더에 따라 사람들을 분류하고 이름표를 붙이는지 인식하기 시작했을 것이다. 우리는 남녀노소 누구에게나 그렇게 한다. 하지만 가장 강력하게 구별 짓는 것은 어린아이들에 대해서다. 어린이집과 유치원에 다니는 영유아는 색깔로 표시되고 젠더에 따라 이야기될 가능성이 가장 크다. 유감스럽게도 영유아는 스스로 젠더에 가장 열중하는 연령대이기도 하다. 이 시기의 아이들은 세상에 대해 배우기 위해서 어른들에게 극도로 집중한다.

대부분의 사람들은 아이들을 동등하게 대하기만 한다면 젠더에 따라 분류하고 이름표를 붙이는 것은 그다지 심각한 문제가 아니고, 남자아이와 여자아이 사이에 큰 차이를 낳지 않을 것이라 여긴다. 이러한 주장은 언뜻 타당해 보인다. 이는 세상의 모든 종교와 도덕의 핵심 원칙이기도 하다. 바꿔 말하면 "당신이 대접받고 싶은 대로 다른 사람들을 대접하시오."인 것이다. 그리고 물론, 우리 모두는 친절하고 공정하게 대접받기를 원한다.

만약 아이들이 어른들이 내보이는 보다 명시적이고 확실한 메시지에만 주목한다면, '모두가 공정하게 대우받는다면 젠더에 따라 아이들을 분류하고 이름표를 붙이는 것은 별문제 아니라는 추정'이 옳을 것이다. 아이들이 어른들이 의도한 메시지에만 귀를 기울인다면 아이 키우기가 그렇게 어렵지도 않겠지만 말이다. 전부는 아니라도 대부분의 부모와 교사는 젠더에 상관없이 아이들을 공정하게 대하려고 있는 힘껏 노력한다. 딸에게 "넌 아마 수학을 좋아하지 않을 거야."라고 말하거나 아들에게 "진짜 남자라면 인형을 가지고 놀지 않는단다."라고 말하는 부모는 거의 없다. 대부분의 부모는 아이에게 이처럼 노골적으로 고정관념을 얘기한다는 것은 꿈도 꾸지 않는다. 그렇지만 연구 결과에 따르면, 우리가 젠더에 따라 이름표를 붙일 때, 분류하고, 색깔로 표시할 때, 아이들은 그 사실을 분명하게 알아차린다. 그리고 이는 심각한 문제가 된다. 아이들은 부모가 뭔가를 가르치려고 의도하든 의도하지 않든 부모를 통해 저절로 배우기 때문이다.

이는 근본적인 문제이다

아이들은 타고난 명탐정이다. 오시코시 아동복을 입은 셜록 홈스다. 아이들은 주변 세상에서 수집한 미묘한 단서들을 통해 무엇이 중요한지 알아 나간다. 아이들은 어른들이 하는 모든 행동을 주의 깊게 관찰하고 게걸스럽게 집어삼킨다. 이것이 아이들이 세상에 대해 배워 나가는 방식인 것이다.

젠더와 관련 없는 예를 하나 들어 보자. 언어 발달의 경우, 아이들은 다른 사람들이 사용하는 말에 열심히 주의를 기울이는 것만으로 취학 전에 한 가지 언어를 전부 배운다. 더 구체적으로 이야기하자면, 만 2세 무렵 아이들은 몇백 개의 단어를 말할 수 있다. 언어를 이해하는 능력은 이보다 훨씬 먼저 발달한다. 언어 능력은 아이의 모국어가 무엇인지에 상관없이 발달하고, 부모가 아이에게 지속적으로 자주 말을 건넨다면 더 일찍 발달하기 시작한다.

아이가 언어를 배우도록 돕기 위해 부모가 (스스로도 사용하고 있다는 걸 잘 의식하지도 못한 채) 사용하는 두 가지 기술이 있다. 첫째, 부모는 아이의 관심을 끌기 위해 특별한 목소리를 지어 말한다. '아동지향어motherese'라고도 부르는데, 모든 사람이 아기에게 말할 때 본능적으로 사용하는 높은 음의 단순하고 느린 말투이다.

둘째, 부모는 모든 것에 이름표를 붙인다. 그레이스가 아기였을 때 나 또한 내내 그러고 있다는 걸 깨닫곤 했다. 그레이스가 숟가락을 집어 들면 나는 "숟가락이네."라고 말했다. 버스가 지나가면 "스쿨버스가 지나가네."라고 말했다. 그레이스가 유아용 변기에 앉아 있으면 "으응, 쉬하는구나."라고 말하는 식이었다. 그리고 당연히, 모든 것에 이름표를 붙여 아이들의 관심을 사로잡는 이러한 방식을 통해 아이들은 먹고 자고 침 흘리는 정도밖에 못 하던 신생아에서 2년 만에 모국어로 수백 개의 단어를 말할 수 있는 유아로 성장한다.

우리가 젠더를 이용하는 방식과 비슷하지 않은가? 아마 그럴 것이다. 우리는 물건을 구입할 때마다 거의 예외 없이 '젠더를 이용해' 아이들의 관심을 사로잡는다. 내 아이들이 주변 환경에 가장 집중할 때는 대형 완구점 '토이저러스' 매장에 걸어 들어갈 때다. 아이들은 작고 사랑스러운 눈으로 들쥐를 쫓는 올빼미처럼 가만히 매장을 훑는다. 레이저 빔을 쏘는 듯한 엄청난 집중력으로 아이들은 '여아용'이라고 이름표가 붙은 구역을 찾는다. 이때 만약 사람 좋은 할머니가 지나가면서 "정말 예쁜 딸아이들이네요."라고 칭찬한다면 아이들은 가장 중요한 특징으로 여겨지는 '젠더'에 따라 이름표를 받게 된다. 생애 초기의 몇 년 동안 이와 유사한 상황을 수천 번 반복해서 경험하다 보면 아이들은 젠더가 중요하다고 생각지 않을 수 없게 된다.

언어 발달의 예로 돌아가 보자. 아이들은 흔히 이름표가 붙은 단어들을 배우는 수준을 넘어선다. 만 2세 무렵의 아이들은 문법의 기본 규칙을 이해하고 간단한 단어들을 조합해 더 큰 개념을 표현한다. 가령, 아이들은 아빠에게 공을 치라고 할 때는 "아빠가 쳐."라고 말하고 놀다가 베개로 아빠의 머리를 칠 때에는 "아빠를 쳐."라고 말할 수 있다. 중요한 것은 아무도 아이들에게 이러한 것을 가르치지 않았다는 점이다. 어떤 부모도 아이를 앉혀 놓고 "'은, 는, 이, 가'는 주격조사고 '을, 를'은 목적격 조사야."라고 말하지는 않을 것이다. 나도 내 아이들과 그러한 대화를 나눠 본 적은 한 번도 없다! 그렇지만 아이들은 타고난 명탐정이기 때문에 부모가 사용하는 언어에서 패턴을 찾아내고 자신만의 고유한 방식으로 그 패턴을 사용한다.

아이들은 스스로 언어 규칙들을 발견하기 때문에 때로 실수를 저지르기도 한다. 흔한 예가 '과잉 확장^{overextension}'인데, 이는 아이들이 하나의 단어를 여러 다른 대상을 가리키는 데 사용하는 것을 말한다. 예컨대, 마야는 '멍멍이'라는 단어를 배우고 나서 개는 물론이고 고양이, 다람쥐, 늑대, 심지어 염소를 볼 때도 "멍멍이!"라고 외치곤 했다.

젠더에 있어서도 아이들은 이와 같은 패턴을 따른다. 아이가 언어를 배울 때 따로 명사와 동사에 관해 대화하지 않듯이, 우리는 아이를 앉혀 놓고 "너의 젠더는 정말정말 중요하단다. 젠더는 네가 어떤 활동을 좋아할지, 네가 어떻게 행동할지를 결정하지. 그러니 남자아이, 여자아이가 어떻게 행동하는지 잘 보고 그에 맞춰서 행동하기 바라."라고 얘기하지 않는다. 그럼에도 아이들은 젠더 차이를 발견하고, 심지어 아주 미묘한 단서까지 포착한다. 그리고 언어를 배울 때 그랬듯이 실수도 저지른다. 마야가 '멍멍이'를 배웠을 때 그랬던 것처럼 젠더를 과잉 확장하는 것이다. 다섯 살 때 마야는 자신이 방

> ### 아이를 어떻게 가르치는가?
>
> 아이가 어릴 때 숫자, 글자, 색깔을 가르치는(혹은 가르쳤던) 방법에 대해 생각해 보자. 아마 대상을 하나하나 가리켜 보이면서 가르친 경험들이 있을 것이다. 아이와 함께 계단을 올라갈 때면 칸을 세고, 표지판이나 책에 있는 글자를 가리키고, 아이의 컵과 밥그릇의 색깔에 이름표를 붙인다. 이러한 전략은 매우 효과적이다. 그렇기 때문에 다 함께 양육 수업을 들은 적이 없어도 모든 부모가 이 방법을 사용하는 것이다. 효과가 뛰어나다는 사실을 뻔히 알기 때문에 우리는 계속 같은 방법을 사용한다.
>
> 이 방법이 젠더와 어떤 관계가 있을지 한번 생각해 보자. 당신은 얼마나 자주 단어나 색깔을 이용해 젠더에 이름표를 붙이는가? 숫자, 글자, 색깔을 가르치는 일과 젠더를 가르치는 일이 다르게 작동할 것 같은가?

을 깨끗하게 청소해야 한다고 당연하다는 듯이 말한 적이 있다. 남자아이는 지저분하고 여자아이는 깔끔하기 때문에 자신은 방을 더 깨끗하게 청소해야 한다는 것이었다. 그 당시 마야는 텔레비전 프로그램 「호더스 Hoarders: Buried Alive」에 출연해도 될 만큼 잡동사니를 쌓아 놓고 지냈기 때문에 나는 마야의 청소 계획에 적극 찬성했다. 하지만 젠더에 대해 이처럼 완고한 이분법적 사고가 어디에서 생겨났는지는 알 수 없었다. 우리 집에서는 유일한 남자인 내 남편이 가장 깔끔하다. 적어도 지금까지는 그렇다. 심지어 남자아이들이 지저분하다는 생각은 널리 퍼진 고정관념도 아니다. 하지만 마야의 머릿속에서 청결은 젠더와 연결되어 있었다. 마야는 젠더에 따른 특징들에 대해 과잉 확장하고 있었다. 몇 년 전에 어떤 동물에 '멍멍이'라는 이름표를 붙여야 하는지 제대로 몰라서 과잉 확장했던 것과 마찬가지로 말이다. 마야는 명탐정이었지만 때때로 단서들을 과잉 해석했던 것이다.

젠더에 이름표를 붙이는 것이 문제인 이유

오스틴에 있는 텍사스 대학교의 발달심리학 교수 리베카 비글러는 어떤 그룹에 이름표를 붙이기만 해도 아이들은 그 그룹에 대해 고정관념을 형성한다는 사실을 증명하기 위해 오랫동안 연구했다. 연구 초기에 비글러는 초등학교 교사들과 학생들로 이루어진 그룹을 대상으로 실험을 했다.

우선, 교사 중 절반에게는 '젠더를 이용해' 이름표를 붙이고, 아이들을 분류하고, 학급을 구성하게 했다. 이 그룹의 교사들은 여학생용 분홍색 게시판과 남학생용 파란색 게시판을 갖고 각 아이의 이름표를 분홍색이나 파란색 게시판에 부착했다. 그리고 학생들은 반드시 남학생-여학생-남학생-여학생 순으로 줄을 서야 했다. 교사들은 "오늘은 여학생들이 참 잘했어요."라거나 "남학생들이 집중을 잘하고 있어요."라고 말했다.[1] 이 실험에서 중요한 대목은 교사들이 남학생과 여학생을 반드시 동등하게 대우해야 했다는 점이다. 남학생들이 가위를 나눠 주면 여학생들은 풀을 나눠 주게 했다. 편애나 경쟁은 결코 허용되지 않았다! 또한 교사들은 어떠한 고정관념도 표현해서는 안 되었다. 남학생들에게 '크고 강해야 한다'고 강요하거나 책상을 옮기라고 요구하지 않았다. 여학생들에게 교실 바닥을 쓸라고 요구하지도 않았다. 교사들은 단지 '젠더를 이용해' 분류하고, 이름표를 붙이고, 구분하기만 했다. 다시 말해 전형적인 보통의 교실이었다.

이와 반대로, 다른 절반의 교사들에게는 학생들의 젠더를 무시하도록 했다. 그들은 학생들을 각자의 이름으로 불렀고 학급 자체를 젠더 구분 없이 전체로 대했다. "정말 똑똑한 여학생이군요!"라거나 "남학생들 조용히 하세요." 같은 식으로 말하지 않고 "로런, 솔선수범해서 잘 도와주는구나."라거나 "정말 빨리 배우는구나!"라고 말했다.

두 그룹의 교사들에게 이런 식으로 4주 동안 학급을 운영하게 한 후 비글러는 어떤 사실을 발견했을까? 젠더에 이름표를 붙이는 학급에 속한 학생들은 개인에게 초점을 맞춘 학급에 속한 학생들보다 더 강한 젠더 고정관념을 형성했다.

최근에 어떤 친구가 내게 물었다. "아이들이 고정관념을 형성한다는 게 무슨 뜻이야? 그게 정말로 문제가 돼?" 젠더에 이름표를 붙이는 일에 관한 비글러의 실험에서, 젠더 고정관념을 형성한다는 것은 다음과 같은 뜻이었다. 젠더에 이름표를 붙인 학급에 속한 학생들은 '오직 남자만이' 특정한 일을 해야 한다고 말할 가능성이 더 높았다. 이들은 '오직 남자만이' 공사 현장 노동자, 의사, 혹은 미국의 대통령이 되어야 한다고 말했다. 또한 '오직 여자만이' 간호사, 가사 도우미, 혹은 보모가 되어야 한다고 말했다. 게다가 '오직 여자만이' 친절하고, 온화하고, 아이들을 돌볼 수 있다고 말했다.

여기서 잠시 멈추고 이 문제에 대해 깊이 생각해 보기 바란다. 이는 아주 중요한 문제다.

4주 동안 자신의 젠더에 이름표가 붙은 것을 듣고 여학생과 남학생 그룹으로 나뉜 것만으로도, 남녀 초등학생 모두 오직 남자만이 의사나 대통령이 될 수 있고 오직 여자만이 친절하고 아이를 양육할 수 있다고 말할 가능성이 높아졌다. 딸이 큰 뜻을 품기를 바라는 부모들은 주목하기 바란다. 아들이 자라서 따뜻하고 아이를 잘 돌보는 아버지가 되기를 바라는 부모들 또한 주목하기 바란다.

젠더 고정관념을 형성한다는 것은 젠더에 이름표를 붙인 학급에 속한 학생들이 각각의 젠더 그룹 안에 존재하는 다양성을 제대로 인식하지 못하게 된다는 사실을 의미한다. 이들은 남학생은 '모두' 이런 식으로 행동한다거나 여학생은 '아무도' 저런 식으로 행동하지 않는다고 말할 가능성이 높았다. 다시 말해, 교사들이 학생 개개인의 특징 대신 젠더에 초점을 맞추는 것만으로도 아이들은 남자든 여자든 모든 아이가 행동하는 방식은 각기 다르다는 사실을 간과하기 시작했다.

이런 생각이 왜 문제일까? 무엇보다도, 이는 그야말로 틀린 생각이기 때문이다. 모든 남자아이 또는 모든 여자아이가 하는 행동 같은 것은 없다, 단 한 가지도. 더 중요한 문제는 이것이다. 만약 당신의 아이가 표준에서 조금이라도 벗어나 있다면 부모로서 당신은 아이가 스스로를 실패자나 부적응자로 느끼지 않기를 바랄 것이다. 낱낱으로 보면 모든 규칙에는 예외가 있기 마련이다. 만약 아이들이 젠더에 이름표를 붙이는 학급에서 4주를 보낸 후에 나올 법한 "모든 남자아이는 운동을 좋아한다."라는 말을 믿는다면, 운동을 좋아하지 않거나 공을 던지지 못하는(혹은 더 나쁜 경우 '계집애처럼' 공을 던지는) 남자아이에게 어떤 삶이 펼쳐질지 한번 상상해 보기 바란다. 여러 연구 결과가 보여 주듯, 이런 경우 운동을 좋아하는 아이들이 그러지 않는 남자아이를 놀려서 이 아이의 자존감은 타격을 입게 된다.[2] 아무런 잘못을 저지르지 않았는데도 또래들이 모든 남자아이나 모든 여자아이가 특정한 방식으로 행동해야 한다고 믿는다는 사실 하나 때문에 불공평한 대우를 받게 되는 것이다. 이것은 내 생각에, 분홍색과 파란색 게시판을 사용해서 얻는 편리함 대신에 치러야 하는 대가치고는 너무 크다.

이러한 유형의 이분법적 사고는 개인에게 초점을 맞춘 학급보다 젠더에 이름표를 붙인 학급에서 더 강하게 나타났다. 오전 8시에서 정오까지 운영하는 학급에서 고작 4주일을(이는 절대 긴 시간이라고 할 수 없다) 보냈을 뿐인데도 말이다. 그렇다면 몇 년씩 '젠더를 이용하는 것'이 아이들에게 얼마큼 영향을 미칠지 한번 상상해 보기 바란다.

또 한 가지 중요한 사실은 젠더에 관한 이러한 결론이 한 번의 임의 연구에서 도출된 것이 아니라는 점이다. 비글러는 젠더를 이용해 사람들을 조직하거나 이름표를 붙이는 일이 아이들에게 이처럼 크게 영향을 미치는 이유를 이해하기 위해 15년 동안 같은 방식의 실험을 반복했다. 나는 대학원에서 비글러 교수에게 배우면서 이 문제를 중점적으로 연구했다.

 ## 젠더 그 자체가 문제는 아니다

정말로 관심 있는 사람은 이렇게 물을 것이다. "젠더를 이용해 이름표를 붙이고 분류하는 것이 아이들에게 그렇게 중요하다는 사실을 어떻게 알 수 있습니까?" 실제 생활에서 젠더가 그토록 중요한 문제라는 사실을 깨닫기는 힘든데, 젠더 문제는 사회 전반에 항상 존재하고 있고 젠더는 우리 모두가 생물학적으로 가지고 태어나는 것이기 때문이다. 아이들이 젠더를 근거로 고정관념을 형성하고 그에 집착하는 이유는 젠더가 훗날 배우자 선택과 출산에 중요하게 작용하는 생물학적 특징이기 때문일지도 모른다. 혹은 우리가 젠더를 우리의 정체성과 사고방식의 중요한 부분으로 삼도록 (유전자나, 우주나, 더 높은 어떤 힘에) 이끌리는 것일지도 모른다.

신중하게 설계된 여러 연구 덕분에 우리는 이 문제를 이해할 수 있게 되었다. 10년에 걸친 일련의 연구는 우리가 인위적으로 아이들이 서로에 대해 고정관념을 형성하도록 만들 수 있다는 사실을

밝혀냈다. 젠더와 관련해 그랬던 것과 마찬가지로 말이다. 놀랍게
도, 아이들은 우리가 인위적으로 정형화된 그룹들을 구성했을 때조
차 그에 따라 고정관념을 형성했다. 예컨대, 대학원에서 비글러 교
수와 함께 연구하는 동안 나는 초등학생들에게 파랑 티셔츠나 빨강
티셔츠를 주고서 그것을 6주 동안 학교에서 매일 입게 하는 실험을
진행한 적이 있다. 우리는 아이들 이름이 적힌 종이를 무작위로 뽑
아서 파랑 그룹과 빨강 그룹으로 나누었다. 아이들 중 절반은 파랑
그룹에, 나머지 절반은 빨강 그룹에 배정됐다. 교사들은 젠더를 이
용할 때와 똑같은 방법으로 두 그룹을 대했다. 교사들은 이렇게 말
했다. "좋은 아침이에요, 파랑 학생들, 빨강 학생들!" "파랑-빨강-파
랑-빨강 순으로 줄을 서세요." 아이들은 빨강이나 파랑 게시판 둘
중 하나에 자신의 이름을 적었고 책상 위에도 빨강이나 파랑 이름
표를 붙였다. 그렇지만 이번 실험에서도 교사들은 두 그룹을 동등
하게 대우하고, 두 그룹이 서로 경쟁하지 않도록 했다. 즉 많은 교사
들이 '젠더를 이용하는' 것과 똑같은 방식으로 이 교사들은 색깔을
'이용했다.'[3]

어떤 일이 벌어졌을까? 4주밖에 지나지 않았는데도 학생들은 색
깔 그룹에 대한 고정관념을 형성했다. 학생들은 상대 그룹보다 자
신이 속한 그룹을 더 좋아했다. 빨강 티셔츠를 입은 학생들은 이렇
게 말했다. "파랑 티셔츠 입은 애들은 빨강 티셔츠 입은 애들만큼 똑
똑하지 않아." 젠더와 관련해 행동했던 것과 똑같이, 아이들은 파랑
아이들은 '모두' 이런 식으로 행동하고 빨강 아이들은 '아무도' 그런

식으로 행동하지 않는다고 말했다(아이가 어떤 그룹에 속하느냐에 따라 하는 말이 달라졌다). 아이들은 스스로를 분리하기 시작했고, 다른 그룹 아이들보다 자기 그룹 아이들과 더 많이 놀았다.

또한 아이들은 자기 그룹 아이들을 더 아낌없이 도왔다. 우리는 교실에 일부만 맞춰진 퍼즐 두 세트를 놓아두고 아이들을 들여보냈다. 그리고 한 퍼즐 앞에는 빨강 티셔츠를, 다른 퍼즐 앞에는 파랑 티셔츠를 슬쩍 걸쳐 놓았다. 선택권이 주어지자 아이들은 자기 그룹에 속한다고 생각되는 아이를 더 많이 도우려 했다.

후속 연구들을 보면, 유치원에 다니는 아이들 또한 어른들이 사용하는 분류 기준에 집착했고, 색깔 티셔츠에 따라 그룹을 만들었을 때도 마찬가지였으며, 자신이 속한 그룹을 근거로 서로에 대한 태도를 형성했다.[4, 5]

이들 연구에는 모두 매우 중요한 대조 그룹이 있었다. 아이들에게는 서로 다른 색깔의 티셔츠를 입혔지만 교사들은 각 색깔 그룹에 대해 언급하지 않은 학급들이었다. 여기서 교사들은 색깔로 아이들을 분류하거나 색깔 그룹을 이용해 각 아이에게 이름표를 붙이지 않았다. 다시 말해, 남자아이와 여자아이로 이루어진 학급에서 교사가 젠더를 언급하거나 젠더에 의해 분류하지 않는 것과 비슷했다. 교사는 아이들을 그저 개인으로만 대했다. 이러한 학급들에서는 아이들이 각 그룹에 대한 고정관념과 편향된 태도를 형성하지 않았다. 그룹들 사이에 매우 눈에 띄는 차이가 있을 때조차도 일단 어른들이 그룹의 존재를 무시하면 아이들 또한 그룹의 존재를 무시했다.

그렇다면 이 모든 실험이 의미하는 바는 무엇일까? 이 일련의 연구가 중요한 이유, 이 연구들이 대부분의 발달심리학 교과서에 기본으로 실리는 이유는 이러한 색깔 티셔츠 그룹들이 아무 의미 없이 나뉜 것이기 때문이다. 텔레비전을 통해 일어나는 사회화도 없고, 그룹들에 대해 부모가 하는 언급도 없고, 빨강 티셔츠 입은 아이나 파랑 티셔츠 입은 아이하고만 어울리도록 이끄는 생물학적 차이나 호르몬 차이도 없다. 또래 집단을 형성할 때 남자아이가 남자아이를 좋아하고 여자아이가 여자아이를 좋아하는 이유는 그들이 그런 식으로 태어났기 때문이라는 오래된 추정에 전혀 들어맞지 않는 것이다. 해답은 결코 생물학에 있지 않다!

그러기는커녕, 도리어 아이들이 그룹에 관심을 기울이는 이유는 어른들이 그것을 중요하게 여기기 때문인 것 같다. 어른이 "저 여자애들 노는 것 좀 봐!"라거나 "파란색 모자를 쓴 저 남자애는 누구니?"라고 반복적으로 말하면, 아이들은 남자아이인 것, 여자아이인 것이 그 사람의 대단히 중요한 특징임에 틀림없다고 추정한다. 사실 성별이 그 사람의 가장 중요한 특징인 것은 맞다. 그렇지 않다면 왜 우리가 항상 그것을 주목하겠는가?

아이들은 차이를 발견하면 세상의 전문가들, 즉 우리 같은 어른들에게 기대서 그 차이가 중요한지 중요하지 않은지 판단한다. 아이들은 사람들에게서 많은 차이점을 발견한다는 것을 기억하자. 가령 아이들은 머리 색깔이 다르다는 것을 발견한다. 사람들은 갈색 머리, 검은색 머리, 금발 머리, 빨간 머리, 회색 머리를 하고 있다. 하지만 어떤 어른도 이 가시적인 범주에 이름표를 붙이지 않는다. "저 갈색 머리 아이 좀 봐."라거나 "좋아요. 갈색 머리와 검은색 머리 학생은 모두 여기에 모이고 빨간 머리와 금발 머리 학생은 저기에 모이세요."라고 말하지 않는다. 결과적으로 아이들은 머리 색깔의 차이는 별 중요하지 않은 범주라고 여기게 된다. 하지만 그 차이가 존재한다는 사실은 알고 있다. 만약 내가 어떤 사람의 머리 색깔에 대해 묻는다면 아이는 어떤 색인지 말해 줄 수 있다. 그저 중요한 범주가 아닐 뿐이다. 아이들은 빨간 머리나 갈색 머리를 가진 것이 무엇을 의미하는지에 대해 특정한 태도를 형성하지 않는다.(물론 금발 머리에 대한 농담은 아이들이 알아차릴 만큼 계속해서 반복되지도 않

한 걸음 더

어른인 당신이 오직 한 가지 색깔만 사용할 수 있다고 상상해 보자.

방도 그 색깔이다.

사무실도 그 색깔이다.

자동차도 그 색깔이다.

옷, 모자, 신발, 외투도 그 색깔이다.

서류 가방과 노트북 컴퓨터도 그 색깔이다.

휴대폰 케이스도 그 색깔이다.

당신이 받는 모든 선물도 그 색깔이다.

틀림없이 특별한 인상을 남길 것이다. 아이들의 경우에도 마찬가지다.

는다.)

그렇지만 젠더에 관해서는, 아이들이 일단 그 차이를 알아차리고 나면 어른들이 그것을 중요하게 만든다. 아이들이 그 범주를 알아차린다. 어른들은 리본 머리띠로 그 범주를 확실히 해 준다. 세상의 전문가들, 즉 아이의 부모는 항상 그 범주에 이름표를 붙인다. 어른들은 젠더를 향해 번쩍이는 네온 화살표를 그리고서 이렇게 말한다. "주목! 여기 중요한 정보가 있어!" 언어 발달의 예에서 본 것과 마찬가지로, 우리는 아이들이 배웠으면 하는 것들을 지목하고, 이름표를 붙이고, 반복해서 가리킨다. 그러면 어떻게 될까? 아이들은 그것들을 배운다.

어른들이 '젠더' 범주를 매우 중요하게 여긴다. ▷ 아이들은 어른들이 중요하게 여기는 모든 것을 알아차린다. ▷ 아이들은 이 중요한 범주를 이해하려고 노력한다. ▷ 아이들은 젠더 그룹들에 대해 자기 나름의 설명을 찾는다.

아이들에게서 젠더 그룹들에 대한 설명을 듣는다면 당신은 깜짝 놀랄 것이다!

우선, 아이들은 어른들이 중요하다고 가리킨 것을 알아차린다. 다음으로, 아이들은 중요한 것을 이해하는 데 필요한 설명을 찾으려고 아주 열심히 노력한다. 남자아이냐 여자아이냐가 인간의 중요한 특징이라면, 아이들은 그것이 왜 중요한지 설명을 듣고 싶어 한다.

젖소는 젖소일 것이다

　재치 있게 제목을 붙인 논문「남자아이는 남자아이 ― 젖소는 젖소일 것이다Boys Will Be Boys; Cows Will Be Cows」에 따르면, 미시건 대학교의 심리학 연구자 메리앤 테일러, 마저리 로즈, 수전 겔먼은 다섯 살과 여섯 살 아이들에게 젠더 그룹과 동물 그룹의 특징에 대해 물었다. 이들은 아이들에게 만약 갓 태어난 젖소를 돼지 무리에 보내 키운다면 어떤 일이 벌어질지를 물었다. 아이들이 돼지 무리에서 자란 젖소가 '음매' 하고 울 거라고 생각하는지 아니면 '꿀꿀' 하고 울 거라고 생각하는지 알고자 했던 것이다. 또한 연구자들은 아이들에게 만약 갓 태어난 여자 아기를 삼촌에게 입양 보내서 남자 어른들과 남자아이들만 있는 무인도에서 살게 한다면 어떤 일이 벌어질지를 물었다. 여자 아기는 커서 바느질과 찻잔 놀이를 좋아하게 될까 아니면 (남자들 틈에서 양육되어서) 물건을 만들고 낚시하는 걸 좋아하게 될까? 다시 말해, 여성은 아기 돌보기, 바느질하기, 화장하기 같은 여성의 '특질essence'을 갖고 태어나고 남성은 장난감 트럭 가지고 놀기, 물건 만들기, 소방관 되고 싶어 하기 같은 남성의 '특질'을 갖고 태어나며, 이러한 것들에 전혀 노출되지 않더라도 타고난 성별에 따라 주요 특징들이 당연히 존재한다고 아이들이 생각하는지를 밝히려는 연구였다.[6]

　연구에 참여한 아이들은 젖소가 돼지 무리 사이에서도 항상 '음매' 하고 울 것이라고 대답했고, 이는 연구자들에게 전혀 놀랍지 않았다. 실제로 이는 정확한 추정이다. 젖소와 돼지는 근본적으로 완전히 다른 종이기 때문이다. 젖소는 ('꿀꿀'이 아니라) '음매' 하고 울게 되는 선천적이고 바꿀 수 없는 특질을 가지고 태어나고, 돼지는 ('음매'가 아니라) '꿀꿀' 하고 울게 되는 또 다른 종류의 선천적이고 바꿀 수 없는 특질을 가지고 태어난다. 아이들은 동물들이 무엇에 노출되거나 무엇을 배우는지에 관계없이 바꾸거나 고칠 수 없는 근본적인 '특질'을 가지고 태어난다는 사실을 알고 있었다.

그렇지만 이다음부터 아이들은 선천적 차이에 대해 잘못 추정하기 시작했다. 아이들은 여자아이는 항상 화장품 세트와 찻잔 놀이 세트를 가지고 놀고 남자아이는 항상 야구 카드를 수집하고 장난감 소방차를 가지고 놀 것이라고 생각했다. 여자아이, 남자아이가 이러한 것들에 한 번도 노출된 적이 없다고 하더라도 말이다. 젖소가 돼지처럼 울 수 없는 것과 마찬가지로 여자아이도 남자아이처럼 행동할 수 없고 남자아이도 여자아이처럼 행동할 수 없다고 생각한 것이다. 이 연구의 결론에 따르면, 아이들은 여자와 남자가 근본적으로 완전히 다른, 선천적이고 바꿀 수 없는 특질을 가지고 태어난다고 추정한다. 그리고 아이를 아무리 다양한 환경에 노출하거나 열심히 가르치더라도 이러한 특질과 관심사는 바꿀 수 없다고 생각한다. 다시 말해, 남자아이와 여자아이는 젖소와 돼지만큼이나 서로 다르다는 것이다.

이 연구가 중요한 이유는 젠더 차이에 관련해서 아이들의 사고가 얼마나 완고한지 잘 보여 주기 때문이다. "되로 주고 말로 받는다."

라는 속담을 떠올려 보라. 아이들을 조금만 젠더 차이에 집중하게 만들면(사실 우리는 끊임없이 젠더 개념을 이용해 아이들을 젠더에 집중하게 만든다), 아이들은 이를 자유자재로 활용하기 시작한다. 그리고 그 과정에서 남자와 여자를 서로 완전히 다른 종으로 만들어 버린다.

오직 남자만 소방관이 될 수 있다

젠더에 항상 이름표를 붙이는 행위는 아이들에게 다른 방식으로도 영향을 미친다. 한 연구는 아이들이 '경찰관'이나 '소방관'이라는 이름을 듣고서 오직 남자만 그 일을 할 수 있다고 추정한다는 것을 보여 준다. 또한 영어에서 '그[he]'를 어떤 대상의 총칭으로 사용할 때 아이들은 '그'가 오직 남성만을 가리킨다고 추정한다.[7] 그런데도 '그'를 총칭으로 사용하는 언어 습관은 버리기가 쉽지 않다. 많은 엄마들이 '그'를 쓰고 나 또한 자주 그런다. 또 다른 연구에서, 엄마들은 어린 자녀와 동물이 등장하는 그림책을 보면서 성 중립적인 동물의 95%를 '그'라고 지칭했다.[8] 아이들은 이를 민감하게 알아차리고 대부분의 동물이 수컷이라고 추정한다.(사실 이 문제는 엄마들 때문만은 아니다. 동물이 나오는 어린이책에서 수컷은 암컷보다 5배 더 많이 등장한다.[9])

언어에서 젠더를 이용하는 것은 심각한 문제다. 언어 습관의 영향으로 여자아이들이 어떤 직업이나 특기, 기술이 오직 남자아이들만을 위한 것이라고 생각한다면 그 일을 하고 싶어 할 가능성이 낮아지기 때문이다. 즉 단지 소방관에게 '파이어먼'이라는 이름표를 붙이는 것만으로도 여자아이들이 그 직업을 가지고 싶어 할 가능성이 낮아진다는 뜻이다. 어떤 부모는 자신의 딸을 소방관으로 만들고 싶은 마음이 별로 없다며 어깨를 으쓱할지도 모르겠다. 하지만 나는 내 딸들이 그 이름표가 자신의 젠더와 어울리지 않는다는 이유만으로 '대표이사chairman' 같은 자리를 회피한다면 몹시 화가 날 것 같다.

 ## 고정관념은 힘이 세다

아이들이 여자아이는 모두 바느질을 좋아하고 남자아이는 모두 야구 카드 모으는 것을 좋아한다고 생각하는지 여부가 정말 심각한 문제가 될까? 젠더에 따라 이름표 붙이는 일이 늘어나면서 사람들이 모든 남자아이는 이런 세트의 속성을 가지고 모든 여자아이는 저런 세트의 속성을 가진다고 생각하는 경향 또한 강해지고 있다. 그런데 우리가 아이를 키울 때 이것이 정말로 문제가 될까? 대답은 '그렇다'이다. 일단 아이에게 영향을 미치기 시작한 고정관념들은 바꾸기가 매우 어렵기 때문이다.

아이들을 포함해 사람은 누구나 자신이 이미 알고 있거나 알고 있다고 생각하는 정보와 일관되는 정보를 기억하려는 욕구가 강하다.(이에 대해서는 다음 장에서 다시 논의할 것이다.) 이러한 욕구는 우리 뇌에 내장되어 있을 가능성이 높다. 우리는 세상에 대해 예측하기를 좋아한다. 예측은 일어날 수도 있는 위험한 사태에 우리가 잘 대비하도록 도와준다. 모든 개는 컹컹 짖고, 모든 고양이는 야옹 하고 울며, 모든 사자는 으르렁거린다는 사실을 알아 두면 좋다. 처음 보는 개나 고양이와 상호작용하는 데 도움이 되고, 사자와 상호작용하는 것을 피해야 한다는 사실을 상기시켜 주기 때문이다. 한편으로, 내가 기르는 개가 가르랑거리기 시작한다면 질겁할 테고 말이다.

이와 마찬가지로, '모든' 남자아이나 '모든' 여자아이가 어떻게 행동할지 예측할 수 있다면 세상은 더 미더운 곳이 될 것이다. 문제는 모든 남자아이가 똑같이 행동하지 않고 모든 여자아이도 똑같이 행동하지 않는다는 데 있다. 그렇기 때문에 우리의 고정관념들(다시 말해, 예측들)을 유효하게 유지하기 위해 우리는 몇 가지 복잡한 정신적 속임수를 써야만 한다.

자신의 예측이 항상 정확하다고 믿기 위해서 우리는 규칙들의 예외를 아예 잊어버리거나 머릿속으로 규칙들을 교묘하게 왜곡한다. 한 연구에서는 아이들에게 난로 앞에 서 있는 남자의 사진을 보여주면서 그 남자가 가족을 위해 저녁 식사 준비하는 것을 좋아한다고 말했다. 나중에 이 남자에 대해 질문했을 때 아이들은 요리는 여자가 한다는 고정관념을 수정하지 않았다. 오히려 아이들은 그 사진의 주인공이 여자였다고 잘못 기억하거나 사진 속 남자가 요리를 하는 게 아니라 난로를 고치고 있었다고 기억했다. 어떤 아이들에게 여성 교장 선생님의 사진을 보여 줬더니 아이들은 그녀를 급식 담당자나 행정 직원으로 기억하기도 했다. 이와 비슷하게, 어떤 아이들은 병원에서 일하는 남자 요리사를 의사로 기억했다. 친절하게도 승진을 시켜 준 것이다.[10]

많은 학교에서 여학생들이 수학과 과학 과목에 더 관심을 가지게 만들기 위해 유명한 여성 과학자들의 사진을 보여 주면서 고정관념을 깨뜨리려 노력한다. "자, 보세요. 이 사람들은 해냈어요. 여러분도 할 수 있어요!" 연구 결과에 따르면 안타깝게도 이러한 시도는 별로 효과가 없다. 여학생들은 여성 과학자들을 연구실 조수로 기억할 가능성이 더 높았다. 이러한 연구 결과는 아이들 안의 젠더 고정관념을 깨뜨리려 노력하는 사람들에게 좌절감을 안겨 준다. 나 또한 여러 학교에서 비슷한 노력을 하며 여러 해를 보냈지만 실패할 때가 많았다. 우리의 뇌는 선입견에 들어맞지 않는 정보를 걸러내는 데 선수이기 때문이다.

이미 자리 잡은 고정관념은 바꾸기가 매우 어렵기 때문에 나는 항상 부모들에게 아이가 태어나는 순간부터 젠더 이용을 주의하라고 권한다. 부모가 아이에게 강하게 영향을 미칠 수 있는 기간은 생후 3년 남짓밖에 되지 않는다. 그 후에는 아이들 머릿속에 고정관념들이 깊이 뿌리내리기 때문에 우리가 할 수 있는 최선은 아이들에게 문제를 똑바로 보라고 잔소리하는 것밖에 없다. 차선책이라면 아이들이 스스로 혹은 다른 사람들이 젠더 고정관념을 드러낼 때 이를 인식할 수 있도록 돕는 것이다.

우리 집에 과학을 들여오자

나는 앞서 소개한 연구 결과들이 자녀 교육에 매우 중요하다고 생각하기 때문에 결코 '남자아이boy'나 '여자아이girl'라는 단어를 사용해 사람들에게 이름표를 붙이지 않는다. 그 대신 나는 '아이들'이나 '어른들'이라는 단어를 사용한다. 그레이스에게 "의젓한 아가씨구나."라고 말하는 대신 "의젓한 아이구나."라고 말한다. 나는 그레이스의 젠더가 아니라 그레이스의 독립성이 커 가는 점을 강조하고 싶을 뿐이다. 아주 조금만 노력을 기울이면 똑같은 감정을 전달하면서도 변화를 일으킬 수 있다. 나는 내 아이들을 한꺼번에 지칭할 때도 '딸아이들' 대신 '아이들'이라는 표현을 쓴다.(때로 '아가들'이라고 부르기도 하고, 아이들이 말썽을 피울 때는 '정신 나간 애들'이라고도 한다.) 아이들에게 다른 사람들을 가리킬 때에는 "놀고 있는 저 애들 좀 봐." 같은 식으로 말한다. 아니면 그 사람의 '역할'을 강조한다. 예를 들어 아이들과 함께 있을 때 다른 가족을 만나면 나는 그들을 '남자'나 '여자'라고 지칭하지 않고 '아빠'나 '엄마'라고 한다. '우편배달원mail carrier'은 우리의 우편물을 배달해 주고, '쓰레기 수거인garbage collector'은 매주 금요일에 오며, 식당에서 우리에게 음식을 차려 주는 사람은 남녀 모두 '종업원^{waiter}'이다.[●] 작은 시도에 불과하지만 아이들은 이러한 언어 변화에 주의한다. 아이들은 이런 식으로 언어를 배우기 때문이다. 아마 대부분의 어른은 이처럼 사소한 단어 선택의 변화는 알아차리지도 못할 것이다.

이 방법은 활용하기도 매우 수월하다. 아이들에게 책을 읽어 줄 때만 제외하면 말이다. 내 아이가 세 살이었을 때 내가 "작은 아이 블루^{Little Kid Blue}^{●●}야, 뿔피리를 불렴. 양은 목초지에 있고 젖소는 옥수수밭에 있어."라고 책을 읽어 주는 것을 듣고서 (보통은 내 접근법에 동의하는) 남편이 웃음을 터뜨렸던 일이 아직도 기억난다. 최근에는 『더 박스카 칠드런^{The Boxcar Children}』을 마야에게 읽어 주면서 수리공을 뜻하는 '핸디맨^{handyman}'을 대신할 젠더 중립적인 단어를 찾아 헤매다가 결국 '리페어퍼슨^{repairperson}'으로 대체하기로 결정한 일도 있었다. 그림책 『꼬마 곰 코듀로이^{Corduroy}』를 그레이스에게 읽어 줄 때는 그다지 어렵지 않게 '여자 판매원^{saleslady}'을 '판매원^{sales clerk}'으로, '남자 야간 경비원^{nightwatchman}'을 '경비원^{security guard}'으로 바꿀 수 있었다. 또한 어린이책에 나오는 거의 모든 동물은 성별에 관계없이 '그'라고 이름표가 붙어 있어서, 방 청소도 하고 숫자도 10까지 세는 공룡 책을 읽어 줄 때 공룡의 성별을 왔다 갔다 무작위로 바꿔 주었다. 내가 「블루스 클루스^{Blue's Clues}」라는 텔레비전 프로그램을 남몰래 편애하는 이유는 주인공 강아지 블루가 여자아이고

● 저자는 일부러 'mailman'이나 'garbage man', 'waitress' 같은 단어를 사용하지 않았다.
●● 원제는 '작은 소년 블루(Little Boy Blue)'이다.

'그녀'로 지칭되기 때문이다. 어린이 프로그램의 세계에서는 아주 드문 경우다.

내가 사용하는 말을 바꾸기는 매우 쉽다. 당신도 마찬가지다. 아마 당신은 주위에 어른들만 있는 경우에만 욕설을 뱉을 것이다. 부모가 자녀 앞에서 말을 삼가기란 그리 어렵지 않다. 숙제를 나눠 주는 교사에게 자녀가 "지랄하네This is bullshit."라고 말하는 걸 듣고 싶은 부모는 아무도 없을 테니까. 자녀가 부모에게 배운 욕을 밖에서 함부로 하고 다닌다면 낯부끄러울 테니까 부모는 자식 앞에서 하는 말을 철저히 점검한다. 젠더에 근거한 언어를 편집해서 없애는 일도 이와 다르지 않다. 물론 '남자아이' '여자아이'라는 단어 자체가 나쁜 것은 아니다. 하지만 이 단어들은 아이들이 그에 집중하지 않았으면 하는 범주들을 대표한다. 최근 아이들과 사춘기에 대해 대화를 나누면서도 그랬지만 나도 필요할 때는 젠더를 언급하는데, 실은 젠더가 우리가 이야기 중인 상황과 아주 밀접하게 관련이 있을 때는 그리 많지 않다. 아이, 꼬마, 걸음마기 아기, 어린아이, 큰 아이, 십 대, 사람, 엄마, 교사, 공사 현장 노동자, 운전사, 축구 선수, 달리기 선수, 소프트볼 선수, 학생, 3학년, 훌리건, 오렌지색 옷을 입은 사람. 이들 표현은 누군가를 잘 묘사할 수 있고, 누군가에 대해 단지 젠더만이 아니라 더 많은 정보를 제공한다.

나는 여러 다른 방식으로도 젠더의 이용을 없애려고 노력한다. 가령 우리 집은 여자아이만 참석하는 파티를 열지 않는다. 내 아이들이 젠더 편향적인 의견을 말하면 바로잡아 주기도 한다. 마야가 남자아이들은 지저분하고 여자아이들은 깔끔하다는 의견을 말했을 때, 나는 어떤 남자아이는 지저분하지만 어떤 남자아이는 ("네 아빠처럼") 깔끔하다고 짚어 줬다. 또한 어떤 여자아이는 깔끔하지만 어떤 여자아이는 지저분하다고("마야 너처럼."이라고 웃으며 덧붙였다) 짚어 줬다. 그레이스가 스스로를 "다 큰 아가씨!"라고 말하면(학교에서 주워들은 것 같다) 나는 "맞아, 다 큰 아이야!"라고 대꾸해 준다. 그러면 그레이스는 다시 "다 큰 아이야!"라고 따라 한다(그레이스는 우리가 하는 모든 말을 따라 한다).

그렇지만 바깥세상은 항상 강력한 힘을 발휘한다. 당신의 아이가 그렇듯 내 아이들도 바깥세상의 영향으로 항상 젠더의 중요성을 떠올리게 된다. 우리는 마야의 여덟 번째 생일 파티를 요리 교실에서 열었다. 마야와 친구들이 직접 피자를 만들고 컵케이크를 장식했다. 마야는 성별에 관계없이 두루 친했기 때문에 같은 수의 여자아이, 남자아이가 생일을 축하해 주러 왔다. 나는 '고정관념에서 자유로운 정말 멋진 파티군.'이라고 생각했다. 그때까지만 해도 내가 고용한 사람들에게 얼마 안 있어 기습을 당할 것이라고는 상상도 못 했다. 파티를 진행하는 요리 강사들은 끊임없이 젠더에 근거한 평을 쏟아 냈다. 세어 보니 4분 만에 열 번이나 됐다. "아, 남자아이들은 죄다 거칠죠." "남자아이들이 정말로 요리를 하긴 하네요." "남자아이들은 보통 밀가루 반죽을 패대기쳐요." "남자아이들은 페퍼로니를 좋아하죠." 같은 말들이 넘쳐 났다. 나는 소리를 지르고 싶었다. "알았어요! 모든 남자아이는 한 명도 예외 없이 양념 고기로 난장판을 만드는 걸 좋아하죠. Y염색체 때문에요. 의학 학술지에 전화해서 '인간 게놈 프로젝트'를 다시 쓰라고 해야겠어요."

하지만 나는 생각을 바꿨고, 아무 말도 하지 않았다. 남편이 내게 좀 앉아서 심호흡을 해 보라고 권했다. 파티는 젠더 고정관념에 반대하는 나의 머릿속을 뒤죽박죽으로 만들었다. 몇몇 남자아이는 컵케이크에 딸기 맛 크림을 얹지 않겠다고 했다. 분홍색이었기 때문이다. 물론 강사들은 바로 맞장구를 쳤다. 마야의 파티는 내가 간절히 원했던 장면을 연출할 곳이 못 됐다.

그렇다고 해서 내가 다 포기했다는 뜻은 아니다. 다른 사람들이 하는 말은 내가 통제할 수는 없는 데다 나는 예의를 지키는 일이 무엇보다 중요하다고 믿는다. 그날 집에 돌아와서 나는 마야에게 강사들이 생일 파티에서 남자아이와 여자아이에 대해 했던 말을 기억하느냐고 물었다. 마야는 기억한다고 했다. 나는 마야에게 어른이 한 말이라고 해서 항상 옳은 것은 아니라는 점을 다시 한 번 짚어 주며 말했다. "어떤 어른들은 남자아이는 모두 이런 식으로 행동하고 여자아이는 모두 저런 식으로 행동한다고 생각해. 하지만 그렇지 않아. 모든 남자아이가 하는 일, 모든 여자아이가 하는 일 같은 건 없어. 어떤 남자아이들은 거칠고 어떤 여자아이들도 거칠지. 어떤 남자아이들은 차분하고 어떤 여자아이들도 차분해."

나는 한 발짝 더 나아갔다. "엄마는 네가 여자 친구, 남자 친구를 두루두루 사귀어서 참 멋지다고 생각해. 엄마는 네가 그냥 '마야'여서 좋아. 너는 어떤 것을 '여자아이가 좋아하는 것'이라서 좋아하거나 '남자아이가 좋아하는 것'이라서 싫어하지 않지. 너는 '마야가 좋아하는 것'을 좋아하지. 때로는 그게 다른 많은 여자아이들도 좋아하는 것일 수 있어, 분홍색처럼. 때로는 그게 많은 남자아이들이 좋아하는 것일 수도 있어, 장난감 자동차처럼. 엄마는 여러 특징이 뒤섞인 많은 장난감을 가지고 노는 게 더 재미있고 신날 거라고 생각해." 내가 이렇게 말한 의도는 생일 파티에서 어른들이 한 얘기를 반박하고 구체적인 예를 들어 아이가 젠더 고정관념에서 벗어나게 도우려는 것이었다. 아이를 고정관념에서 완벽하게 보호할 수는 없다해도, 최소한 아이가 그 고정관념의 본색을 알아차리도록 도울 수는 있다.

정말로, 나는 내가 하는 말에서 젠더를 이용하지 않으려 노력하고 내 아이들이나 다른 사람들이 젠더에 대해 하는 발언을 지적한다. 그렇다고 마야가 원치도 않는 마대 자루를 입고 대명사 '그것it'으로 불리기를 원하는 것은 아니다. 마야는 여자아이이고 결국 세상에 의해 사회화된다. 이 사실은 우리가 이사를 갔을 때 아주 분명해졌다. 나는 마야에게 새 방을 무슨 색으로 칠할지 고르라고 했다. 마야는 분홍색을 골랐다. 나는 싸우기로 했다. 젠더 중립을 지키는 것이 목표가 아니었다. 젠더 고정관념을 넘어서서 아이가 될 수 있는 최고의 모습으로 성장하도록 돕는 것을 목표로 삼았다.

이러한 변화를 만드는 일은 그리 어렵지 않다가도 때로는 매우 곤란한 쪽으로 흐른다. 그렇지만 나는 노력을 아끼지 않는다. 고정관념들이 일단 힘을 얻고 나면 그것을 바꾸기가 얼마나 어려운지 잘 알기 때문이다. 우리 집 안에서조차 고정관념을 바꾸기가 매우 힘들다. 내 남편은 소방관이다. 마야가 한번은 내게 소방관은 오직 남자들만 할 수 있다고 말한 적이 있다. "그렇지 않다면 왜 '파이어먼'이라고 부르겠어요?" 마야가 미심쩍어하며 물었다. 그 의문은 그럴듯했다. 나는 마야에게 아빠와 같은 소방서에서 일하는 두 명의 여자 소방관을 알지 않느냐고 물었다. 이야기책에 나오는 추상적인 예가 아니었다. 우리는 그들을 알고 있었고 심지어 그들이 소방복을 입은 모습밖에 본 적이 없었다. 헷갈릴 여지가 없었던 것이다. 그런데도 마야는 소방관에 대해 얘기할 때 대놓고 그들을 배제해 버렸다. 나는 마야와 함께 어떤 사람이 소방관이 될 수 있는지, 그리고 어떤 직업을 나타내는 단어에 '~맨^{man}'을 붙이면 여자도 그 일을 한다는 사실을 기억하기가 얼마나 어려운지에 대해 이야기를 나눴다. 일단 어떤 고정관념이 머릿속에 자리 잡고 나면 세상을 일관된 방식으로 보고 싶은 욕구 때문에 이러한 고정관념은 영구화된다. 게다가 일단 젠더에 집중하기 시작하면 이를 멈추기란 대단히 어렵다.

아이에게 미치는 젠더의 영향을 최소화하기 위한 다섯 가지 방법

　미리 밝히자면, 나 역시 여기에 제시하는 방법을 항상 지키지는 못한다. 때로는 성공하고 때로는 감당을 못 한다. 만약 당신이 어느 날 우연히 그레이스를 만난다면 이렇게 말할지도 모른다. "머리부터 발끝까지 분홍색이네요. 그동안 당신이 했던 말이 조금 위선적으로 느껴지는데요?" 사실, 이런 날이 상당히 많다. 그레이스의 다정한 할머니, 할아버지가 옷을 많이 선물해 주기 때문에 그레이스는 선물받은 분홍색 옷들을 자주 입을 수밖에 없다. 그 대신 나는 그레이스의 색깔 선택권을 보완하기 위해 그레이스에게 절대 분홍색 옷을 사 주지 않는다.

어떤 날은 그저 싸우지 않는 쪽을 택하기도 한다. 아이들의 피아노 숙제를 봐줘야 하거나, 머리에 붙은 껌을 떼야 하거나, 스파게티 소스가 눌어붙지 않게 저어야 하기 때문이다. 이런 순간에 내 유일한 양육 목표는 아이들에게 밥을 먹여 재운 다음 정신없이 소파에 쓰러지는 것이다. 이럴 때는 아이들의 잠재력을 최대한 키워 주는 일에 아무래도 신경을 덜 쓰게 된다. 그렇지만 잊지 말자. 다음 방법 중 대부분은 약간의 노력만 기울이면 실행할 수 있고, 일단 당신이 실행만 하면 그다음에는 아이들이 알아서 할 것이다. 그러니 당신에게 알맞은 방법을 선택해 실행해 보기를, 또한 당신의 배우자, 부모, 시부모, 처부모와, 무엇보다 당신의 그날 남은 에너지와 잘 맞는 방법을 선택하기를 바란다.

젖먹이 아기를 위한 다섯 가지 방법

1. 모든 물건을 한 가지 색깔로 사지 말자. 당신의 딸은 굳이 분홍색이나 보라색 옷을 입지 않더라도 여자아이가 맞다. 밝고 선명한 원

색의 옷들도 고려해 보자. 아들을 머리부터 발끝까지 분홍색으로 입히는 부모는 별로 없을 것이다. 사실, 그래도 괜찮다. 이따금 아들에게 노란색 옷을 입혀 보는 것은 어떤가. 아기를 하나의 독립된 인격이라고 생각하자. 당신이라면 한 가지 색깔의 옷만 입고 싶겠는가?

2. 젠더화된 문구가 붙은 아이 옷을 줄이자. '아빠의 강한 아들'이나 '아빠의 소중한 딸' 같은 문구는 아이의 생애 초기부터 젠더를 아주 중요하게 만들어 버린다.

3. 딸에게 하는 것만큼 아들에게도 말을 많이 하자. 부모가 여자아이보다 남자아이에게 말을 더 적게 거는 경우가 많다.[11] 남자아이에게 말할 때 '감정 어휘'를 많이 사용하자. "좋은 아침! 행복해 보이는구나."라거나 "기분이 안 좋아 보이네." 같은 말은 아이들이 감정에 대해 배우고 자신의 감정을 알아차리도록 도와준다. 일반적으로 남자아이들은 여자아이들보다 감정과 관련된 말을 더 적게 듣는다.(그러고서 어른이 되면 우리는 남자들이 "자신의 감정을 잘 모른다."라고 불평한다.) 언젠가는 당신 아들의 파트너가 이 방법의 혜택을 누릴 수 있을 것이다.

4. 여자아이에게 트럭과 기차가 나오는 책을 많이 읽어 주자. 모든 아이들은 바퀴 달린 물건을 좋아한다. Y염색체에만 이러한 특징이 새겨져 있는 것은 아니다.

5. 남자아이와 여자아이 모두에게 꼭 껴안고 싶은 부드러운 인형을 주자. 돌봄, 양육, 배려는 모든 아이에게 강화해 주어야 할 좋은 자질이다. 커서 부모가 되는 것은 여자아이만이 아니다.

걸음마기 아기를 위한 다섯 가지 방법

1. 아들과 딸 모두에게 인형, 소꿉놀이 세트, 장난감 트럭, 레고 블록을 사 주자. 모든 아이는 다른 사람을 보살피고 돌보는 방법과 물건을 다루는 방법을 배워야 한다. 이는 토이저러스에서 이쪽저쪽을 다 다녀 봐야 한다는 뜻이다. 분홍색 통로에는 트럭이 없고 파란색 통로에는 인형이 없다. 그렇지만 당신은 어른이다. 이 문제에 잘 대처할 수 있을 것이다.

2. 아이가 얼마나 잘 가지고 노느냐에 상관없이 집에 두 가지 유형의 장난감을 계속 마련해 두자. 아들은 인형을 잘 가지고 놀지 않을지도 모르고 딸은 트럭에 별 관심이 없을지도 모른다. 특히 나이 많은 형제가 있어서 어느 장난감이 어느 젠더 그룹에 속하는지 시범을 보인다면 그러한 경향이 더 심할 것이다. 하지만 이것은 부차적인 문제다. 더 중요한 것은 여러 장난감을 고루 마련함으로써 부모 스스로 남아 완구나 여아 완구 같은 것이 따로 존재하지 않는다고 믿는다는 사실을 아이에게 알려 줄 수 있다는 점이다.

3. 아이들에게 이야기할 때 젠더 이름표를 이용하지 말자. 아이의 능력을 칭찬할 때 남자아이나 여자아이 같은 이름표는 필요 없다. 아이들도 곧 자신의 젠더를 알게 될 것이다. 그렇다고 해서 우리가 먼저 나서서 아이의 젠더를 강화할 필요는 없다. 남자아이와 여자아이를 그저 '아이'라는 단어로 대체하거나, 아이와 대화할 때는 주로 형용사를 사용해 보자. 가령 이렇게 말하면 효과가 좋을 것이다. "아주 의젓하구나." "정말 도움이 많이 되는구나." "엄청 부지런

하네."

4. 아이가 다니는 보육 기관에서 젠더 고정관념을 발견하면 아이의 교사에게 말하자. 나는 말싸움을 잘하지 못한다. 절대 학교로 쳐들어가서 교사에게 뭔가를 바꾸라고 요구하지 않는다. 교사를 방어적으로 만들거나 불편하게 만들고 싶지 않다. 무례하게 굴고 싶지도 않다. 그렇다고 해서 모르는 척하겠다는 이야기는 아니다. 예컨대 아이의 교실에서 "남자는 무엇을 할 수 있나요? 의사가 될 수 있습니다. 여자는 무엇을 할 수 있나요? 간호사가 될 수 있습니다."라고 말하는 시대에 뒤떨어진 책이나 디즈니 공주들이 등장하는 책을 발견할 수 있다. 이럴 때 나는 교사에게 조심스럽게 말한다. "여기 꽂힌 몇몇 책은 조금 오래된 것 같네요. 일부 메시지도 약간 시대에 뒤떨어진 것 같아요. 마침 할인 중이어서 몇 권 구입했는데요(이 대목에서 나는 고정관념에서 자유로운, 더 최신의 책을 건넨다), 책장에 있는 오래된 책을 이 책들로 교체해도 될까요?"

5. 딸과 함께 숫자를 세자. 남자아이의 부모는 여자아이의 부모보다 숫자에 대해서 3배 더 많이 말한다.[12] 그러니 딸이든 아들이든 상관없이 아이와 함께 모든 것을 숫자로 세자. 우리 집 계단은 14칸이다. 항상 딸들과 함께 세기 때문에 잘 알고 있다. 그레이스는 자신이 '포도 여섯 알'을 먹었다는 사실을 알고 있고 산책할 때 '개가 세 마리' 있다고 가리킨다. 이 방법은 남자아이와 여자아이 모두 나중에 수학 개념을 더 친숙하게 여기도록 도와준다.

1. 성별 분리를 강화하지 말자. 남자아이나 여자아이만 초대하지 말고 아이의 친구들 모두를 생일 파티에 초대하자.

2. 아이가 젠더 고정관념을 표현하면 이에 대해 아이와 토론해 보자. 아이에게 왜 그렇게 생각하느냐고 물어보면 아이는 자신만의 독특한 논리를 펼 때가 많다. 가령 내 친구의 딸은 굴을 싫어한다. 남자만 굴을 좋아한다고 생각하기 때문이다. 만약 당신의 아이가 이러한 종류의 발언을 한다면 모든 남자가 이런 일을 하고 모든 여자는 저런 일을 하는 경우는 없다는 사실을 지적해 주자. 고정관념의 예외들을 짚어 주고 알려 주자.

3. 아이와 단둘이 있을 때 아이에게 다른 사람이 젠더 고정관념을 표현한 적이 있는지 물어보자. 아이에게 어른들도 때로 실수를 하거나 틀릴 수 있다고 설명해야 할지도 모른다. 나는 아이들과 이러한 대화를 여러 번 했다. 심각하게 이야기하지는 않는데, 아이들이 어른들을 존경하기를 바라기 때문이다. 하지만 어른인 우리는 어른도 때로 잘못 판단할 수 있다는 사실을 알고 있다. 나는 대개 이런 식으로 대화를 한다. "존의 엄마가 네게 요리책을 선물하면서 여자아이는 모두 요리하기를 좋아한다고 말한 거 기억나니? 우선, 네가 '감사합니다.'라고 말해서 엄마는 정말 기뻤어. 하지만 모든 여자아이가 요리하기를 좋아하지는 않는다는 사실을 네가 알았으면 좋겠구나. 어떤 여자아이는 요리하기를 좋아하고 어떤 여자아이는 좋아하지 않지. 게다가 요리하기를 좋아하는 남자아이도 많아. 남자냐

여자냐가 중요한 게 아니야. 어떤 사람은 요리하기를 좋아하고 어떤 사람은 좋아하지 않는 거지."

4. 초등학생을 위한 텔레비전 프로그램은 대개 인구통계학상 10~13세인 '십 대 초반 아동tween'을 대상으로 한다. 그런데 실제로 이들 프로그램은 여자아이들에게는 성적인 것에 대한 메시지를, 남자아이들에게는 폭력에 대한 메시지를 많이 보내는 것으로 보인다. 이들 프로그램 중 대부분은 십 대 남자아이들의 관심을 끌기 위해 애쓰는 십 대 여자아이들을 보여 준다. 나는 마야에게 자주 이렇게 말한다. "저건 초등학생이 아니라 청소년 프로그램이야. 다른 프로그램을 찾아보자." '어린이 채널'에 나온다고 해서 반드시 아동에게 적합한 프로그램이라고 볼 수는 없다('디즈니 채널'을 보라). 이와 비슷하게, 남자아이를 대상으로 하는 프로그램에는 폭력적인 장면이나 내용이 많이 나온다. 이는 남자아이는 공격적이어야 한다는 고정관념으로 이어진다. 그리고 이러한 고정관념은 장난감 총과 전쟁 관련 장난감의 인기에 힘입어 더 악화된다. 다시 한 번 말하지만, 부모는 아이의 대중매체 식습관을 점검하고 검열해야 한다. 아이가 저녁 식사 전에 케이크를 먹지 못하게 말리는 것과 마찬가지로, 아이가 젠더 고정관념을 강화하는 프로그램을 함부로 섭취하지 않도록 유의하자.

5. 이 연령대는 광고주와 장사꾼들이 남자아이, 여자아이를 '성적으로 대상화하기' 시작하는 시기이기도 하다. 여자아이들은 외모가 예쁜지, 짧은 반바지와 배꼽이 보이는 윗옷 같은 '십 대' 옷을 입고

있는지 여부에 따라 평가된다. 남자아이들은 여자 친구가 많은 것처럼 행동하려 애쓸 때가 많다. 당신의 아이가 입는 옷을 검열해도 괜찮다. 초등학교에서 '섹시하게 입는 것'은 적절하지 않다. 만약 당신의 아들이 여자아이들에 대해 성적인 방식으로 이야기하는 걸 듣게 된다면 여자아이들에 대해 그런 식으로 이야기해서는 안 된다고 반드시 말해 주어야 한다.

십 대를 위한 다섯 가지 방법

1. 청소년기에 젠더는 완전히 새로운 중요성을 띤다. 성에 대한 관심이 커지기 때문에 특히 그러하다. 여자아이들은 대중매체와 또래 집단 양쪽으로부터 예쁘고 순종적인 성적 대상이 되어야 한다는 압박감을 느낀다는 사실을 알아 두기 바란다. 또한 남자아이들은 이러한 여자아이들을 성적으로 추종해야 한다는, 혹은 적어도 성적으로 추종하는 일에 대해 떠들어야 한다는 압박감을 느낀다. 십 대 자녀와 이러한 압박감에 대해 이야기를 나누자. 이러한 압박감이 실은 고정관념이라고 아이가 인식할 수 있도록 돕자.

2. 십 대는 학교에서 여러 가지 선택을 해야 하고 그 선택은 이후 아이의 인생에 장기적인 영향을 미친다. 그렇기 때문에 어떤 선택을 할 때 고정관념에 근거하도록 내버려 둬서는 안 된다. 딸이 고등 수학반을 관두게 하거나 아들이 문예 창작반에서 탈퇴하게 내버려 두지 말자. 아이들은 그 수업을 내심 좋아하면서도 또래 대다수와 다른 선택을 하는 것이 불편하기 때문에 피하려 들지도 모른다.

3. 청소년기 자녀가 스스로를 진실하게 바라볼 수 있도록, 고유한 개인이 될 수 있도록 돕자. 십 대는 집단에 순응하고자 하는 욕구가 강하지만 이러한 욕구는 아이가 고유한 잠재력을 최대한 발휘하는 데 도움이 되지 않는다.

4. 아이가 일상생활에서 젠더 고정관념을 알아차릴 수 있도록 힘을 북돋아 주고 고정관념과 어떻게 싸워야 하는지 이야기를 나누자. 예를 들어, 여자 고등학생 농구 선수를 응원하는 사람은 별로 없지만 남자 고등학생 농구 선수를 응원하는 사람은 많은 이유에 대해 이야기를 나눠 보는 건 어떨까?

5. 아이가 사회 전반에 걸친 젠더 고정관념을 알아차리고 그것에 맞서 구체적인 행동을 할 수 있도록 힘을 북돋아 주자. 여성 대통령이 부족한 현상, 남성과 여성 간 권력의 불균형을 만든 복잡한 이유에 대해 대화를 나누면 도움이 될 것이다.

요점 정리: 꼭 하고 싶은 이야기

- 언어를 배울 때와 마찬가지로, 아이들은 어른들이 보내는 미묘한 신호에 의지하여 세상을 배워 나간다. 끊임없이 젠더를 이용해 아이들을 분류하고 이름 표를 붙이는 일은 심각한 문제. 아이들은 어른들이 제공하는 정보를 이용하여 세상에서 무엇이 중요한지를 이해하기 때문이다.

- 아이들이 남자아이와 여자아이로 나뉜 두 그룹을 단순히 눈으로 보는 것만으로 고정관념을 형성하지는 않는다. 두 그룹의 외양이 서로 다르더라도 아이들은 이 차이가 중요하다고 생각하지 않는다. 하지만 어른들은 젠더를 이용하여 이러한 그룹 나누기를 중요하게 만든다.

- 일단 남자아이인지 여자아이인지가 중요하다고 배우고 나면 아이들은 남자아이와 여자아이가 어떻게 다른지에 대해 자신만의 설명을 찾는다. 그런데 그 설명은 부정확할 때가 많다. 아이들은 남자아이와 여자아이가 근본적으로 서로 다르다고 추정한다. 아이들은 바느질을 좋아하거나 소방관이 되고 싶어 하는 것 같은 문화적 특징들이 선천적이고 생물학적인 본능에서 비롯된다고 추정한다. 또한 아이들은 자신이 가지고 있거나 가지고 있지 않은 특징들(가령 굴을 좋아하는 것)에까지 젠더를 과잉 확장한다.

- 일단 이러한 고정관념이 자리를 잡으면 바꾸기가 매우 힘들다. 부모가 아이에게 강하게 영향을 미칠 수 있는 기간은 생애 초기 3년 남짓에 불과하다. 그 후에는 바깥세상이 끼어들기 시작하고, 그렇게 되면 부모는 젠더 고정관념에 정면으로 맞설 수밖에 없다.

3

우리가 젠더 차이에
초점을 맞추는 이유

나는 무슨 일을 하느냐는 질문을 자주 받는다. 기내나 칵테일파티, 이웃의 집들이 등에서 낯선 사람과 처음 대화를 나눌 때 다들 그렇듯이 말이다. 내가 '심리학자'라고 말하면 늘 임상 사례가 필요하지 않느냐는 농담을 건네기 때문에 요즘은 그냥 '교수'라고 말한다. 이런 대화를 나누다 보면 결국 내가 젠더 고정관념을 연구하고 있다는 설명을 하게 마련이다. 그러면 새 친구는 보통 이런 말을 던진다. "하지만 남자아이와 여자아이는 진짜로 서로 다르지 않나요? 그러니 남자아이와 여자아이를 다르게 대할 수밖에 없는 거죠. (눈을 굴린다.) 나는 명백한 부분을 말하는 것뿐이에요. 불가피한 일이죠." 맞는 말일 수도 있다. 하지만 당신이 생각하는 것과는 다른 이유로 그렇다.

우리는 앞으로도 항상 젠더를 근거로 무언가를 언급하고, 이름표를 붙이고, 범주화할지도 모른다. 또한 내가 지금까지 이 책에서 설명한 모든 일이 불가피하고 필연적인 것일지도 모른다. 그렇지만 남자아이와 여자아이가 서로 매우 다르기 때문에 어쩔 수 없어서 그러는 것은 아니다. 우리가 젠더에 이렇게 매달리는 이유는, 어떤 기준에 근거하는지에 상관없이 우리가 사람들을 범주화하는 것 자체를 좋아하기 때문일 가능성이 크다.

왜 우리는 항상 젠더에 따라 이름표를 붙이고 분류할까? 우리는 젠더가 어떤 사람에 대해 많은 정보를 말해 주는 중요한 생물학적 지표이기 때문에 이에 집중한다고 생각하고 싶어 한다. 가령 친구가 딸을 낳았다는 소식을 들으면 나는 그 아이가 좋아할 만한 장난감을 고르는 데 내가 남들보다 유리하다고 생각한다. 하지만 사실 인간은 기회만 주어지면 어떤 것을 기준으로 해서든 분류를 한다.

이 장에서는 인간이 태어날 때부터 사람들을, 그들이 어떤 그룹에 속하든 일단 범주화하기를 좋아한다는 사실을 보여 주는 연구를 소개할 것이다. 곧 알게 되겠지만, 사람들에 관해 생각하는 일에서 우리는 상당히 게으른 편이다. 그리고 일정한 범주는 게으름을 피우기 좋게 만들어 준다. 이러한 게으름의 폐해는 우리가 사람들을 판단하는 데 있어서 많은 실수를 저지르게 만든다는 점이다. 그 실수가 우리의 아이들에게 좋지 않은 영향을 미친다면 불행한 일이 아닐 수 없다.

인간은 선천적으로 분류하기를 좋아한다

우리는 몇 가지 기본적인 능력을 가지고 태어난다. 발달 과정에서 어떤 부분이 심각하게 잘못되지 않는다면 세상의 모든 아기는, 맨해튼 고층 건물에서 자라든 아프리카 마을에서 자라든 상관없이 범주화하는 법을 빠르게 배운다. 어른에게서 약간의 정보를 주입받고 어떤 환경에 조금만 노출돼도 아기들은 모든 것을 범주화할 수 있다. 안전한 자궁에서 지각 정보가 넘쳐 나는 세상 밖으로 나오자마자 아기들은 다양한 광경, 다양한 소리, 다양한 감촉, 다양한 움직임에 노출된다. 아기들은 본능적으로 이러한 정보들의 상관관계를 찾기 시작한다. 아기들은 태어날 때부터 세부 사항들이 어떻게 결합하는지 알아내는 능력을 가지고 있다.

개와 곰을 예로 들어 보자. 둘 사이에 비슷한 점들이 있는데도 불구하고, 아기들은 두 동물이 서로 다른 범주에 속한다는 사실을 빠르게 알아낸다. 둘 다 털이 있고, 다리가 네 개고, 눈과 귀와 입이 있다. 하지만 더 작은 동물은 항상 짖고 더 큰 동물은 항상 으르렁거린다. 아기들은 이러한 크기와 소리의 상관관계를 알아챌 수 있고, 두 동물이 서로 다른 그룹에 속한다는 사실을 알 수 있다. 아기들은 말을 할 수 있기에 훨씬 앞서, 심지어 앉을 수 있기 전에 이러한 범주들을 알아차린다. 예전에 나는 그레이스의 유치원 친구들을 보고 놀란 적이 있다. 그 아이들은 매우 추상적인 수채화를 보고 동물들의 이름을 정확히 맞혔다. 기다란 코를 보고 코끼리라는 사실을 알아차렸고, 호랑이의 줄무늬도 알아봤다. 아이들은 범주를 알아내는 데 필요한 특징의 핵심을 충분히 알고 있었다. 심지어 몸통 전체 같은 중요한 세부 사항이 빠져 있어도 그랬다.

동물에 대해서든 자동차나 음식에 대해서든, 범주화하는 능력은 아기들에게 매우 중요하다. 이 능력은 생애 초기에 아기들이 복잡한 세상을 헤쳐 나갈 수 있도록 도와준다. 아기는 더 빨리 정보를 분류할수록 더 빨리 자신에게 필요한 것을 얻거나 다음 정보를 배우는 단계로 나아갈 수 있다. 아기는 사과, 배, 자두가 모두 자신이 좋아하는 달콤한 '과일'이고 토마토는 그 범주에 속하지 않는다는 사실을 빨리 알아낼수록 일찍 행복해진다.

그레이스는 가엾게도 범주화 때문에 고생을 했다. 우리 집에서는 샐러드에 그레이프 토마토를 자주 넣어서 먹는다. 그레이스는 샐러드를 먹을 때마다 "그레이프grape(포도)!"라고 외치며 그레이프 토마토를 입에 넣었다. 그레이스는 보기만 하면 한 움큼씩 먹을 만큼 포도를 아주 좋아했다. 그래서 샐러드를 먹을 때마다 "그레이프!"라고 외치며 그레이프 토마토를 입에 넣었다. 하지만 한입 먹고 나서 그레이스는 엄청난 충격을 받았다. 넌더리를 치면서 뱉어 내는 모습만 봐도 알 수 있었다. 그레이프 토마토가 포도와 같은 범주에 속한 줄 알았는데 알고 보니 다른 범주에 속해 있었기 때문이다. 이 문제는 샐러드를 먹을 때마다 그레이스의 세계를 뒤흔들었다. 하지만 한 가지 예외에 충격을 받은 그레이스의 사례는 우리가 일반적으로 얼마나 범주화를 잘하는지와 대개의 경우 범주화를 제대로 한다는 사실을 잘 보여 준다. 범주화 능력은 인간으로서 생존하기 위해 우리가 가지고 있는 적응 능력 중 하나다.

사람의 얼굴만큼 재미있는 것은 없다

범주화 능력과 더불어 인간이 선천적으로 가지고 태어나는 능력은 사람의 얼굴에 주의를 기울이고 정보를 알아내는 능력이다. 간호사가 아기의 눈에서 눈곱을 닦은 지 채 몇 시간도 되지 않아 아기는 다른 어떤 것보다 사람의 얼굴에 호감을 보인다. 우리가 인간으로서 가진 모든 선천적 특성 가운데 사람에게 주의를 집중하는 능력은 정말로 중요하다. 자신에게 먹을 것을 주고 자신을 위험으로부터 보호해 줄 가능성이 가장 높은 사람을 알아보는 데 필수적이기 때문이다. 어떻게 하면 쉽게 먹고살 수 있는지에 주의를 기울이다 보면 성과가 있기 마련이다. 임신의 고통은 참을 만한 가치가 있다. 생후 일주일 안에 신생아는 엄마의 얼굴을 낯선 사람의 얼굴보다 더 좋아하기 때문이다. 하지만 아기가 엄마의 얼굴을 좋아하는 이유에는 낯익음, 생애 초기의 사랑, 밥줄을 알아보는 능력 등이 복잡하게 얽혀 있다.

(아기 관련 연구에 대해 잠깐 설명하고 넘어가겠다. 아기 관련 연

구의 대부분은 아빠가 아니라 엄마에게 초점을 맞추고 있다. 역사상 연구자들은 엄마를 '주 양육자'라고 불러 왔기 때문이다. 시대가 빠르게 변화함에 따라 오늘날에는 많은 아빠가 혼자서, 혹은 다른 아빠와 함께 아기를 키운다. 그렇지만 그러한 아빠들의 수는 상대적으로 여전히 적고, 연구자들은 시대의 흐름을 따라가는 데 더딘 경향이 있다. 그 결과 우리는 아기가 아빠를 보는 방식보다 아기가 엄마를 보는 방식에 대해 훨씬 더 많이 알게 됐다. 엄마와 아빠둘 다 집에 있는 아기 중 대다수는 생애 초기 대부분의 시간을 엄마와 함께 보낸다. 모유 수유를 한다면 더욱 그렇다.)

아기들은 사람의 얼굴을 알아보는 데 능숙하다. 생후 3개월경의 아기들은 몸을 뒤집을 수 있기도 전에 사람의 얼굴을 구별할 수 있다. 특히 엄마와 인종이 같은 여자들의 얼굴을 잘 구별한다. 이 범주를 아기들이 가장 자주 보기 때문이다. 시력이 아직 완전히 발달하지 않았음에도 불구하고 아기들은 가장 친숙한 범주에 관해 이미 전문가가 되어 간다.

생후 6개월경의 아기들은 여자의 얼굴과 남자의 얼굴이 서로 다른 두 범주에 속한다는 사실을 인식한다. 연구자들이 여자 사진을 보여 주면 아기들은 흥미를 보이면서 골똘히 응시한다. 하지만 많은 여성의 사진을 연달아 보여 주면 아기들은 결국 싫증을 낸다. 마치 이렇게 말하는 것 같다. "알겠어요. 여자들이군요. 다음으로 넘어가요." 아기들은 똑같은 범주의 반복에 관심이 떨어져서 결국 고개를 돌려 버린다. 이때 연구자들이 같은 아기들에게 남자 사진을 보여 주면 아기들은 다시 흥미를 보인다. 연구자들이 마침내 새로운 무언가를 보여 주고 있다는 사실을 알아차리는 것이다. 아기들은 새로운 얼굴들이 새로운 범주에 속한다는 사실을 인식하기 때문에 다시 사진들을 응시하기 시작한다.[1]

하지만 남자와 여자라는 두 범주를 정확히 구별하기 위해서 아기들에게는 약간의 도움이 필요하다. 우리는 태어날 때부터 남자와 여자가 다르다는 사실을 알고 있지는 않다. 아기들이 남자와 여자가 다르다는 사실을 인식하자면 머리 모양이라는 단서가 필요하다(짧은 머리를 한 여성을 보면 혼란스러워할 수 있다). 또한 여자들은 섬세한 이목구비를, 남자들은 강한 턱을 가지고 있다는 단서도 필요하다.[2] 각자가 저마다 속한 범주의 전형적인 모습이어야 한다. 사실, 남자와 여자를 구별하기란 상당히 까다롭다. 개개인이 가진 특징을 놓고 보면 남자들끼리도 서로 매우 다르기 때문이다. 할리우드 남자 배우 중 섬세한 이목구비의 라이언 고슬링과 각진 턱에 텁수룩한 턱수염의 러셀 크로는 서로 완전히 다른 특징들을 가지고 있다. 그렇기 때문에 아기들이 남자들을 하나의 그룹으로 묶어 주는 공통점을 찾아내기는 쉽지 않다. 다시 말해, 같은 그룹에 속하는 사람들이 서로 많이 다를 때 아기들이 범주화하기가 더 힘들어진다.

생후 1년에 걸쳐 아기들은 사람들을 젠더 그룹으로 분류하는 일에 더 능숙해진다. 돌이 되기 전에 아기들은 여자의 목소리와 여자의 얼굴을, 남자의 목소리와 남자의 얼굴을 연결할 수 있다. 실제로 아기들은 자신이 듣는 목소리와 보는 얼굴의 성별이 같을 때 더 오래 처다본다. 또한 머리가 긴 사람들은 모두 높은 성조의 목소리를 가지고 있다는 연관성을 알아낸다. 생후 16개월이 되면 아기들은 부모의 성별에 이름표를 붙일 수 있다. 그런 다음 아기들은 인종이라는 범주로 넘어간다. 범주에 이름표를 붙이는 일은 사람들을 더 쉽게 분류할 수 있게 도와준다. 아이들은 만 2세가 되면 이 일에 전문가가 다 된다.

우리는 젠더만으로 사람들을 분류하지는 않는다. 인간은 두 가지 강한 욕구를 가지고 태어난다. 모든 것을 범주화하려는 욕구와 사람들에게 주의를 집중하려는 욕구다. 그러므로 가장 흥미로운 주제인 '사람들'에게 우리의 분류 능력을 이용하려 드는 것은 당연하다. 게다가 우리는 기준에 상관없이 일단 사람들을 분류하는 것 자체를 좋아한다.

어떤 그룹을 편애하기

1919년 폴란드에서 헤르시 모르트헤가 유대인 부모 밑에서 태어났을 때 그의 미래는 매우 불확실했다. 그 당시에는 반유대주의가 맹위를 떨치고 있어서 폴란드 유대인들은 교육을 많이 받는 것도 허용되지 않았다. 고등교육을 받을 시기가 되자 모르트헤는 폴란드를 떠나 프랑스로 향했고 소르본 대학교에서 화학을 전공했다. 오래지 않아 제2차 세계대전이 발발했고 그는 학업을 뒤로한 채 프랑스군에 입대해 히틀러에게 맞섰다. 1년 후 그는 독일군에 붙잡혀 포로수용소에 수용됐다. 이후 헨리 타즈펠로 개명한 그는 '알맞은' 그룹에 속하는 일이 얼마나 중요한지 알고 있었다. 포로로 잡혔을 때 그는 독일군에 자신이 유대인이기는 하지만 프랑스 시민이라고 주장했다. 폴란드 유대인은 처형당할 게 분명하다고 생각했기 때문이다. 마침내 수용소에서 풀려난 뒤 그는 폴란드에 있던 자신의 가족 모두와 친구들 대부분이 홀로코스트로 죽임을 당했다는 사실을 알게 됐다. 그는 겉보기에는 멀쩡하고 점잖아 보이는 대다수 독일인이 유대인에게 그렇게 큰 증오심을 품고서 유대인의 죽음에 동조했다는 사실을 깨닫고 크게 충격을 받았다. 그 일을 계기로 그는 화학에 흥미를 잃었다. 그리고 어떤 그룹에 속한 사람들이 왜, 그리고 어떻게 다른 그룹 사람들에게 그렇게 큰 적개심을 품을 수 있는지를 더 잘 이해하기 위해 심리학을 공부하기 시작했다. 그 결과 한 그룹이 다른 그룹에 적개심을 품는 데는 그다지 많은 계기가 필요하지 않다는 사실을 밝혀냈다.[3]

영국 브리스틀 대학교의 사회심리학 교수가 된 헨리 타즈펠은 '최소 그룹 실험minimal group experiment'이라고 알려진 실험을 처음으로 실시했다. 그는 단지 사람들을 특정 그룹에 집어넣기만 해도, 그 그룹이 중요하든 중요하지 않든 상관없이, 고정관념과 편견이 생겨난다는 사실을 발견했다. 이제는 대표적 연구로 인정받는 한 연구에서, 그는 실험 참여자들에게 파울 클레와 바실리 칸딘스키의 그림을 보여 준 뒤 어느 그림이 더 마음에 드느냐고 물었다. 그리고 어떤 대답을 했느냐에 상관없이 그들에게 취향이 같은 사람들과 한 그룹에 배정했다고 말했다. 때로 그는 새로 만든 그룹들에 '클레 그룹'과 '칸딘스키 그룹'이라고 이름을 붙였고, 때로는 아예 이름을 붙이지 않았다. '클레 그룹' 사람들은 자신이 속한 그룹이 최고라고 생각했다. 마찬가지로 '칸딘스키 그룹' 사람들도 자신이 속한 그룹이 최고라고 생각했다. 하지만 연구자가 그룹에 이름을 붙이지 않으면 실험 참여자들은 그룹에 전혀 신경을 쓰지 않았고 두 그룹을 동등하게 좋아했다.[4]

타즈펠은 한 걸음 더 나아갔다. 그는 새로운 실험 참여자들을 무작위로 'X그룹'과 'W그룹'으로 나누었다. 그런 다음 동전 던지기를 했다. 참여자들에게는 동전 던지기 결과에 따라 그룹에 배정했다고 알려 주었다. 클레와 칸딘스키 실험에서와 마찬가지로 그는 때로 그룹들에 'X그룹'과 'W그룹'이라고 이름을 붙였고, 때로는 아예 이름을 붙이지 않았다. 일단 그룹에 이름이 붙으면, 실험 참여자들은 그룹이 무작위로, 심지어 동전 던지기 결과에 따라 나뉘었다는 사실을 알면서도 자신이 속한 그룹 쪽으로 기울었다. 이 실험 이후에 이루어진 수천 가지의 연구들 또한 사람들을 그룹으로 나누면 이와 똑같은 일이 거의 어김없이 발생한다는 사실을 재확인했다. 심리학자들은 실험 참여자들에게 빨간 셔츠를 입었는지 파란 셔츠를 입었는지, 여름 캠프에서 같은 오두막집에 배정됐는지 다른 오두막집에 배정됐는지, 칠판에 실제보다 점이 많이 찍혀 있다고 생각하는지

적게 찍혀 있다고 생각하는지 등의 기준을 근거로 고정관념을 형성하게 만들었다. 단순히 같은 그룹에 집어넣기만 해도, 동전 던지기에 따라 만들어진 아무 의미 없는 그룹이라도 사람들은 자신이 속한 그룹을 편애했고, 그 그룹에 관련해 특정한 태도를 취했다.

이러한 현상이 실험실 안에서만 벌어지는 것은 아니다. 현실 세계에서도 우리는 어떤 종류의 그룹과 관련해서든 이렇게 행동한다. 나는 실력 있는 농구 팀으로 유명한 켄터키 대학교의 교수다. 우리 학교 학생들에게 또 다른 농구 강팀이 있는 듀크 대학교에 대해 어떻게 생각하느냐고 물으면 학생들은 몹시 짜증을 내고 열을 올린다. 메이저리그의 뉴욕 양키스 팬들에게 보스턴 레드 삭스에 대해 어떻게 생각하느냐고 물어봐도 마찬가지다. 많은 도시에서는 경찰관과 소방관 사이에 경쟁의식이 존재한다.(이런 문구가 적힌 티셔츠가 인기 있는 것만 봐도 알 수 있다. "열기를 감당할 수 없다면 경찰관이 되어라." 혹은 "순찰을 돌 기력이 없다면 소방관이 되어라.") 또는 영화 「트와일라잇^{Twilight}」 팬들에게 에드워드 편인지 제이컵 편인지 한번 물어보라.

우리가 편애하는 그룹이 누가 슛을 가장 잘 쏘느냐보다 더 의미 있는 기준에 근거해서 나뉜 것일 수도 있다. 공화당원들에게 민주당원들에 대해 어떻게 생각하느냐고 물어보고, 그 반대로도 물어보라. '다른' 당에 대한 증오와 현대 정치의 강한 당파성으로 인해 미국의 112대 의회는 제2차 세계대전 이후 가장 생산성이 떨어지는 의회가 되었다.[5] 흑인들에게 백인들에 대해 어떻게 생각하는지, 그리고 백인들에게 흑인들에 대해 어떻게 생각하는지 물어보라고 말하고 싶지만, 우리는 사람들이 인종 문제와 관련해서는 본심을 숨기는 경향이 있다는 사실을 잘 알고 있다. 하지만 사람들 모르게 인종 그룹에 대한 태도, 즉 '암묵적 태도implicit attitude'를 측정하면, 사람들이 인종 그룹 나누기가 다른 그룹 나누기만큼 중요하다고 생각하고 각자가 자신이 속한 그룹을 가장 좋아한다는 사실을 발견할 수 있다. 인종에 관한 고정관념이 이미 사라진 지 오래라고 생각하는가? 구글 검색창에 '인종주의자 농담과 오바마'라고 한번 입력해 보라. 사라지지 않았다, 결코.

우리가 저마다 속한 그룹을 편애하면 어떠한 심각한 결과가 생기는지 알고 싶은가? 이스라엘인에게 팔레스타인인에 대해 어떻게 생각하느냐고 물어보고, 그 반대로도 물어보라. 이들 그룹은 어른들뿐만 아니라 아이들에게도 중요하다. 이스라엘 유대인이자 텔아비브 대학교 심리학 교수인 다니엘 바르탈이 실시한 연구에 따르면, 초등학교에 다니는 이스라엘 아이들 대다수가 팔레스타인인을 '납치, 살인, 테러, 범죄 같은 폭력 행위'와 연관 지었다.[6] 그러한 태도는 아이들의 실제 경험에 근거한 것이 아니었다. 또한 그 아이들은 분쟁 지역 근처에 살고 있지도 않았다. 아이들에게 유대인일 수도, 아랍인일 수도 있는 어떤 사람의 사진을 보여 주면, 아이들은 단지 그 사람이 유대 이름을 가졌느냐 아니면 아랍 이름을 가졌느냐에 따라 친절한 사람이라거나 비열한 사람이라고 말했다. 똑같은 사람이 똑같은 표정을 짓고 있어도 속한 그룹이 바뀌면 그가 친절한지 비열한지에 대한 의견이 바뀌었다.

물론 이스라엘과 팔레스타인 사이의 갈등은 뉴욕 양키스와 보스턴 레드 삭스 사이의 경쟁보다 훨씬 더 복잡한 문제다. 그렇지만 이 모든 문제를 추동하는 것은 범주에 근거해 분류하고, 나누고, 판단하려는 인간의 성향이며, 이러한 성향은 우리가 태어나는 순간부터 존재한다.

🚓 우리가 범주를 사랑하는 이유

우리는 범주를 나누고 그러한 범주에 근거해 고정관념을 형성하려는 생물학적 성향을 가지고 있다. 어쨌든 세상은 엄청나게 복잡하다. 우리는 매순간 새로운 사람들을 만나고 새로운 경험을 한다. 조금만 주의를 기울인다면 지겹게 느껴지는 일상도 새로운 광경과 새로운 소리로 가득 차 있다는 사실을 알 수 있을 것이다. 인간은 이 복잡한 세상에서 마주치는 모든 것을 분류하고 범주화하는 방향으로 적응하고 진화해 왔다.

분류하고 범주화하는 기술은 우리에게 큰 도움이 된다. 곰이 위험하다는 사실을 알면 생존에 도움이 된다. 곰의 특징 하나하나를 따져 볼 필요 없이 곰을 위험한 동물 그룹에 집어넣은 다음 곰과 맞닥뜨리면 숲에서 후딱 빠져나오면 된다. 과거의 진화 과정에서는 사람이 어느 그룹에 속하는지 알아내는 것이 친구와 적을 구분하는 빠른 방법이었고, 이 방법은 생존에 크게 도움이 됐다. 적응 감각을 이용해 빠른 결정을 내릴 수 있었다.

하지만 현대 사회는 극도로 복잡하다. 만약 우리 조상들이 토이저러스에 걸어 들어간다면 겁에 질려 줄행랑을 칠 것이다(나도 같은 충동을 느낄 때가 많다).

토이저러스를 절반으로 나누어 여자아이용 절반이나 남자아이용 절반만 둘러봐도 된다면 인생이 훨씬 더 수월하고 신속해질 텐데. 타임스 스퀘어에 있는 토이저러스 본점은 11만 평방미터의 혼돈 그 자체다. 쇼핑 시간을 한 시간 줄일 수 있다면 생존 가능성도 더 높아질 것 같다.

무엇보다, 인간은 게으르다. 마땅한 이유가 있어서인지도 모르지만 그렇다 해도 아무튼 게으르다. 사회심리학자 수전 피스크와 셸리 테일러는 하버드 대학교에서 진행한 연구를 기반으로 사회적 인지와 관련해 영향력 있는 책을 저술했다. 이 책을 통해 이들은 인간 행동의 많은 부분을 잘 설명한다고 인정받는 용어를 제시했다. 이들은 인간을 '인지적 구두쇠cognitive miser'라고 설명한다.[7] 스크루지가 꼭 필요한 상황이 아니면 동전 한 닢도 쓰지 않은 것처럼, 우리는 반드시 필요하지 않으면 정신 에너지를 조금도 쓰지 않으려 한다.

그 대신 사람들은 단순하고 효율적인 방식들에 의존하여 새로운 정보를 처리하고 판단을 내린다. 우리가 접하는 새로운 정보 하나하나를 모두 충분히 평가하자면 정신 에너지가 너무 많이 소모된다. 그렇게 하다가는 우리 두뇌에 과부하가 걸릴 것이다. 초보 부모가 대형 아기 용품점에 들러서 가장 좋은 젖병을 고르려고 애쓰는 모습을 상상해 보라. 어떤 젖병은 아기의 배앓이를 줄여 준다고 하고, 어떤 젖병은 가장 안전한 플라스틱을 사용했다고 하고, 또 어떤 젖병은 식기세척기에 넣어도 된다고 하고, 다른 젖병은 라텍스를 쓰지 않았다고 하고, 또 다른 젖병은 엄마의 젖과 가장 느낌이 비슷하다고 한다. 젖병 하나를 놓고 이 상충되는 정보들은 초보 부모의 혼을 쏙 빼놓을 것이다. 통로에 서서 라벨만 읽어도 몇 시간이 후딱 지나갈지도 모른다. 이럴 때는 재빨리 상품들을 범주화한 후 다음 단계로 나아가야 한다. 모든 세부 사항을 객관적으로 판단할 시간이 없다. 그렇게 하다가는 새로운 상황에 맞닥뜨릴 때마다 머리가 마비될 것이다. 초보 부모 입장에서는 이렇게 생각하는 것이 훨씬 효율적이다. '이 라벨이 친숙한데. 얼마 전부터 광고하던 제품이구나. 이걸로 사야겠어.'

우리 머릿속의 범주들은 확실하게 자리를 잡고 있다. 우리는 태어난 이후로 죽 이 범주들을 만들어 왔다. 그렇기 때문에 새로운 정보를 저장하는 데 정신 에너지가 그다지 많이 필요하지 않다. 이는 또한 우리가 새로운 정보에 주의를 많이 기울이지 않는다는 사실을 의미하기도 한다. 우리는 꼭 들어맞든 그렇지 않든, 새로운 정보를 한 보관함에 억지로 집어넣는다. 우리의 정신은 잘 정리된 놀이방과 같다. 장난감 자동차, 퍼즐, 크레용, 동물 인형 등 모든 물건에는 각각의 보관함이 있다. 처음 놀이방을 정리할 때에는 많은 시간이 필요하지만 일단 모든 물건에 보관함이 생기고 나면 깨끗하게 관리하기가 수월해진다. 아주 어린 아이들조차도 가지고 놀던 장난감을 올바른 보관함에 잽싸게 넣을 수 있게 된다. 소파 쿠션 사이에서 장난감 자동차를 발견하면 재빨리 자동차 보관함에 넣는다. 이 색깔 저 색깔의 크레용이 굴러다니는 것을 발견한다면? 아이들은 크레용을 어느 자리에 넣어야 하는지 잘 알고 있다. 이러한 분류 체계가 없다면 놀이방은 뒤죽박죽 난장판이 되고 말 것이다. 물론 아이들이 이렇게까지 정리를 잘하지는 못한다. 실제로 아이들에게 이렇게 정리 정돈을 시킬 수 있는 비법을 알고 있다면 당장 내게 연락해 주시기 바란다. 그래도 이 비유는 유효하다. 우리 머릿속에는 우리의 세상을 정리하고 처리하게 도와주는 범주들이 있다. 우리가 범주들을 이용하는 이유는 그것이 모든 특징 각각에 주의하는 것보다 더 쉽고 효율적으로 인생을 헤쳐 나갈 수 있는 방식이기 때문이다.

일상생활에서 '인지적 구두쇠'가 되는 것은 유용할 때가 많다. 비상시에 이용할 수 있는 빠르고 체계적인 범주들을 갖춰 두면 도움이 많이 된다. 아이 엄마로서 나는 고정된 범주들을 깨뜨리기 위해 열심히 노력하기는 하지만, 매일매일 이러한 유용성을 체험한다. 예컨대, 해마다 마야는 최대 열 군데 생일 파티에 초대받는다. 나는 마야 친구들에 대해 어설프게만 알고 있다. 학교에서 만나면 얼굴을 알아볼 정도지, 그 애들이 각자 어떤 종류의 장난감을 좋아하는지는 알지 못한다. 그래서 생일 파티가 코앞으로 다가오고서야 선물을 준비하곤 한다. 이때 가게에 뛰어 들어가 피아노 교본과 소프트볼 게임기 중 하나를 재빨리 고르기만 해도 된다면 내 인생은 더 수월해질 것이다. 현대적 버전의 신속한 결정인 셈이다. 생일을 맞은 아이의 개성에 관심을 기울이는 대신, 당황한 나의 두뇌는 평균적인 8세 여자아이가 좋아할 만한 것을 재빨리 가리킨다. 우리는 5분 만에 가게에 들어갔다 나와 포장한 선물을 안고서 자동차를 타고 생일 파티에 도착한다. 5분밖에 늦지 않았다. 쉽고 빠르게 어떤 일을 하기 위해서 우리는 고정관념들에 크게 의지할 때가 많다. 그러고 싶지 않다 하더라도 말이다.

젠더라는 범주

태어날 때부터 우리는 사람들을 그룹으로 나누는 일에 자연스레 끌린다. 우리는 그룹을 형성하고 그것에 근거하여 자신의 태도를 정한다. 그 그룹이 완전히 무의미할 때조차 그런다. 이러한 범주화 능력은 복잡한 세상에 재빨리 대처할 수 있게 해 준다. 인간이 먹이사슬의 맨 꼭대기에 있는 것도 범주화 능력 덕분이다. 우리는 젠더를 중요한 범주라고 생각하고 이에 집착한다. 젠더는 범주화하기 쉽기 때문이다. 게다가 젠더는 주어진 상황의 개별적인(그리고 골치 아픈) 세부 사항들을 줄여 준다.

그렇지만 젠더 사이에는 차이점이 별로 없다. 이어지는 두 장에서 나는 젠더 간 차이가 얼마나 적은지 설명할 것이다. 우리가 젠더에 집착하는 이유는 젠더가 생물학적으로 중요한 차이라서가 아니다. 생물학적으로 중요한 차이는 젠더 말고도 많다. 키가 작은지 큰지, 갈색 눈인지 파란 눈인지, 백인인지 흑인인지 등과 같이 말이다. 한때 미국에서는 인종에 따라 사람들을 분류했었다. 인종에 따라 서로 다른 학교에 다니고 서로 다른 식수대를 이용했다. 이는 사회적으로 용납할 수 없다고 여겨지는 신체적 특성에 근거한 범주화였다. 그런데 우리는 인간으로서 서로를 구별할 수 있는 그룹을 좋아하기 때문에(그리고 인지적으로 필요로 하기 때문에), 또 다른 범주를 이용한다. 바로 '젠더'라는 범주다. 그리고 우리가 젠더를 이용하는 이유는 그룹의 생물학적 근원 때문이라기보다 젠더가 우리에게 제공하는 인지적 편의성 때문이다.

젠더가 하나의 범주로 매우 쉽게 이용되는 이유는 무엇일까? 우리는 기회가 있을 때마다 젠더를 강조함으로써 이 범주를 이용하기 더 쉽고 편하게 만든다. 분홍 티셔츠와 파란 티셔츠, 리본 머리띠, "좋은 아침이에요, 남학생 여러분 여학생 여러분." 같은 인사, "남자가 원래 그렇지 뭐." 같은 말들이 젠더라는 범주를 더 강화하고 더 이용하기 쉽게 만든다. 신경과학은 우리가 어떤 것을 더 많이 보고 듣고 생각할수록, 그것을 관장하는 신경 회로가 더 강화되고 계속 그 신경 회로를 이용하기가 더 수월해진다는 것을 알려 준다. 세상을 빠르게 분류할 필요가 있을 때 우리는 젠더 범주를 손쉽게 호명한다.

사람들을 범주화할 때 벌어지는 일

무엇이든 그룹으로 분류하려는 선천적인 욕구는 곰이나 토마토에 대해 이야기할 때는 유용하다. 그렇지만 사람을 분류하는 일에 관련해서는 우리의 분류 체계에 몇 가지 결함이 있다. 우리는 때때로 (가령 그레이스가 그레이프 토마토와 포도를 혼동해서 저지른 것과 같은) 실수를 저지른다. 우리는 똑같은 유형의 실수를 반복해서 저지를 때가 많다. 게다가 이 실수들은 어느 정도 패턴화되어 있다.

사실, 우리가 저지르는 실수들은 중요한 목적을 가지고 있다. 인간의 뇌는 모든 것이 일관될 때 가장 행복하다. 하지만 인생은 부조화로 가득 차 있다. 사람은 우리가 예측할 수 없는 방식으로 제멋대로 행동하곤 한다(아기가 태어난 후 일주일 만에 모든 부모가 힘들게 체득하는 교훈이다). 부조화로 가득 찬 세상에서 일관성을 유지하기 위해, 우리는 온갖 종류의 정신적 속임수를 동원해서 유입되는 모든 정보를 우리가 기존에 가지고 있던 생각과 일관되게 만든다. 우리는 자신의 정신 놀이방이 잘 정리되어 있기를 바란다. 또 한 번 정리하고 나면 다시 정리하지 않아도 되기를 바란다. 유입되는 정보를 기존의 생각에 들어맞게 만들면서 우리는 과거에 형성했던 범주들을 더욱더 강화한다.

우리는 사람들을 그룹으로 분류하는 사고 과정에서 다음과 같은 '정신의 세 가지 속임수'를 일관되게 이용한다.

첫 번째 속임수: 그룹 간의 차이점을 과장한다

우리는 그룹 간의 모든 차이를 과장한다. 우리는 자신의 범주 '보관함들'이 정말로 서로 다르다고 믿고 싶어 하고, 그래서 그룹 간의 차이를 과대평가한다. 사회심리학자 헨리 타즈펠은 또 다른 대표적 연구를 통해 다음 사실을 발견했다. 그는 칠판에 선을 많이 그은 다음 한쪽 선들을 묶어 A그룹이라고 이름 붙이고 다른 쪽 선들을 묶어 B그룹이라고 이름 붙인 후 사람들에게 두 그룹에 대해 물었다. 이 연구에 참여한 사람들은 A그룹과 B그룹에 속한 선의 길이가 서로 다르다고 인식했다. 실은 모든 선들이 정확히 똑같은 길이였는데 말이다.[8] 사람들을 분류할 때에도 이와 똑같은 원리가 작동한다. 수학 시험에서 남자아이가 92점을 받고 여자아이가 89점을 받았을 때 사람들은 둘 사이의 유사점 대신 차이점에 집중한다. 남자아이와 여자아이의 점수가 3점밖에 차이가 나지 않는다고 말하지 않고, 남자아이는 A를 받았고 여자아이는 B를 받았다고 말하는 것이다.

두 번째 속임수: 한 그룹 안의 유사점을 과장한다

우리는 자신이 속하지 않은, 다른 그룹에 속한 사람들의 유사점을 과장하기도 한다. 인종 그룹에 관련하여 이런 말을 들어 본 적이 있을 것이다. "그들은 모두 똑같이 생겼어." 인정하기 힘들겠지만 이것은 착시에 불과하다. 그리고 어떤 인종 그룹에 속하는지에 상관없이 모두가 똑같은 실수를 저지른다.

우리가 태어날 때부터 이러한 정신적 속임수를 쓸 수 있는 것은 아니다. 이 기술은 시간과 경험이 쌓이면서 발달한다. 생후 3개월 된 백인 아기는 백인, 아시아인, 흑인 등 다양한 인종의 사람들 얼굴을 낱낱이 구별할 수 있다. 생후 6개월이 되면 백인 아기는 인종에 근거하여 사람들 그룹을 형성하는 일에 더 능숙해지지만, 오직 백인이거나 아시아인일 때에만 이들의 얼굴을 낱낱으로 구별할 수 있다. 생후 9개월이 된 백인 아기들은 백인의 얼굴들 각각에서만 차이점을 발견할 수 있다. 다른 모든 사람은 똑같이 생겼다고 여긴다.[9]

다른 범주에 관련해서도 반응은 똑같다. 귀여운 새끼 원숭이들의 얼굴을 보여 주면 생후 6개월 된 아기들은 자신이 이전에 본 원숭이 얼굴 각각을 기억하고 새로운 원숭이 얼굴 각각을 구별할 수 있다. 하지만 그로부터 3개월이 지나면 아기들에게 모든 원숭이는 똑같아 보인다.[10] 나도 같은 실험을 해 봤다. 사실이었다. 내게는 모든 원숭이가 똑같아 보였다. 아기가 어른보다 한 수 앞서는 지점이다. 우리 모두 아기 때는 자신이 속하지 않은 다른 그룹 사람들(혹은 원숭이들) 간의 차이점을 분간할 수 있지만, 자라면서 점점 차이점보다는 특정 그룹 구성원 간의 유사점을 더 중요하다고 여겨 버리는 것이다.

자신이 분류한 그룹들의 특징이 매우 뚜렷하고 중요하다고 여기기 때문에, 우리는 여자아이들끼리는 서로 유사하고 남자아이들끼리도 서로 유사한 반면 남자아이들과 여자아이들은 많이 다르다고 생각한다. 그러니 나는 마야의 여자 친구들이 마야가 좋아하는 것이면 뭐든 좋아할 것이라고 추정하고 토이저러스에 달려가 생일 선물을 고를 가능성이 매우 높다. 대부분의 여자아이가 내 딸과 비슷하다고 생각하기 때문이다. 반면 나는 마야의 남자 친구들은 마야가 좋아하는 것이면 뭐든 좋아하지 않을 것이라고 생각하기 쉽다. 대부분의 남자아이가 내 딸과 다르다고 생각하기 때문이다. 이는 첫 번째 속임수의 사례에서 A그룹과 B그룹의 선 길이가 서로 다르다고 생각하는 사고방식에 깔려 있는 전제와 정확히 같다. 이러한 사고방식은 우리가 일관성을 유지하게 도와주고 개개인에게 있는 성가시고 소소한 세부 사항들을 신경 쓰지 않도록 도와준다.

세 번째 속임수: 고정관념에 부합하는 정보를 기억한다

우리는 자신의 사고방식에 부합하는 정보만을 주목하고 기억한다. 만약 우리가 모든 사람이 똑같다고 생각한다면 사람들 사이의 차이점을 간과하게 될 것이다. 그레이스는 새 유치원에 간 첫날 내 다리에 매달린 채로 조심스럽게 주위를 둘러봤다. 그러는 사이에 매우 목소리가 크고 활달한 남자아이는 교실 안을 요란스럽게 뛰어다녔다. 유치원 교사가 심드렁하게 말했다. "남자아이들은 교실 안으로 바로 뛰어 들어가서 여기저기 살펴보지만, 여자아이들은 더 망설이고 적응하는 데 시간이 더 들죠." 나를 안심시키려고 한 말이었지만 거기에는 작은 문제가 있었다. 그 활달한 아이 말고 그날 아침 처음 유치원에 온 다른 남자아이는 출입문 밖 엄마 옆에 선 채로 울면서 교실에 들어가지 않겠다고 했다. 우는 소리가 우리 있는 곳까지 들렸지만 교사는 자신의 사고방식에 들어맞지 않는 증거를 못

본 체했다.

수백 건의 연구가 우리가 스스로 세운 규칙에 예외가 되는 일을 잊어버리는 데 선수라는 사실을 밝혀냈다. 한 실험에서 연구자들은 참여자들에게 남학생이나 여학생 중 한쪽이 수학 경시대회에서 진 이야기를 읽어 주었다. 놀랍게도, 참여자들은 이야기 중 자신의 젠더 고정관념에 들어맞지 않는 세부 사항은 잊어버리고 자신의 선입견을 강화하는 세부 사항을 임의로 추가했다. 예컨대, 실험 참여자 중 89%는 남학생이 대회에서 지고 나서 울었다는 사실을 잊어버렸고 83%는 여학생이 좌절감에 휩싸여 베개에 주먹질을 해 댔다는 사실을 잊어버렸다. 게다가 참여자 중 절반은 자신의 고정관념에 부합하는 새로운 정보를 지어냈다. 그들은 경시대회에서 진 뒤 여학생은 뿌루퉁해서 불평을 쏟아 냈고, 남학생은 폭력적인 비디오게임을 했다고 잘못 기억했다.[11]

계으름과 싸우기

사람들이 자신이 형성한 범주들을 유효하게 유지하고자 사용하는 정신적 속임수는 아이들에게 영향을 미친다. 이 사실은 특히 표준과 조금이라도 다른 아이를 둔 부모들에게 매우 중요하다. 그리고 사실, 대부분의 아이가 표준과 다르다! 가령 교사가 예민함과 격렬한 감정이 여자아이뿐만 아니라 남자아이에게도 정상적인 특성이라는 사실을 모른다면, 울고 있는 예민한 남자아이를 어떻게 달래야 할지 몰라 쩔쩔맬 것이다.(4장에서 이러한 특성을 보이는 남자아기들이 완벽하게 정상이라는 연구 결과를 소개하겠다.)

또한 우리는 이런 정신적 속임수로 인해 아이들의 고유한 자질을 간과하거나 단순화할 수 있다. 만약 유치원 교사가 그레이스가 소심하고 평범한 여자아이라고 생각한다면, 처음 유치원에 가자마자 10분 만에 그레이스가 거침없고 대담한 천성을 드러내면 어쩔 줄 몰라 할 것이다. 교사가 그레이스를 '전형적인 여자아이'라고 단정해 버린다면 작은 여자아이가 3미터 높이의 정글짐을 올라가는 걸 보고 입을 떡 벌릴 것이다.

이럴 때 부모는 어떻게 해야 할까? 때로 나는 여자아이들 간의 차이를 더 섬세하게 짚어 주려고 애쓴다. 그레이스가 새 유치원에 간 첫날, 나는 교사에게 이렇게 대응했다. "제 큰딸아이라면 이럴 때 곧바로 교실로 쳐들어갈 거예요. 모든 아이들에게 원래 알고 지낸 사이인 것처럼 다가가겠죠." 나는 내 딸들이 고정관념에 들어맞지 않는 부분들을 강조하는 한편으로 각자의 고유한 자질에 대해서도 힘주어 말하려 애쓴다. 나는 교사가 그레이스가 일단 환경에 편안함을 느끼면 용감해진다는 사실을 알아주기를, 그레이스의 강점을 간과하지 않고 최대한 키워 주기를 바란다. 만약 내게 예민한 아들이 있다면 나는 교사에게 아들을 어떻게 달래야 하는지 알려 줄 것이다. 이 문제는 아이들이 나이를 먹을수록 더 중요해진다. 당신에게 컴퓨터광 딸이나 시를 쓰는 아들이 있다면 특히 그러할 것이다.

사람은 누구나 '인지적 구두쇠'다. 그래서 흔히 자신이 믿는 규칙에 어긋나는 예외 사항들을 간과한다. 손쉽게 모든 여자아이가 모든 남자아이보다 더 소심하다고 생각하는 것처럼 말이다. 하지만 문제는 우리가 사용하는 '정신의 세 가지 속임수'에 결함이 있다는 사실이다. 규칙의 '예외들'은 하나의 범주에 깔끔하게 들어맞지 않는 아이들이다. 그 아이들이 다른 아이들과 어떻게 다른지를 무시하면 이들의 고유한 자질과 강점마저도 무시하게 된다.

놀이방에서 매직펜, 연필, 크레용을 몽땅 하나의 보관함에 넣으면 각각 별도의 보관함에 넣는 것보다 훨씬 더 편할 것이다. 하지만 거듭거듭 이런 식으로 하다 보면 보관함은 유용성을 잃고 물건을 찾는 데 별 도움이 안 될 것이다. 다음 장에서는 젠더에 따른 범주화가 많은 부분 그 유용성을 잃어버렸다는 사실을 살펴볼 것이다. 젠더에 따라 범주를 나누는 일은 우리가 아이들의 강점과 약점을 예견하거나 아이들의 잠재력을 극대화하지 못하게 막는다. 아이들은 한 명 한 명이 매우 복잡하고 개성이 뚜렷하기 때문에 단지 '여자'와 '남자'라는 두 개의 보관함으로는 분류할 수 없다.

요점 정리: 꼭 하고 싶은 이야기

- 우리는 선천적으로 모든 것을 범주화하는 능력을 가지고 태어난다. 그리고 우리가 가장 분류하기 좋아하는 대상은 사람이다. 이런 범주화는 우리가 복잡한 세상에서 정신 에너지를 아낄 수 있도록 도와준다. 인간은 게으르게 사고하지만 빠른 범주화 능력 덕분에 먹이사슬의 맨 꼭대기에 계속 머무를 수 있었다.

- 우리는 어떤 기준에 근거해서든 범주를 나누고 고정관념을 형성한다. 심지어 완전히 무작위로 그룹을 나누는 경우에도 그렇다. 믿어지지 않는가? 그렇다면 축구 팬들에게 가장 큰 라이벌 팀에 대해 어떻게 생각하는지 물어보라.

- 우리가 젠더에 대해 강한 고정관념을 가지는 이유는 젠더가 그룹을 나누기에 쉬운 기준이기 때문이다. 젠더 그 자체와는 아무 관계도 없다. 우리는 단지 세상을 쉽게 단순화할 방법을 찾고 있는 것뿐이다. 우리는 파란색 유아차나 리본 머리띠, '예쁜 여자아이' 또는 '강한 남자아이' 같은 말을 이용해 젠더를 빈번하게 강조함으로써 젠더 그룹 나누기를 더 쉽게 만든다.

- 정신 에너지를 아끼기 위해, 우리는 같은 그룹에 속한 사람들이 서로 실제보다 더 많이 비슷하다고 생각하고, 다른 그룹에 속한 사람들과는 실제보다 더 많이 다르다고 생각한다. 그리고 자신이 믿는 규칙에 어긋나는 예외 사항들을 무시하거나 잊어버린다. 그러나 여자아이들끼리는 서로 비슷하고 남자아이들과는 매우 다르다고 생각하는 것은 단지 착각에 불과하다.

2부

젠더에 관한 사실들:
과학과 고정관념

4
젠더 차이는
실제로 존재한다

니체가 말했다. "그러한 사람들이 있다. 문제를 해결하는 대신 엉망진창으로 만들어서 뒤따라오는 사람 모두를 더 힘들게 만드는 사람들. 못의 정중앙을 제대로 치지 못할 거라면 제발, 아예 치지 말기 바란다."[1]

젠더 차이를 다룬 수십 권의 책 중에는 못의 정중앙을 제대로 치지 못한 책이 꽤 있다. 존 그레이의 『화성에서 온 남자 금성에서 온 여자Men are from Mars, Women are from Venus』는 43개 언어로 번역돼 4천만 권 이상이 팔렸고 『USA 투데이』가 뽑은 '20세기의 가장 영향력 있는 책 25권'에 선정됐다.[2] 남자와 여자는 서로 엄청나게 다르기 때문에 존 그레이 같은 통역 없이는 결코 서로를 이해할 수 없다는 것을 전제로 한 이 책은 우리의 집단의식 안에 확고히 뿌리내렸다. 『남자아이의 뇌 여자아이의 뇌Boys and Girls Learn Differently』라는 책을 통해 남자아이와 여자아이가 배우는 방식이 여러모로 다르다고 주장한 마이클 거리언 역시 오늘날 교육에 똑같은 만행을 저지르고 있다.[3] 미국 전역의 수백 개 학군에서는 남자아이들과 여자아이들을 마치 서로 다른 행성에서 온 것처럼 가르치고 있다.(11장에서 이 말도 안 되는 일에 대해 자세히 논할 것이다.) 문제는 이처럼 남자아이와 여자아이 사이에 광범위한 차이가 있다고 주장하는 저자들이 과학을 오용하고 잘못 해석하고 있다는 점이다. 이들은 못의 정중앙을 제대로 칠 수 없을 것 같다.

실제로 어떠한 젠더 차이가 존재하는지, 어디에서 그러한 차이가 생기는지 이해하는 것은 매우 중요하다. 젠더 차이에 집착하는 세상에 사는 우리는 추정에서 과학을, 허구에서 사실을 분리할 수 있어야 한다. 젠더는 우리가 사람들, 특히 아이들에 대해 생각하는 방식에 핵심적으로 작용하기 때문에 무엇이 진짜이고 무엇은 고정관념에 불과한지 구분하기 쉽지 않을 때가 많다. 이를 제대로 구분하는 것이 이 장의 목표다.

실제 젠더 차이가 무엇인지, 그리고 무엇은 아닌지를 알아야 부모들이 아이들 개개인의 강점과 약점을 더 잘 알 수 있다. 두 엄마가 있다고 가정해 보자. 두 엄마 모두 수학 과목에 어려움을 겪는 초등학교 3학년 딸이 있다. 한 엄마는 이 문제를 남녀 간의 선천적 수학 능력 차이로 치부하고 딸에게 너무 걱정하지 말라고 말한다. 심지어 이렇게 말할지도 모른다. "걱정하지 마. 엄마도 수학 별로 못했어." 다른 엄마는 초등학생의 수학 능력에 유의미한 젠더 차이가 없다는 사실을 알고 있기 때문에, 딸이 특히 곱셈을 이해하는 데 어려움을 겪는다는 사실을 인지하자 밤마다 따로 시간을 내서 딸과 함께 수학 문제를 복습한다.

이후 두 여자아이는 매우 다른 수학 학습 경험을 할 것이다. 첫 번째 아이는 계속 수학을 힘들어하다가 결국 흥미를 완전히 잃고 '수학을 증오하는' 십 대 여자아이가 될 것이다. 아이의 엄마가 여자아이들은 원래 수학을 못한다고 잘못 추정한 바로 그 결과가 현실로 나타난 것이다. 하지만 두 번째 아이는 엄마의 도움 덕분에 또래 친구들을 따라잡은 결과, 나눗셈을 수월하게 익히고 미적분을 좋아하는 고등학생이 될 것이다. 젠더 차이가 무엇인지 아는 것, 그리고 그 차이를 형성하는 데 부모가 어떤 역할을 하는지 아는 것은 아이가 자신의 잠재력을 최대한 발휘하도록 키우는 일의 핵심이다.

이 책은 남자아이와 여자아이가 어떤 점에서 서로 비슷한지 알리는 데 많은 부분을 할애하고 있다. 하지만 일부 분명한 차이가 존재하는 것도 사실이다. 어떤 차이는 크지만 어떤 차이는 아주 작고, 어떤 차이는 아주 작게 시작했다가 시간이 흐르면서 점점 커진다. 어쨌거나 젠더 차이를 다룬 연구를 종합해 보면 완성된 그림은 '화성-금성 사고방식'이 말하는 것만큼 극적이지 않다. 젠더 차이를 전문으로 연구하는 캐스린 딘디아가 말했듯이, "남녀가 다른 행성에서 왔다고 말할 게 아니라, 남자는 노스다코타에서 왔고 여자는 사우스다코타에서 왔다고 말하는 것이 더 정확하다."[4]

젠더 차이와 연구

젠더 차이가 존재하는 영역을 알아보기에 앞서, 젠더를 연구할 때 제기되는 몇 가지 쟁점을 이해하면 좋을 것이다.

영아와 성인은 다르다

젠더 차이를 이해하기 위해서는, 특히 어떤 차이는 선천적이고 어떤 차이는 경험을 통해 생성되는지 이해하기 위해서는, 영아 대상 연구와 성인 대상 연구 사이에 뚜렷한 차이가 있다는 사실을 알아야 한다. 성인 남자와 성인 여자의 젠더 차이는 영아들 간의 젠더 차이와 크게 다르다. 두 차이 모두 이해하는 것이 중요하지만, 중요한 이유는 매우 다르다는 사실을 잊지 말아야 한다. 성인 남자와 성인 여자의 차이를 이해하면 결혼 생활에서 의사소통을 원활히 하는 데 도움이 된다. 존 그레이가 화성과 금성에 관한 책을 써서 수천만 권을 팔아 치운 비결이기도 하다. 물론 나 또한 결코 성인 남자와 성인 여자가 서로 같다고 주장하지는 않는다.

나는 남편과 10분만 같이 있어도 우리가 얼마나 다른지 새삼 깨닫곤 한다. 가령 우리는 설거지를 놓고 사소한 말다툼을 자주 벌인다. 남편은 자신이 설거지한 경우만 기억하는지 내게 자꾸 똑같은 잔소리를 한다. 나는 말다툼을 하고 나면 그날 내내 속상해하다가 저녁에 다시 이야기를 꺼낸다. 내가 말다툼 때문에 감정이 많이 상했고, 하지만 그의 감정을 무시하려던 건 아니었다고 말하면 남편은 멍한 눈으로 나를 바라본다. 남편은 말다툼 때문에 전혀 기분이 상하지 않았고 심지어 말다툼을 했다는 사실조차 기억하지 못한다. 남편은 내가 막 금성에서 지구에 도착하기라도 한 것처럼 나를 바라본다. 이처럼 우리 두 사람의 정서적 욕구, 걱정거리, 표현 방식은 서로 확연히 다르다.

　그렇지만 성인 남자와 성인 여자의 젠더 차이는 남자와 여자가 어떤 면에서 선천적으로 다른지, 혹은 남자아이와 여자아이가 서로 어떻게 다른지에 대해 아무것도 말해 주지 않는다. 성인 여자가 X라는 행동을 하고 성인 남자가 Y라는 행동을 한다는 이유만으로 여자아이가 X라는 행동을 하고 남자아이가 Y라는 행동을 한다고 말할 수 없기 때문이다. 또한 모든 여성이 X염색체의 특성 때문에 X라는 행동을 한다거나 모든 남성이 Y염색체의 특성 때문에 Y라는 행동을 한다고 말할 수도 없다. 남자와 여자는 서로 다른 세상에서 자라면서 행동, 태도, 취향, 기량, 심지어 뇌 구조까지도 형성한다.(6장에서 경험이 뇌에 어떻게 영향을 미치는지 더 자세히 이야기할 것이다.) 예컨대, 성인 여자가 성인 남자보다 더 자주 운다는 이유만으로 여자아이가 남자아이보다 더 자주 운다고는 말할 수 없다. 정확하게 얘기하자면, 성인의 젠더 차이에 대한 지식은 부모나 교사가 아이를 가르칠 때 전혀 도움이 되지 않는다. 진짜 젠더 차이가 어느 영역에 존재하는지 제대로 알기 위해서는 고정관념이 우리의 뇌와 행동에 지워지지 않는 자국을 남기기 전, 그러니까 생애 초기에 어떤 차이들이 존재하는지 알아내야만 한다.

젠더 차이에 대한 지식을 상식과 고정관념에만 의존한다면 매우 잘못된 정보를 얻을 수밖에 없다. 어머니가 말해 주는 당신과 당신 오빠의 차이도 그다지 유용한 정보가 아니기는 마찬가지다. 어느 영역에 젠더 차이가 존재하는지 제대로 이해하기 위해서는 연구 결과들을 살펴보아야만 한다. 하지만 안타깝게도 사람들은 대체로 연구 결과는 신뢰할 수 없으며, 질문만 적절히 던지면 누구든 만족스러운 답을 얻을 수 있다고 오해할 때가 많다.

젠더 차이를 이해하기 위한 핵심은 젠더 차이에 대해 누구의 말을 믿어야 할지 결정하는 것에 있다. 개별 연구 하나하나는 때로 해석하기가 쉽지 않다. 연구자들 스스로 젠더 차이가 존재하기만을, 또는 그와 반대로 존재하지 않기만을 '기대'했을지도 모르기 때문이다. 연구자들이 연구 결과에 영향을 미치는 남다른 재주가 있는 특정 아이들만을 연구 대상자로 선발했을지도 모를 일이다. 더 심각하게는 실험용 쥐들만 갖고 한 연구일지도 모른다.(실제로 이런 일이 빈번하게 발생한다. 6장에서 이에 관해 다시 언급할 것이다.)

실제의 젠더 차이를 알기 위해서는 개별 연구 하나하나에 의존하기보다 메타 분석을 살펴보아야 한다. 비유하자면 메타 분석은 한 가지 주제로 실시된 (보통 수백 건에 달하는) 연구들을 모아서 하나의 커다란 항아리에 넣은 다음 모든 연구 결과를 서로 비교하고 분석하는 방법이다.

해당 주제와 관련된 모든 연구를 분석하기 위해 메타 분석은 학술지에 아직 발표되지 않은 연구들도 포함한다. 그러기 위해 연구자들은 누가 해당 주제로 연구를 하는지를 수소문해서 연락을 취한다. 연구자들은 왜 미발표 연구를 원할까? 학술지들이 연구 대상 그룹 간의 차이(가령 남자아이와 여자아이의 차이)를 보여 주는 연구들은 잘 게재하는 반면 그룹 간 차이를 보여 주지 않는 연구들은 잘 게재하지 않는 경향이 있기 때문이다. 이런 경향이 발생하는 이유는 매우 복잡한 데다 통계적 추론과 긴밀히 연관돼 있다.(가설 검증에 대한 이야기는 일단 넘어가자.) 간단히 말해, 이런 경향은 우리가 암을 고칠 수 있는 신약에 대해서는 많이 듣지만 임상 시험에 성공하지 못한 나머지 수백 가지의 신약에 대해서는 거의 듣지 못하는 이유와 일맥상통한다. 그 결과, 젠더 차이를 보여 주지 않는 연구들은 학술지에 실리지 못하고 연구자의 서랍에서 잠들고 만다. 그러니 한 주제와 관련된 모든 연구를 대표하는 메타 분석을 살펴보면 우리가 내린 결론에 더 자신감을 가질 수 있을 것이다. 우리가 보는 자료가 학술지 게재 기준에 따라 재단되지 않았다는 사실을 믿을 수 있기 때문이다.

하나의 개별 연구에서 도출한 결론은 임의적이고 우연적인 결과를 반영할 수 있다. 심지어 성인을 대상으로 한 연구는 평생 동안 하나의 젠더 그룹 안으로 사회화된 결과로 생긴 특성상의 차이만을 포착할지도 모른다. 그렇기 때문에 어떠한 젠더 차이가 존재하는지를 제대로 알아내는 데는 영아와 아동을 대상으로 한 연구들의 메타 분석을 살펴보는 방법이 가장 좋다.

젠더 차이가 실제로 존재하는 영역들

　1부에서 주장했듯이 우리는 젠더와 젠더 차이에 매우 집착한다. 그 집착 때문에 젠더 차이를 찾기 위한 연구가 수백만 건이나 이루어졌다. 2011년에는 악몽을 꾸는 빈도에 젠더 차이가 있는지 없는지 하나를 알아내는 데만도 111건의 연구가 시행되었고, 이들 연구에 대한 메타 분석이 실시되었다.[5] 도깨비가 남자아이와 여자아이의 꿈 중 어디에 더 자주 등장하는지 알아내기 위해 100건 이상의 연구가 시행됐다는 뜻이다. 수학 능력 같은 주제나 실제로 젠더 차이가 존재한다고 상식과 사회 통념이 주장하는 영역들에 대해서는 연구 건수가 이보다 훨씬 더 많다.

　가장 영향력 있는 메타 분석 중 하나로 46건의 서로 다른 메타 분석을 대상으로 실시한 메타 분석을 들 수 있다. 즉, 서로 다른 연구자들이 시행한 수백 건의 연구에 수백만 명의 피실험자가 참여했다는 뜻이다. 언어 능력, 수학 능력, 공격성, 수다스러움, 감정, 조력 행동 등에 젠더 차이가 존재하는지 알아내기 위해 시행한 이 수백 건의 연구는 수십 건의 메타 분석에 의해 분석되었다. 이 수십 건의 메타 분석은 다시 위스콘신 대학교의 심리학 교수 재닛 시블리 하이드가 실시한 거대 메타-메타 분석으로 분석되었다.[6] 하이드는 젠더 차이 연구에서 매우 권위 있는 연구자이다. 미국 심리학회 American Psychological Association에서 여러 번 상을 받았고 심리학 개론서에 대표

심리학자 100인 중 한 사람으로 소개되기도 했다.[7] 다시 말해, '돌팔이'가 아니라는 뜻이다. 하이드는 젠더 차이와 관련해 시행된 모든 연구를 분석하는 일에 수십 년을 쏟아부었다. 하이드는 이용 가능한 연구들을 모두 모았는데, 그중 비교적 소규모의 메타-메타 분석 표본에만도 1,286,350명이 포함되었다. 특별한 아이들로 구성된 소수의 표본에 근거한 분석이 아니라는 얘기다. 그렇다면 하이드가 메타-메타 분석을 마친 후 내린 결론은 어땠을까? 남자아이들과 여자아이들은 다른 점보다 유사한 점이 훨씬 더 많았다.

젠더 차이는 정확히 어느 영역에 존재할까? 우리의 상상 속에서만 젠더 차이가 존재하는 것은 어느 영역일까? 지금까지 이루어진 메타 분석 중 가장 큰 규모의 면밀한 분석에서 하이드는 백만 명 이상의 표본을 대상으로 124가지의 젠더 차이를 비교했고, 78%의 연구에서 젠더 차이가 전혀 존재하지 않거나 극히 약간만 존재한다고 밝혀졌다는 사실을 알아냈다. 다시 말해, 남녀 간의 차이를 밝히기 위해 시행한 연구 중 대다수가 실제로는 젠더 차이가 전혀 없거나 거의 없다는 사실을 밝혀냈다는 것이다. 아이러니하게도 이들 연구 중 대부분은 통상 남자와 여자가 가장 큰 차이를 보인다고 여겨지는 영역들, 즉 감정, 언어 능력, 수학 능력 등에서 젠더 차이를 찾으려 했지만 실패했다.

기질과 감정

연구자들이 젠더 차이를 발견하려 오랫동안 노력해 온 영역의 하나가 바로 '기질'이다. 기질은 생물학에 근거한 정서 반응과 행동 반응을 뜻한다. 기질은 생애 초기에 나타나며, 이를 통해 성인이 된 후의 성격을 상당 부분 예측한다. 자녀를 둘 이상 둔 부모라면 기질이 무엇을 의미하는지 잘 알 것이다. 첫째 아이는 쉽게 잠들고 밥도 잘 먹고 수선스럽지도 않고 식당에서 얌전한 반면, 둘째 아이는 절대 낮잠을 자지 않고, 채소라면 질색하고, 대형 마트에서 한바탕 떼를 쓴다. 부모는 똑같은 방식으로 키우지만 아이들은 태어날 때부터 서로 뚜렷하게 다르다. 그렇기 때문에 아이들이 말을 잘 듣지 않으면 부모가 이렇게 중얼거리는 것이다. "제이미가 먼저 태어나지 않아서 정말 다행이야. 안 그랬으면 절대 둘째를 낳지 않았을 거야."

남자아이와 여자아이의 기질은 어떤 부분에서는 서로 다르고 어떤 부분에서는 다르지 않다. 가령, 아이들이 새로운 환경에 얼마나 잘 적응하는지, 혹은 얼마나 힘들어하고, 긴장하고, 수줍어하고, 두려워하는지에 있어서는 남자아이와 여자아이 사이에 의미 있는 차이가 존재하지 않는다. 고정관념과 달리, 여자아이라고 해서 남자아이보다 새로운 것을 더 두려워하거나 겁내지는 않는다. 여자아이들이 남자아이들보다 더 소심하다고 말하는 교사는 완전히 틀렸다. 남자아이들이 여자아이들보다 더 통제하기 어렵거나 힘들다는 고정관념도 사실이 아니다. 또한 분노, 슬픔, 행복, 기쁨, 정서적 민감도에서도 남자아이와 여자아이 사이에 의미 있는 차이는 없다. 나는 감정에 호소하는 텔레비전 광고를 볼 때마다 눈물을 흘리는 반면 남편은 돌처럼 아무 반응도 보이지 않는다. 하지만 평균적으로는 여자아이들이 남자아이들보다 정서적으로 더 민감하지 않다.

여자아이들이 남자아이들보다 정서적으로 더 민감하거나 더 감정적이라는 이 부정확한 추정은 특히 남자아이들에게 피해를 입힌다. 어떤 남자아이가 넘어져서 다친다면 아이는 대개 울음부터 터뜨릴 것이다. 그러면 "남자는 안 울어."라고 꾸지람을 듣기 십상이다. 나는 이러한 꾸지람이 말도 안 된다고 생각한다. 만약 원래 남자가 울지 않는다면 아들에게 굳이 "남자는 안 울어."라고 말할 필요도 없을 것이다. 내가 키우는 개에게 "개는 야옹 하고 안 울어."라고 말할 필요는 없다. 개는 야옹 하고 울지 않고 앞으로도 그러지 않을테니 이런 말은 매우 불필요하다. 울고 있는 남자아이에게 "남자는 안 울어."라고 반복적으로 말하는 것은 명백한 사실을 무시하는 행동이다. 남자아이들은 사실, 잘 운다.

이러한 꾸지람은 논리에 어긋나는 데다 남자아이들에게 부정적인 감정이나 슬픈 감정은 오직 여자아이들만이 표현하는 것이라는 잘못된 정보를 줄 수 있다. 그리고 이는 남자아이들의 '감정 스키마emotion schema'에 중요한 영향을 미친다. 감정 스키마는 감정들이 각기 어떠한 느낌인지, 감정들에 어떠한 이름표를 붙여야 하는지, 감정들을 어떻게 표현해야 하는지에 대해 우리가 가지고 있는 생각을 말한다. 우리는 감정 스키마를 갖추고 태어나지 않는다. 자라면서 배운다. 남자아이들은 슬픔은 괜찮지 않고 슬픔을 표현하는 일은 더더욱 괜찮지 않다고 배운다. 슬픔은 전 세계 모든 사람이 인간으로서 경험하는 정상적인 감정임에도 불구하고 말이다.

우리 모두는 감정이 어디로 사라지지 않는다는 사실을 알고 있다. 감정은 어떤 식으로든 표출되어야만 한다. 남자아이들에게는 슬픔과 울음이 허용되지 않는 반면 분노는 허용된다. 여러 연구에서 엄마들이 슬픔에 대해서 아들보다 딸과 함께 더 길고 자세하게 이야기하는 반면, 분노에 대해서는 딸보다 아들과 함께 더 길고 자세히 이야기한다는 사실이 밝혀졌다.[8] 남자아이들은 치고받고 싸우고 공격성을 표출해도 거의 꾸지람을 듣지 않는다("남자아이들이 그렇죠. 늘 싸운다니까요"). 그렇기 때문에 남자아이들은 슬퍼해야 할 일에 슬픔 대신 분노로 대응한다. 그리고 이는 결국 성인이 된 후 슬픔 앞에서 여자는 울고 남자는 분통을 터뜨리는 전형적인 젠더 차이로 이어진다.

남자아이들과 여자아이들은 기질 면에서 대체로 유사하지만 몇 가지 차이를 보이기도 한다. 가장 뚜렷한 차이는 '억제적 통제inhibitory control'와 '정열성/외향성surgency/extraversion'●에서 드러난다. 다시 말해, 남자아이들은 여자아이들에 비해 부적절한 반응을 억제하는 능력이 약간 떨어지는 한편으로 약간 더 활기차다. 일부 남자아이들은 일부 여자아이들에 비해 손님이 방문했을 때 난처한 말을 불쑥 꺼내는 경향이 더 강하고, 식료품 가게 선반에서 물건을 슬쩍할 가능성이 더 높다.

● '억제적 통제'와 '정열성/외향성'은 기질을 구성하는 요인이다. 전자는 주의 집중력, 계획력, 자기통제력 등이 높고 부적절한 반응을 잘 억제하며 낮은 공격성을 보이는 것이 특징이고, 후자는 긍정적 기대가 높고 활동적이며 말하기와 자극 추구를 즐기는 경향을 드러낸다.

혼히 사람들은 남자아이들이 매우 활동적인 반면 여자아이들은 얌전히 앉아서 찻잔 놀이를 한다고 추정한다. 이러한 추정은 곳곳에 널리 퍼져 있어서 심지어 어린이책에서도 심심찮게 튀어나오곤 한다. 예를 들어, 일부 연구에서는 어린이책에 나오는 캐릭터들을 분석해서 남자아이들은 활동적으로 그려지는 경우가 압도적으로 많고 여자아이들은 수동적으로 그려지는 경우가 압도적으로 많다는 사실을 밝혀냈다.[9]

남자아이와 여자아이의 실제 활동 수준은 어떨까? '억제적 통제'

한 걸음 더

당신이 젠더 탓으로 돌리는 행동들을 생각해 보자. 아들의 공격성을 젠더를 이용해 설명하는가?("남자애들이 어떤지 알잖아. 항상 드잡이를 한다니까!") 딸이 우는 이유를 젠더를 이용해 설명하는가?("여자아이들은 감정이…….") 이러한 추정은 당신의 아이가 젠더 고정관념에 완벽하게 들어맞는다면 아무 문제 없을지도 모른다. 하지만 당신의 아이가 고정관념에 근거한 기대에 조금이라도 어긋난다면 문제가 생길 것이다. 학교에서 아들의 공격성은 그냥 넘어갈 수 있지만(남자애들은 결국, 남자애들이니까), 딸은 같은 행동에 대해 처벌을 받을 수 있다. 똑같이 친구와 놀다 싸웠다 하더라도 남자아이에게는 '제멋대로'라는 꼬리표가, 여자아이들에게는 '공격적'이라는 꼬리표가 붙을 수 있다. 모두 우리가 사용하는 렌즈 때문이다. 젠더라는 렌즈를 통해 보면 '이례적인' 행동이 문제로 여겨질 수 있다. 사실은 그저 고정관념에 들어맞지 않는 것에 불과한데도 말이다.

와 '정열성/외향성'을 제외하면 유아기에는 활동 수준에서 거의 차이가 없다. 꼼지락거릴 때 남자 아기와 여자 아기는 서로 크게 다르지 않다. 하지만 커 가면서 차이가 점점 뚜렷해지고 초등학교를 거치면서 남자아이들은 여자아이들보다 달리고, 뛰어오르고, 몸싸움하는 것을 더 좋아하게 된다.[10] 처음에는 거의 없는 것에 가깝던 작은 차이가 아동기를 지나면서 점점 커지는 것이다. 이는 다른 특성들에서도 반복되는 패턴이다. (가령 틀에 박힌 이야기책을 읽는 식으로) 아이들이 고정관념에 부합하게 사회화되는 동안 젠더 차이가 점점 더 커지는 것은 물론이다. 아동기에 이러한 차이가 어떻게 만들어지는지는 3부에서 좀 더 자세히 살펴보겠다.

수학 능력

누구나 그 유명한 젠더 차이, 즉 수학 능력의 차이에 대해 잘 알고 있다. 그렇지 않은가? 잊을 만하면 여자아이들의 선천적 수학 능력에 대해 새로운 뉴스가 나와 사람들의 마음을 뒤숭숭하게 만든다. "수학은 어려워."라고 말하는 바비 인형이 출시되었다가 항의에 부딪혀 재출시된 일도 있었다. 전 하버드 대학교 총장 래리 서머스는 2005년 어느 연설에서 남녀 수학 능력의 선천적 차이 때문에 여자들이 과학 교수나 공학 교수가 되기 힘들다고 말했다가 얼마 뒤 총장직에서 사퇴해야만 했다.

모두가 어느 정도는 수학 능력에 젠더 차이가 있다고 믿는 것 같다. 대다수의 부모가 그렇다. 한 연구에 따르면 아빠들은 평균적으로 아들의 수학 지능지수를 110이라고 추정한 반면 딸의 수학 지능지수는 98이라고 추정했다. 엄마들도 다르지 않았다. 같은 연구에서, 엄마들은 평균적으로 아들의 수학 지능지수를 110이라고 추정하고 딸의 수학 지능지수를 104라고 추정했다.[11] 많은 교사들 또한 이 젠더 차이를 믿는다. 여러 연구에서 교사들이 남자아이들의 수학 능력을 여자아이들의 수학 능력보다 높게 평가한다는 사실이 거듭 밝혀졌다.[12] 심지어 아이들 스스로도 이 젠더 차이를 믿는다. 자신이 얼마나 수학을 잘한다고 생각하느냐는 질문을 받으면 초등학교 남학생들은 여학생들보다 수학에 상당히 자신 있다고 대답할 때가 많다.[13]

이렇게 많은 사람이 남자아이가 여자아이보다 수학 능력이 더 뛰어나다고 믿는다면, 이 믿음은 틀림없이 옳아야 할 것이다. 하지만 그렇지 않다. 문제는 생각보다 훨씬 더 복잡하다. 1990년에 실시된 메타 분석 결과는 다음의 사실을 보여 줬다. 여자아이들은 초등학교와 중학교 수준의 단순 계산에 더 뛰어난 반면 남자아이들은 고등학교 수준의 복잡한 문제 해결에 더 뛰어났다.[14] 그렇지만 2008년에 시행된 더 최근의 연구는 이러한 젠더 차이가 더 이상 존재하지 않는다는 사실을 밝혀냈다. 2005년에서 2007년까지 실시된 전미 수학 표준 시험을 분석한 결과 수학 능력에서 젠더 차이가 전혀 없었던 것이다.[15]

하지만 수학과 관련된 젠더 차이가 있기는 하다. 아이러니하게도 고정관념과는 정반대로, 실제로는 고등학교 시절 내내 여자아이들이 남자아이들보다 수학 과목에서 더 높은 점수를 받는다. 하지만 여자아이들이 더 높은 점수를 받는데도 불구하고 자신의 수학 능력을 스스로 어떻게 평가하는지와 관련해서는 젠더 차이가 크다. 여자아이들은 남자아이들보다 수학에 대해 더 불안해하고 자신의 수학 능력에 대한 자신감이 낮았다. 남자아이들은 여자아이들보다 수학을 잘하고자 하는 의욕이 더 높았다(정확한 이유는 아무도 모르지만). 다시 말해, 수학 표준 시험에서는 차이가 없고 평균적으로 수학 과목에서 오히려 더 높은 점수를 받는데도 여자아이들은 스스로 남자아이들보다 수학 능력이 떨어진다고 느끼고 수학에 대해 더 불안해하는 것이다.[16] 이해할 수 없는 노릇이다.

이처럼 역설적인 상황은 실생활에서도 어렵지 않게 찾아볼 수 있다. 나는 로스앤젤레스 캘리포니아 대학교에서 교수로 근무하는 동안 우수한 성적의 학부생들과 토론 모임을 꾸린 적이 있다. 모인 학생은 모두 여학생이었다. 나는 많은, 정말 많은 여자들이 스스로 수학에 젬병이라고 생각한다고 말하면서, 그렇지만 여자들은 그것이 자신만 느끼는 불안이지 젠더에 근거한 불안은 아니라고 생각한다고 지적했다. 내가 자신의 수학 능력에 불안을 느끼는 사람은 손을 들어 보라고 하자 학생들은 한 명도 빠짐없이 손을 들었고, 모임 전체가 똑같이 느낀다는 사실에 우리 모두 충격을 받았다. 용기를 얻은 나는 학생들에게 만약 비슷한 모임의 남학생들에게 같은 질문을 던진다면 손을 드는 사람은 거의 없을 것이라고 호언장담했다. 우리는 즉시 다른 강의실로 내려가서 한 무리의 남학생들에게 똑같은 젠더에 관한 고정관념은 아이들뿐만 아니라 당신에게도 영향을 미친다. 잠시 자신에 대해 생각해 보자. 당신은 수학을 잘하는가? 당신이 여자라면, 장담하건대 당신은 (1) "나는 수학을 그리 잘하지 못해요."라고 하거나 (2) "나는 수학을 좋아하지 않아요."라고 말할 것이다. 당신이 남자라면, 일단 지금 이 순간 자녀 교육서를 읽고 있다는 것부터 축하한다. 이로써 당신은 부모 중 엄마가 아이에게 신경을 더 많이 쓴다는 고정관념을 뒤집었다. 그런데 당신은 얼마나 자주 누군가에게 당신의 감정에 대해 얘기하는가? 특히 어떤 일로 당신이 슬플 때는 어떤가? 대답은 아마 '가물에 콩 나듯'일 것이다.

흔히 생각하는 남자와 여자의 차이들은 선천적이지 않다. 그 차이들은 실제 수학 능력이나 슬픔을 표현하는 능력에 기반한 것이 아니라, 그저 당신도 모르는 새에 당신에게 꼬리표를 붙인 문화적 고정관념의 결과물일 뿐이다.

질문을 던졌다. 내가 예측한 대로 남학생 중 한 명도 손을 들지 않았다. 그들 중 누가 실제로 수학을 얼마나 잘하고 못하는지는 알 수 없었지만 한 가지만은 분명했다. 남자와 여자는 수학 자신감에서 분명히 차이가 있었다.

언어 능력

여자가 남자보다 수다스럽다는 강한 고정관념이 만연해 있다. 최근에 저녁 식사를 하면서 그레이스가 어떻게 몇 시간이나 혼잣말을 할 수 있을까를 놓고 대화하던 중에 가까운 이웃 친구가 이렇게 말했다. "여자가 남자보다 두 배 더 말을 많이 한다는 연구 결과를 들어 보셨을 거예요." 그는 매우 확신에 차서 말했지만, 완전히 틀렸다.

샌타크루즈 캘리포니아 대학교의 캠벨 리퍼는 아동기와 청소년기의 젠더 차이를 연구하는 전문가다. 그는 '수다스러움^{talkativeness}'에 대한 46건의 서로 다른 연구들을 놓고 메타 분석을 실시했다. 그에 따르면 수다스러움의 젠더 차이는 '무시해도 될 수준'이다. 사실, 이 점과 관련해서 유일한 젠더 차이는 만 1~3세 아이들에게서만 발견되었다. 연구에 포함된 가장 나이 많은 연령대인 만 3~13세 아이들은 수다스러움에서 젠더 차이가 전혀 없었다. 심지어 걸음마기 아기들도 실험실 환경에서 이루어진 연구에서만 젠더 차이를 보였다. 가정이나 학교에서 이루어진 실험에서는 어떤 젠더 차이도 보이지 않았다.[17]

그렇지만 남자아이들과 여자아이들이 사용하는 언어 유형에는 약간의 차이가 있다. 여자아이들은 남자아이들보다 칭찬하기, 상대방에게 동의하기, 상대방의 의견을 더 자세히 설명하기 같은 '친화적인 말'을 사용할 가능성이 약간 더 높았다. 반면, 남자아이들은 여자아이들보다 정보 제공하기, 제안하기, 상대방의 의견에 반대하기, 비판하기, 내 의견 제시하기 같은 '단정적인 말'을 사용할 가능성이 약간 더 높았다. 다시 말해, 남자아이들과 여자아이들이 서로 다른 점은 얼마나 말을 많이 하는지가 아니라 무엇을 위해 그 말을 하는지에 있다.

수다스러움에 있어서 서로 별로 다르지 않다 하더라도, 아이들이 자신의 언어 능력을 발달시키는 방법에는 약간 차이가 있다. 여자아이들은 남자아이들보다 더 일찍 언어가 발달하는 경향이 있고, 평균적으로 '언어 생산' 즉 말할 수 있는 단어의 수 면에서 더 높은 점수를 받는 경향이 있다. 그러므로 당신의 세 살짜리 딸이 당신의 세 살짜리 남자 조카보다 더 많은 단어를 사용할지도 모른다. 왜 자기 아들이 다른 집 딸보다 단어를 적게 사용하는지 고민하는 부모라면 이 말에 안심이 될 것이다. 하지만 이를 장기적 차이로 볼 수는 없다. 학령기에 들어선 아이들은 어휘나 독해 면에서 전혀 차이를 보이지 않기 때문이다.

'어린 나이에는 언어 생산 능력에 젠더 차이가 존재한다.'는 지식은 위험 요소를 품고 있다. 학업 초기에 나는 자폐아들을 유아기부터 계속 추적해 말하기 치료나 작업치료 같은 개입 가운데 어떤 것이 아이들의 발달에 가장 도움이 되는지를 밝히는 연구 프로젝트에 참여한 적이 있다. 그때부터 나는 항상 자폐증에 관심을 갖고 있었다.

몇 년 전 내 친구의 아들을 보니, 만 3세가 다 되었는데 단어 몇 개밖에 말하지 못했다. 그 아이는 이따금씩 끙 하고 앓는 소리를 냈고, 크래커를 원하면 크래커를, 우유를 원하면 우유를 가리킬 뿐 옹알이나 말은 하지 않았다. 나는 그때까지 3세 자폐아를 많이 봐 온 터라 자폐증을 상당히 빨리 알아차릴 수 있었고, 그래서 그 아이가 말이 늦된 것을 걱정했다. 자폐증의 중요한 신호로 보였기 때문이다.

하지만 내 친구는 그저 자기 아들이 남자아이이라서 말이 늦되는 것뿐이라고 확신했다. 친구는 많은 경고 신호를 간과했다(그 아이는 또래에 비해 애착도 덜했다). 젠더 간에는 큰 차이가 있다는 믿음을 완강하게 고수했기 때문이다. 결국 소아과 의사가 내 친구에게 아이가 다른 남자아이들에 비해서도 언어 발달이 뒤처져 있다는 사실을 납득시켜야만 했다. 이는 매우 극단적인 사례지만, 언어 능력의 젠더 차이에 대한 잘못된 정보 때문에 아이 엄마가 경고 신호를 포착하지 못하는 걸 지켜보기란 무척 가슴 아픈 일이었다. 남자아이와 여자아이의 언어 발달 시기는 몇 년씩이나 차이 나지 않는다. 기껏해야 몇 개월 차이가 날 뿐이다.

자존감, 우울증, 신체상

일반적으로 여자아이들이 남자아이들보다 스스로를 부정적으로 인식한다는 통념 또한 끈질기게 이어지고 있다. 이 통념에는 어느 정도 맞는 부분도 있다. 그리 간단한 문제는 아니지만 말이다. 여자아이들은 남자아이들보다 자존감이 낮을까? 여자아이들은 자기 고유의 자질에 대해 덜 긍정적으로 느낄까? 때로 대답은 '그렇다'이다. 하지만 메타 분석들에 따르면 백인 아동을 대상으로 한 연구에서 자존감의 젠더 차이는 크지 않았다. 심지어 흑인 아동을 대상으로 한 연구에서는 젠더 차이가 전혀 존재하지 않았다. 전반적으로 흑인 남자아이들과 흑인 여자아이들은 자기 자신에 대해 동등하게 긍정적으로 느끼거나 동등하게 부정적으로 느꼈다.[18]

그렇지만 자신의 신체를 어떻게 생각하는지에서는 남자아이들과 여자아이들 간에 커다란 차이가 있었다. 정상 체중 범위에 속할 때에도 여자아이들은 남자아이들보다 자기 몸무게에 만족하지 못할 가능성이 높다. 만 12~18세 여자아이 중 70% 이상이 자신의 신체에 불만을 느끼는 반면, 같은 연령대의 남자아이들은 40%만이 불만을 느낀다. 이러한 '신체 불만'은 매우 이른 시기인 초등학교 3학년 무렵부터 생겨난다.[19] 신체상에 대한 불만은 대중매체 소비와 밀접하게 관련되어 있다. 아동 및 청소년은 텔레비전을 더 많이 시청할수록 자신의 신체에 더 많은 불만을 느꼈다. 또한 신체 불만은 여자아이들에게 발생하는 우울증과도 밀접하게 연관되어 있다.[20] 대중매체가 부추기는 날씬하고 매력적인 신체는 따르기 어려운 기준이다. 사춘기에 들어서서 여드름이 나고 엉덩이가 커지는 여자아이들에게는 더욱이나 그러하다. 대중매체가 제시하는 이상에 못 미치면 스스로를 부정적으로 생각하게 되는 것이다. 남자아이들은 이러한 '매력 압박attractiveness pressure'의 영향을 훨씬 덜 받는다.[21]

이 스펙트럼의 맨 끝에 있는 우울증은 어떨까? 우울증에 걸려 있을 때 스스로에 대한 감정은 가장 부정적으로 변한다. 하지만 대부분의 사람들이 짐작하는 것과 정반대로, 사춘기가 시작되기 전에는 남자아이들이 여자아이들보다 우울증에 걸릴 위험이 약간 더 높다.[22] 그러다가 사춘기 중반이 되면 우울증으로 진단받는 여자아이들의 수가 급격히 증가한다. 사춘기가 끝날 무렵이면 여자아이들이 남자아이들보다 우울증에 걸릴 가능성이 2배나 높아진다. 이러한 젠더 차이는 성인기까지 이어진다. 이에 대해서는 생물학, 인지학, 사회학 이론을 포함해 다양한 설명이 있다. 그런데도 사람들은 유독 생물학적 원인을 찾을 때가 많다. 우울증과 관련된 젠더 차이가 사춘기 무렵에 급격히 나타나기 때문이다. 하지만 이 설명을 뒷받침할 근거는 많지 않다.[23] 생물학적 요인이 일정 부분 역할을 할 가능성은 있지만 정확히 어떤 역할을 하는지는 여전히 미지수이다.

시카고 일리노이 대학교의 벤저민 행킨 교수와 위스콘신 대학교 매디슨 캠퍼스의 린 에이브럼슨 교수는 우울증에 관한 엄청나게 많은 연구들을 분석한 결과, 사춘기가 시작되면서 여자아이들이 남자아이들보다 우울증에 걸릴 가능성이 높은 이유를 찾아냈다.[24] 이들에 따르면 우울증에서 젠더 차이가 나타나는 이유는 남자아이들과 여자아이들이 스트레스 상황에 대처하는 방법과 관련이 있다. 자신에게 부정적인 사건이 벌어지면 여자아이들은 머릿속으로 그 사건을 몇 번이고 반복해서 재생할 가능성이 남자아이들보다 높다. '반추rumination'라고 불리는 이러한 사고 과정은 CD 플레이어가 똑같은 트랙의 노래를 반복 재생하도록 프로그래밍해 놓은 것과 비슷하다. 반복 재생되는 사건이 부정적인 경우에, 여자아이들은 남자아이들보다 사건을 반추하는 경향이 더 강하기 때문에 정신적 고통에 더 많이 시달리게 된다.

행킨과 에이브럼슨에 따르면 이러한 영향은 복합적으로 진행되는데, 여자아이들은 남자아이들보다 또래 간 갈등이나 부모 간 갈등 같은 부정적인 사건을 더 잘 알아차리는 경향이 있기 때문이다.

즉 여자아이들은 부정적인 사건을 잘 알아차리고 그 사건들을 머릿속으로 반복 재생한다. 게다가 여자아이들은 슬픔의 감정을 이야기해도 괜찮다고 사회화되기 때문에(이는 과거의 슬픈 사건을 더 많이 반추하도록 만든다), 우울증에 걸릴 가능성이 더 높아진다. 하지만 남자아이들은 여자아이들보다 주변에서 일어나는 부정적인 사건들을 알아차릴 가능성이 낮은 데다가, 설령 알아차린다 해도 그것을 반추할 가능성 또한 낮다.[25] 게다가 남자아이들은 슬픔이 아니라 분노와 불만을 표현하도록 사회화된다. 분노와 불만을 표현하는 것은 문제가 될 수 있지만 한편으로는 우울증을 피할 수 있는 좋은 방법이기도 하다.

공격성

만약 당신이 평생을 동굴 속에서 지내다가 최근에 밖으로 나와 우연히 토이저러스에 들렀다면, 당신은 (엄청난 감각 과부하에서 어느 정도 회복한 후) 아이들에 대해 다음 두 가지를 알게 될 것이다. '여자아이들은 인형을 좋아하고 남자아이들은 공격적이다.' 남아 완구 통로에 있는 장난감 중 대부분은 어느 정도 폭력성을 지니고 있다. 갖가지 총, 총을 든 액션 피겨, 총 쏘는 비디오게임, 총 모양의 공 던지기 장난감 등등 말이다. 그리고 이러한 관찰 결과는 전문 연구가 잘 뒷받침해 준다.

46건의 메타 분석을 메타 분석한 하이드에 따르면, 가장 큰 젠더 차이를 보이는 것 중 하나는 공격성을 표출하는 전반적 비율이 아니라 공격성을 표출하는 특정 유형이었다.[26] 일부러 화가 나게 만들면 남자아이와 여자아이 둘 다 기본적으로 비슷한 비율로 신체적 공격성을 보일 가능성이 높다. 하지만 '이유 없는 신체적 공격성unprovoked physical aggression'에 한해서는 남자아이들이 여자아이들보다 훨씬 더 많이 공격성을 표출했다. 이는 남자가 여자보다 폭력적인 범죄를 저지를 가능성이 훨씬 더 높은 이유이기도 하다.(남자는 여자에 비해 살인을 저지를 가능성이 7배 높다.)[27]

그렇다면 여자아이들이 남자아이들보다 언어 사용과 인간관계에서 더 공격적이라는 고정관념은 맞는 걸까? 영화 「퀸카로 살아남는 법Mean Girls」을 떠올려 보라. 이 영화에서는 인기 많은 여자아이들 그룹이 일부 여자아이들을 대상으로 헛소문을 퍼뜨리고, 비난하고, 선택적으로 배제하는 식으로 권력을 휘두른다. 이러한 일은 현실 세계에서도 빈번히 벌어진다. 얼마 전 내 시누이가 조카딸이 다니는 초등학교에서 요즘 유행하는 현상에 대해 이야기해 줬다. 여자아이들끼리 상대방을 이렇게 비웃는다는 것이다. "지금은 너랑 제일 친하게 지내지만, 나는 저기 저 애랑 앞으로 평생 가장 친한 친구가 될 거야." 맙소사! 하지만 이러한 고정관념이 (심지어 내 머릿속에도) 끈질기게 존재함에도 불구하고, 남자아이들과 여자아이들이 보이는 사회적 공격성 정도에는 차이가 전혀 없다. 기껏해야 여자아이들이 이러한 유형의 사회적 공격성을 이용하는 데 있어 남자아이들보다 조금 더 정교하다고(혹은 영리하게 비열하다고) 말할 수 있을지는 모르지만 말이다.[28]

다음번에 자녀의 학교를 방문하게 되면 운동장을 한 바퀴 돌아보기 바란다. 만약 쉬는 시간이라면 가장 큰 젠더 차이가 드러나는 지점을 목격할 수 있을 것이다. 바로 '놀이 양식'이다. 대부분의 경우 남자아이들은 커다랗게 무리를 이루어 발야구, 농구, 피구, 축구 같은 일종의 모의 조직 게임을 하면서 논다. 무슨 경기를 할지는 어떤 장비가 이용 가능하고 운동장 환경이 어떤지에 따라 결정된다. 하지만 놀이 양식은 일관되어 있다. 남자아이들은 격렬하고, 활동적이고, 팀을 갈라 점수 내기를 하는 팀 대항 경기를 많이 하는 경향이 있다. 누군가가 다칠 때도 많다. 까진 무릎과 멍든 정강이는 소년기에 진입했다는 훈장처럼 보이기도 한다.

이제 운동장 주변을 살펴보자. 여자아이들은 그네나 정글짐에 있거나, 땅따먹기를 하거나, 줄넘기나 사방치기를 할 때가 많다. 여자아이들은 큰 팀으로 나누지도 않고 점수를 매기지도 않는다. 일대일로 놀고 있을 가능성이 높다. 내가 어릴 때 그랬던 것처럼 노래를 부르며 손바닥을 맞부딪는 놀이를 하고 있을지도 모른다. 어느 날 나는 마야가 집에 오는 길에 손뼉치기 노래를 부르는 것을 듣고 깜짝 놀랐다. "신데렐라가 노란색 드레스를 입고서/남친에게 뽀뽀하러 위층으로 올라갔네./깜빡해서 실수로 뱀에게 뽀뽀했다네./신데렐라는 의사가 몇 명이나 필요할까?" 내 남편은 그 노래를 한 번도 들어 보지 못했겠지만 나는 자면서도 부를 수 있을 정도다. 내가 초등학교에 다니던 시절부터 전해 내려온 노래였다. 그 노래는 줄에 걸리기 전까지 얼마나 많이 줄넘기를 할 수 있는지 셀 때도 불렀다. 그때도 남자아이들은 절대로 여자아이들과 같이 놀지 않았고 그저 발야구를 하느라 정신이 없었다. 정말로, 학교 운동장은 예나 지금이나 그다지 변하지 않았다. 옷이 달라지고 유행어가 바뀌었을지 모르지만(1980년대에 여자아이들 사이에 유행했던 "구역질 나Gag me with a spoon." 같은 표현은 "헐Oh My God." 같은 표현으로 교체됐다), 놀이의 유형, 남자아이들은 여기서 놀고 여자아이들은 저기서 노는 풍경은 전혀 변하지 않은 것처럼 보인다.

젠더에 따른 놀이 분리는 만 3세경에 유치원에서 시작된다. 저명한 발달심리학자이자 스탠퍼드 대학교의 종신 교수인 엘리너 매코비는 유치원에서 벌어지는 놀이 분리 현상을 상세히 기록했다. 그녀는 아동기 초기의 활동성 수준에서 남자아이와 여자아이 사이에 약간의 차이가 존재하며, 그 약간의 차이 탓에 조금 더 조용한 여자아이는 다른 조용한 여자아이에게 끌리고 약간 더 활동적인 남자아이는 다른 활동적인 남자아이에게 끌리게 된다고 주장했다.[29] 비슷한 여자아이들과 비슷한 남자아이들로 이루어진 작은 무리들은 궁극적으로 더 광범위한 놀이의 분리로 이어지게 된다. 매코비는 유치원 시기에 아이들이 젠더가 '사회적 범주'라는 사실을 배운다고 설명한다. 여자아이들은 여자아이들하고만 놀고 싶어 하고, 남자아이들은 남자아이들하고만 놀고 싶어 한다. 그렇기 때문에 더 활동적인 여자아이조차도 여자아이들과 노는 것을 선택한다. 자신이 '알맞은' 범주에 속해야 하기 때문이다. 또한 더 조용한 남자아이도 오로지 그들이 남자아이이기 때문에, 남자아이들과 노는 것을 선택한다. 시간이 흐르면서 점점 더 많은 여자아이들은 운동장 한쪽에서 조용히 놀고 점점 더 많은 남자아이들은 반대쪽에서 활동적으로 논다.

아이들은 젠더가 같은 아이들하고만 놀면서 자신이 속한 젠더에 들어맞는 방식으로 스스로를 사회화한다. 이러한 방식으로 여자아이들과 남자아이들은 자신이 속한 젠더 그룹의 암묵적 규칙을 배운다. 매코비는 이렇게 말한다. "서로를 사회화시킴으로써 여자아이들은 더 여자아이 같아지고 남자아이들은 더 남자아이 같아진다. 그리하여 운동장 한가운데에서 만나 함께 놀기는 점점 더 어려워진다." 이와 같이 활동 수준에서의 작은 생물학적 차이가 젠더에 따른 그룹 나누기로 이어지고, 그룹 나누기는 놀이 양식의 형성으로 이어지고, 이는 결국 아동기 후반의 젠더 차이를 더 커지게 만든다. 그 결과가 모세가 지날 때 둘로 갈린 바다 같은 모양새의 초등학교 운동장이다.

상황의 중요성

인간으로서 우리는 어떤 상황에 놓이든지 본연의 모습을 잃지 않을 것이라고 생각하고 싶어 한다. 과연 그럴까? 사회심리학의 상당한 분야가 때로 상황이 한 개인보다 강력한 힘을 발휘할 수 있기 때문에 존재한다. 어떤 상황은 그 자체로 특정한 젠더 차이를 이끌어 내기도 한다. 미소가 하나의 예다. 어느 메타 분석은 사람들이 얼마나 많이 미소 짓는지에 대해 조사했다. 그 결과 아동의 경우에는 미소를 짓는 정도에 젠더 차이가 전혀 없었다. 남자아이들과 여자아이들이 모두 같은 빈도로 밝게 미소를 지었다. 그런데 십 대에 들어서자 젠더 차이가 나타나기 시작했다. 당신이 짐작하는 대로 평균적으로 여자들이 남자들보다 더 자주 미소를 지었다. 그런데 여기서 주목해야 할 점은, 여자들이 다른 사람이 자신을 쳐다보고 있다는 사실을 알고 있는 경우에 이러한 젠더 차이가 훨씬 두드러졌다는 것이다. 누군가가 보고 있다는 사실을 의식하지 못할 때 여자들이 미소 짓는 빈도는 남자들과 크게 다르지 않았다.[30]

다른 사람을 도울 때에도 이와 비슷한 현상이 벌어진다. 아무도 보고 있지 않을 때, 남자들과 여자들은 비슷한 정도로 타인을 도왔다. 하지만 누군가가 보고 있는 경우 남자들은 여자들보다 훨씬 자주 타인을 도왔다.[31] 이러한 연구들은 우리가 수행하는 다양한 사회적 역할 중 어떤 부분은 젠더 차이로 이어진다는 사실을 말해 준다. 사회적 역할 속에서 여자들은 친절하고 우호적이고, 남자들은 다른 사람을 기꺼이 돕는다. 어떤 면에서 우리는 무대 위의 배우처럼 각자 주어진 대본대로 연기하고 있다고 할 수 있다.

경험의 중요성

이스라엘 바르일란 대학교의 교육대학원 교수 다비드 추리엘과 길라 에고지는 젠더 연구자는 아니다. 이들은 아동의 인지능력과 그것을 강화하는 훈련에 대해 연구한다. 최근 이들은 남자아이와 여자아이의 인지 기량 발달에서 '경험'이 얼마나 중요한지 보여 주는 매우 의미 있는 발견을 했다. 이들은 남자아이들이 여자아이들보다 생물학적으로 '공간 능력spatial ability'이 더 뛰어나다는 통념을 제대로 밝히고자 했다.[32] 대체로 공간 능력은 머릿속으로 어떤 형태를 회전시켜 여러 각도로 그 형태를 떠올릴 수 있는 능력을 말한다. 공간 능력은 수학에 기반해서 젠더 차이를 보여 주는 기량이며, 학교에서 가르치지 않는 유일한 기량이기도 하다.

일부 진화심리학자들은 머릿속으로 형태를 그리는 일에 능한 공간 능력의 젠더 차이는 진화의 관점에서 볼 때 먼 과거로부터 죽 이어져 내려온 것이라고 주장한다. 먼 과거에 남자들은 사냥을 하기 위해 집을 떠나야만 했고 길을 잃지 않고 집으로 돌아오는 방법을 알아야만 했기 때문이다.

그렇지만 추리엘과 에고지, 두 연구자는 남자아이들과 여자아이들이 공간 능력을 발휘해야 하는 상황에 있어 매우 다른 경험들을 했을지도 모른다는 가정하에 공간 능력이 이러한 경험들에 얼마나 좌우될지 궁금해했다. 이들은 초등학교 1학년 남자아이들과 여자아이들에게 다양한 방식으로 여러 형태를 상상하는 법을 가르쳤다.

가령, 아이들은 다음 형태를 보고 X가 그려진 육각형 한 개, 나비넥타이 여러 개, 연 두 개, 다이아몬드들, 열린 봉투 한 장 등으로 다양하게 상상의 나래를 펼쳤다.

어떤 일이 벌어졌을까? 이러한 훈련을 몇 번 거치고 나자 공간 능력상의 젠더 차이는 감쪽같이 사라졌다. 두 연구자는 여자아이들이 단지 남자아이들보다 공간 능력을 이용해야 하는 상황을 더 적게 경험할 뿐이라고 결론 내렸다. 남자아이들이 일상생활에서 연습하는 것과 똑같은 양으로 연습하면(남자아이들이 블록 장난감을 가지고 노는 시간을 생각해 보라) 여자아이들도 남자아이들만큼 공간 능력이 좋아질 수 있다. 이 밖의 여러 연구 또한 여자아이들이 연습을 하면 공간 능력상의 젠더 차이가 사라진다는 결론을 뒷받침해 준다. 여자아이들이 남자아이들만큼 비디오게임을 많이 한다면 머릿속으로 어떤 형태를 회전시키는 능력 또한 향상될 것이다.[33] 그러니 생물학적 차이에 대해서는 이쯤에서 그만 얘기해도 되지 않을까?

요점 정리: 꼭 하고 싶은 이야기

- 젠더 차이를 생각할 때는 해당 연구가 영유아, 아동, 성인 중 어느 연령대에 초점을 맞추고 있는지 주의하자. 성인의 젠더 차이는 사실 선천적이고 불가피한 젠더 차이를 알아내는 데 별로 도움이 되지 않는다.

- 젠더 차이를 다룬 연구들을 살펴보면서 우리는 실제 남자아이들과 여자아이들 사이에는 차이가 거의 없다는 사실을 알게 되었다. 하지만 젠더 차이를 찾지 못한 수백 건의 연구는 학술지에 잘 게재되지 않을뿐더러 『타임』지의 표지를 장식할 가능성 또한 낮다.

- 남자아이들과 여자아이들 사이의 실제 차이는 충동을 조절하는 능력, 수학에 대한 관심과 자신감, 생애 초기의 언어 능력 일부, 신체상과 사춘기 우울증, 이유 없는 신체적 공격성, 놀이 양식 등 일부에만 존재한다.

- 젠더 차이 중 많은 경우는 나이를 먹을수록 더 뚜렷해진다. 또한 특정한 기량을 사용하는 방법을 한 번도 배우지 않은 아이들에게서도 젠더 차이가 관찰된다. 어떤 젠더 차이는 ('미소 짓는 여자'나 '다른 사람을 구조하는 남자'처럼) 사람들이 자신의 사회적 역할에 들어맞게 행동할 때 가장 뚜렷하게 나타난다.

5
다르다면 얼마나 다른가?

언론은 젠더 차이를 밝히는 연구들을 발 빠르게 보도한다. 2012년 11월, 북미 영상의학회Radiological Society of North America, RSNA는 알츠하이머병이 남자와 여자에게서 각기 어떤 속도로 진행되는지에 대한 연구 결과를 발표했다. 곧이어 보도 자료가 언론에 배포됐다.[1] 많은 뉴스 매체와 웹사이트에서 "알츠하이머병은 남자들에게서 더 짧은 기간 안에 더 공격적으로 진행된다."라며 새로운 연구 결과를 앞다투어 보도했다.[2] 흥미로운 결과임에는 분명하지만, 짧은 기사나 헤드라인만 보고서는 결코 답할 수 없는 중요한 질문이 뒤따른다. 알츠하이머병은 남자들에게서 얼마나 짧은 기간 동안, 얼마나 더 공격적으로 진행되는가? 진단받은 시점부터 완전한 인지 장애로 진행되기까지 여자들은 10년이 걸리고 남자들은 1년이 걸리는가? 아니면 여자들은 10년이 걸리고 남자들은 9년이 걸리는가? 이처럼 서로 매우 다른 가능성들이 모두 '젠더 차이'라는 대전제 아래 묶인다. 게다가, 그렇다면 지금까지는 알츠하이머병이 남자들보다 여자들에게서 더 공격적으로 진행된다고 알려져 왔다는 뜻인가? 『남자아이의 뇌 여자아이의 뇌』 같은 책은 젠더 차이와 관련해 이러한 종류의 세부 사항에 대해 거의 아무것도 알려 주지 않는다. 미묘한 차이까지 고려한 표현은 책이 잘 팔리게 만들거나 뉴스나 트위터에 짧고 재밌게 인용하기에 적당하지 않다. 젠더 차이가 정말로 무엇을 의미하는지 이해하기 위해서는, '차이가 난다면' 얼마나 나는 것인지 알아야 한다.

알츠하이머병의 경과와 공격성, 학업 성취도, 혹은 두뇌 발달 과정 등에서 젠더 차이를 발견했다는 뉴스가 보도될 때, 연구자들이 실제로 발견한 것은 통계적 차이라는 사실에 유의해야 한다. 연구자들은 남자아이들의 점수와 여자아이들의 점수를 수집한 다음 성별에 따라 평균을 낸다. "통계적 차이가 있다."라는 말은 연구자들이 두 그룹 사이의 차이가 임의로 얻어걸린 것이 아니라는 사실을 95% 확신한다는 의미이다. 즉, 차이가 난다면 얼마나 나는지의 문제와는 거의 관계가 없고, 남자아이들과 여자아이들이 지속적으로 차이를 보일 가능성이 있는지 없는지가 더 중요한 것이다. 또한, 더 많은 아이들이 연구에 포함될수록 통계적 차이는 줄어들어야만 한다. 그러므로 만약 내가 남자아이 1,000명과 여자아이 1,000명의 지능지수를 테스트해서 여자아이들이 평균 100.15를 기록하고 남자아이들이 평균 99.85를 기록한다면 남자아이들과 여자아이들의 지능지수는 통계적 차이가 있다고 결론을 내릴 것이다. "내가 이용한 통계적 분석 방법에 근거하여 두 그룹이 정말로 다르다는 사실을 95% 확신한다."라고 말할 수 있게 되는 것이다. 그렇다고 내가 뉴스에 나가서 여자아이들이 남자아이들보다 더 똑똑하다고 주장해야 할까? 안될 말이다. 내가 지능지수가 100.15인 아이들과 99.85인 아이들의 차이를 한눈에 알아볼 수 있기라도 할까? 아닐 것이다.

다양성을 인정하라

통계학자 제이컵 코언은 차이가 난다면 얼마나 나는지 알 수 있게 해 주는 매우 단순한 공식을 만들었다. 이 공식의 해답은 '효과 크기effect size'라고도 불리는데, 그룹 간의 차이와 같은 그룹 구성원 간의 차이를 비교한 것이다.

가령 효과 크기는 남자아이들과 여자아이들이 서로 다른 정도가 남자아이들끼리 서로 다른 정도에 비해 얼마큼 차이가 나는지 알려 준다. 대개 효과 크기는 여자아이들끼리의 차이와 남자아이들끼리의 차이가 남자아이들 평균 그룹과 여자아이들 평균 그룹 간의 차이보다 더 크다는 사실을 알려 준다. 만약 내가 각각 여자아이들과 남자아이들로만 이루어진 두 학급을 맡았다면, 나는 각 학급 안에서의 차이가 두 학급 간의 차이보다 더 큰지 작은지 알고 싶을 것이다. 효과 크기는 이러한 의문에 답을 제공한다.

효과 크기를 측정하기 위한 첫 번째 열쇠는 남자아이들과 여자아이들이 특성, 기량, 행동 면에서 서로 얼마나 다른지 알아내는 것이다. 어떤 특성과 행동은 다른 특성과 행동보다 평균과의 편차가 더 크다. 다음의 두 그래프는 두 대학 강의의 기말 성적을 나타낸다. 만약 당신이 학생이고 하나의 강의만 들어야 한다면 분명 당신은 A학점을 받을 가능성이 가장 높은 수업을 들으려 할 것이다.

두 강의 모두에서 평균 성적은 80점, 즉 B학점이다. 〔강의1〕에서는 평균 80점 주변의 편차가 그리 크지 않음을 볼 수 있다. 어떤 학생도 평균보다 10점 이상 높거나 낮지 않다. 다시 말해 어떤 학생도 낙제를 하지 않았지만, 어떤 학생도 만점을 받지 못했다. 〔강의2〕에서는 평균과의 편차가 20점으로, 〔강의1〕의 편차보다 훨씬 크다. 어떤 학생들은 60점으로 실망스러운 D학점을 받았지만, 어떤 학생들은 만점으로 최고 학점을 받았다. 만약 당신이 A학점을 받고 싶다면

| 평균 성적이 같은 두 가상 강의의 기말 성적 분포 차이 |

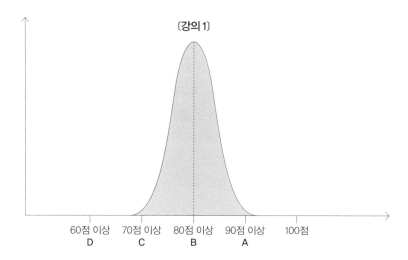

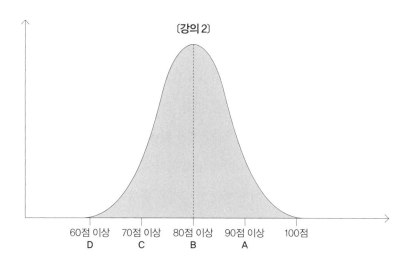

당신은 〔강의2〕에 등록할 것이다. 여기에서는 저조한 성적을 받을 위험이 높지만 우수한 성적을 받을 가능성 또한 높다.

다양성의 문제는 남자아이들과 여자아이들 사이의 차이에 대해 생각할 때 중요하게 작용한다. 측정되는 모든 특성, 기량, 선호도, 행동에는 앞의 그래프에서 보듯 '분포'가 존재하기 때문이다. 남자아이들과 여자아이들 각각은 분포를 가지며, 그래프상에서 분포는 거의 항상 종 모양 곡선을 그린다. 즉, 대부분의 사람이 평균 가까이에 있고 곡선의 양쪽 끝에 가까워질수록 사람 수는 점점 적어진다. 영국 워릭 대학교의 교수 스티브 스트런드와 동료들은 학교에서 남학생들이 여학생들에 비해 뒤처지는 데다 학업 성취도 면에서 '위기 상황'에 처해 있다는 언론 보도가 많다는 사실을 발견했다. 실제로 2002년 영국에서는 여학생 중 57%가 모든 과목에서 낙제를 면한 반면 남학생은 46%만이 모든 과목에서 낙제를 면했다. 놀랍게도 여학생들이 영어 과목뿐만 아니라 수학, 경영학, 과학, 컴퓨터 같은 '남자아이 과목'에서도 남학생들을 앞지른 것이다. 연구자들은 아이들의 지능지수와 인지능력 시험 점수를 조사한 결과 남자아이들과 여자아이들의 학업 성취도가 비슷하다는 사실을 발견했다.[3]

그렇지만 남자아이들끼리의 점수는 편차가 더 컸다. 가령, 대수학 문제를 풀게 했을 때 남자아이들끼리의 점수 편차는 여자아이들끼리의 점수 편차보다 18% 더 컸다. 남자아이들과 여자아이들의 평균 점수는 비슷했지만, 남자아이들은 여자아이들에 비해 최고나 최저에 가까운 점수를 받을 가능성이 더 높았다. 이러한 경우에 남자아이들이 여자아이들보다 대수학에 더 강하다고 말하는 것은 잘못이다. 학업 성취도가 낮은 남자아이들이 예상 외로 많다는 문제점을 얼버무리고 넘어간 결과, 그 아이들이 맨 밑바닥 등급에서 허우적대도록 내버려 둔 셈이다.

남자아이들과 여자아이들을 제대로 비교하려면 둘의 분포곡선을 최고점부터 포갠 다음 얼마나 많이 겹치는지 살펴보아야 한다. 다음 그래프는 남녀 자존감의 분포곡선이 실제로 얼마나 겹치는지를 보여 준다. 보다시피 두 그룹의 평균 자존감 지수는 서로 다르지만 거의 대부분이 겹친다. 자존감이 낮은 아이 한 명을 무작위로 고른다고 했을 때, 여자아이를 고를 가능성과 남자아이를 고를 가능성이 거의 비슷한 것이다.

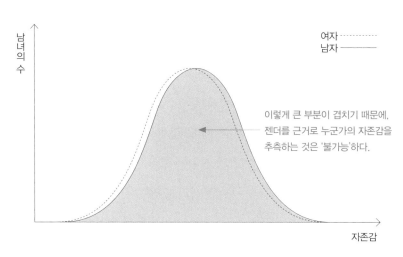

이렇게 큰 부분이 겹치기 때문에, 젠더를 근거로 누군가의 자존감을 추측하는 것은 '불가능'하다.

• 이 그래프는 남녀 자존감 사이의 근사 차이를 보여준다. 효과 크기는 0.20이다. 모든 젠더 차이의 4분의 3 이상은 효과 크기가 이보다 작다.

효과 크기란 무엇인가?

연구자들은 우리가 앞 장에서 논의한 모든 젠더 차이에 대해 효과 크기를 계산했다. 그리고 메타 분석으로 이를 기록하여 개별 남자아이, 여자아이가 서로 다른 정도와 그룹으로서의 남자아이, 여자아이가 서로 다른 정도를 비교했다.

백만 명 이상을 대상으로 124가지 젠더 차이를 분석한 재닛 하이드의 거대 메타-메타 분석으로 돌아가 보자.[4] 하이드는 124가지 젠더 차이 중에서 연구 결과의 30%가 0에 가까운 효과 크기를 가진다는 사실을 발견했다. 효과 크기가 0에 가깝다는 말은, 여학생과 남학생 두 명의 학생을 보여 주고 수학을 더 잘하는 학생을 고르게 했을 때 정답을 맞힐 가능성이 반반이라는 뜻이다. 이쯤 되면 차라리 동전을 던지는 것이 낫겠다. 이러한 경우 아이의 젠더를 아는 것이 그 아이를 파악하는 데 아무런 도움도 되지 못한다. 여자아이들과 남자아이들의 분포곡선이 완벽하게 겹치는 것이다.

물론 약간의 차이도 존재했다. 하지만 그 차이가 얼마나 컸을까? 124가지 젠더 차이 중에서 48%가 0.11~0.20의 효과 크기를 가졌고, 이는 차이가 아주 작다는 사실을 의미한다. 남자와 여자의 자존감을 보여 주는 앞의 그래프는 0.20의 효과 크기를 보이는데, 이는 하이드가 밝혀낸 효과 크기 중 크기가 큰 편에 속한다. 그래 봤자 여학생과 남학생을 보여 주고 자존감이 더 높은 학생을 고르라고 했을 때, 남학생을 고르는 경우 정답을 맞힐 가능성이 54%라는 얘기다. 제이컵 코언은 이 정도 차이는 실생활에서 알아차리기 쉽지 않다고 말했다.[5] 코언은 이 차이가 얼마큼인지 눈짐작해 보고 싶다면 만 15세와 만 16세 여자아이의 키를 떠올려 비교해 보라고도 했다.

종합하자면, 백만 명 이상을 대상으로 한 메타 분석에 포함된 모든 젠더 차이 중 78%는 성별 간 차이가 너무 작아서, 젠더가 주어진 정보의 전부라면 특정한 젠더 차이를 더 많이 보이는 아이를 고를 가능성이 기껏해야 54%밖에 되지 않는다. 다시 말해, 젠더 차이를 알아보기란 우연에 가깝다는 뜻이다. 기억하기 바란다. 124가지 젠더 차이에는 수학 능력, 언어 능력, 감정 표현처럼 남녀 차이가 뚜렷하다고 여겨지는 영역이 포함되어 있다. 그렇지만 이러한 젠더 차이 중 4분의 3 이상에서, 젠더는 한 사람에 대해 동전을 던져서 알 수 있는 것보다 조금 더 많이 알려 줄 뿐이다. 한 사람의 젠더를 안다고 해서 누가 수학을 더 잘하고, 누가 읽기를 더 잘하고, 누가 슬픔을 더 잘 표현하고, 누가 더 무서움을 타는지를 밝히지는 못한다.

젠더 차이 중 일부는 성별 간 차이가 약간 더 컸다. 젠더 차이 중 15%는 차이 크기가 '중간' 정도라고 간주됐다. 만약 남자아이와 여자아이 중 신체적 공격성이 더 높은 아이를 고르라고 했을 때 당신이 남자아이를 고른다면 정답을 맞힐 가능성이 60%이다. 코언은 이러한 젠더 차이는 비교적 알아차리기 쉽지만 만 14세와 만 18세 여자아이의 키 차이만큼 뚜렷하지는 않다고 말했다.

진짜 '큰' 차이는 얼마나 빨리, 얼마나 멀리 공을 던질 수 있느냐와 (자위행위의 빈도 같은) 일부 성적 행동에 국한돼 있다. 그러니, 내 생각에 젠더는 야구 선수를 선발할 때나 자위하기 좋은 시간과 장소에 대해 이야기할 사람을 알아낼 때에나 유용할 것 같다. 그 밖의 경우에 맞힐 확률은 높지 않다.

실생활에서 효과 크기를 개념화할 수 있는 방법이 몇 가지 있다. 남자아이들과 여자아이들이 매우 다르다고 추정되는 두 가지 영역인 활동성 수준과 언어 능력을 예로 들어 보자.

남자아이들은 여자아이들보다 훨씬 더 활동적이라고 여겨진다. 유아기에 활동성 수준에서 젠더 차이의 효과 크기는 0.21이다.[6] 이는 실생활에서 어떤 의미일까? 또래 남자 아기의 평균적인 활동성 수준을 보이는 제이슨이라는 남자 아기를 상상해 보자. 제이슨은 엄마가 장 봐 온 식료품을 차에서 내리는 동안 카 시트에서 빠져나오려고 몸을 꿈틀대고, 강아지를 보면 양팔을 버둥거리고, 자동차 열쇠와 휴대폰을 움켜잡고, 소파 가장자리를 잡고 일어서려고 애쓴다. 제이슨은 남자아이들 중 평균이다. 다른 남자아이의 절반은 제이슨보다 더 활동적이고 나머지 절반은 덜 활동적이다.

여자아이들과 비교해서는 어떨까? 남자아이들과 여자아이들은 활동성 수준의 분포곡선에서 많은 부분이 겹쳐서, 여자아이의 42%가 제이슨보다 더 활동적이다. 그렇기 때문에 여자아이들이 남자아이들보다 덜 활동적이라고 말하기는 어렵다. 여자아이의 58%가 평균적인 남자아이보다 덜 활동적이라고 말할 수는 있다. 하지만 남자아이의 50%도 평균적인 남자아이보다 덜 활동적이기는 마찬가지이다.

효과 크기를 개념화할 수 있는 방법은 또 있다. 흔히 여자아이들이 남자아이들보다 언어 능력이 뛰어나다고들 한다. 여자아이들은 남자아이들보다 더 빨리 말을 하기 시작하고, 더 많은 단어를 더 빨리 익히고, 더 긴 문장을 말하고, 더 어휘가 풍부하고, 읽는 것의 내용을 더 잘 이해한다. 하지만 이러한 언어 능력의 효과 크기는 0.11이다.[7] 이는 실생활에서 어떻게 나타날까? 내가 마야가 다니는 초등학교에 가서 3학년 학생 전부를 대상으로 언어 능력 시험을 실시했다고 치자. 편의를 위해 25명의 남자아이와 25명의 여자아이만 있다고 가정하자. 나는 아이들을 여자 줄과 남자 줄로 나누고, 최고 득점자부터 점수 순으로 줄을 세운다. 매기는 여자아이 전체에서 정확히 중간 점수를 받았다. 12명의 여자아이가 매기 앞에 섰고 12명의 여자아이가 매기 뒤에 섰다. 마이클은 매기와 정확히 똑같은 점수를 받았다. 하지만 마이클 앞에 서 있는 남자아이들 수는 매기 앞에 서 있는 여자아이들 수보다 적다. 몇 명이나 적으며 효과 크기는 얼마일까? 매기는 언어 능력 시험에서 여자아이 12명을 이겼고 남자아이 13명을 이겼다. 젠더 차이가 있는 것은 분명하지만 나라면 이만큼 작은 차이에 근거해 강의 계획이나 양육 방식을 바꾸지는 않을 것 같다.

젠더 차이에 대해 들을 때마다 실제로 성별 간에 얼마나 차이가 나는지 생각해 보기 바란다. 12위와 13위 사이의 차이일 뿐인가? 그렇다면 당신은 그것이 의미가 있는지 없는지 스스로 결정을 내려야 한다. 하이드의 거대 메타-메타 분석에 포함된 젠더 차이 중 대다수

(78%)는 12위와 13위 정도의 차이에 불과했다.

모든 것은 비교에서 비롯된다

만약 그룹으로서의 남자아이들이 그룹으로서의 여자아이들과 크게 다르지 않고, 한 아이의 젠더를 아는 것이 (그 아이가 어떤 색깔 옷을 입고 있을지, 혹은 장난감 상자에 어떤 장난감을 갖고 있을지 정도를 제외하고) 그 아이의 어떤 것을 예측하는 데 크게 도움이 되지 않는다면, 이는 젠더가 전혀 중요하지 않다는 것을 의미할까?

젠더는 중요하다. 특히 당신에게 딸과 아들이 있다면 더욱 그렇다. 부모는 아이들이 실제로 어떠하든 간에 아이들 사이의 미묘한 차이를 잘 알아차린다. 나는 내 두 딸을 비교할 때가 많다. 둘째 그레이스는 첫째 마야가 그 나이였을 때보다 떼를 더 많이 쓴다. 하지만 그레이스는 마야가 만 5세까지 올라가지 못했던 정글짐을 만 2세에 올라갔다. 우리는 이렇게 항상 비교를 한다. 입 밖으로 내지 않고 혼자서만 생각하더라도 말이다. 비교하지 않기란 쉽지 않다. 나는 마야를 낳고 나서 아이들이 어떠한 존재인지 이해했다고 생각했다. 하지만 그레이스가 태어난 뒤, 모든 것이 완전히 새로워졌다. 마야가 고분고분했던 것은 내 훌륭한 양육 기술 덕분이 아니었다. 나는 마야에게 했던 것과 똑같이 그레이스를 대했지만 그 효과는 상당히 달랐다. 그레이스는 내게 마야는 그저 고분고분한 성격을 가지고 태어났을 뿐이라는 사실을 가르쳐 주었다. 그래서 그레이스에 대해 예상했던 것을 모두 원점에서부터 다시 생각해야 했다.

그렇지만 만약 딸과 아들을 동시에 키운다면 아이들 사이의 미묘한 차이를 젠더와 연관 짓기 쉽다. 만약 그레이스가 남자아이였다면 나는 남자아이들이 더 활동적이고, 공격적이고, 운동을 잘한다는 고정관념을 강화했을 것이다. 단지 개별 아이들 사이의 선천적 차이에 불과한 것이라도, 그 차이가 젠더와 함께 나타나면 우리는 이를 과장하는 경향이 있다.

당신에게 이란성쌍둥이인 남자아이 잭과 여자아이 질이 있다고 상상해 보자. 질은 잭보다 언어 능력이 약간 더 좋다. 질은 450개 단어를 구사할 수 있고 잭은 400개 단어를 구사할 수 있다. 만약 잭과 질의 성별이 같다면 당신은 이 작은 차이를 대수롭지 않게 넘기고 개개인에 따라 생기는 정상적인 차이라고 생각할 것이다. 만약 잭이 더 많은 단어를 구사하더라도 당신은 그것을 그다지 깊게 생각하지 않을 것이다. 3장에서 설명했듯이 우리는 자신의 고정관념을 뒷받침하지 않는 사례는 간과하고 무시하는 경향이 있기 때문에, 그것을 대충 얼버무리고 넘어갈 것이다. 하지만 질이 잭보다 더 많은 단어를 구사한다면 이는 여자아이들이 남자아이들보다 더 말을 잘한다는 고정관념에 부합하기 때문에, 우리는 이 차이가 젠더에서 비롯되었다고 결론 내릴 가능성이 높다("예상했겠지만 딸이 우리 집에서 제일 수다쟁이예요"). 우리는 이처럼 아이들 간의 차이를 젠더 탓으로 돌린다. 비록 그 차이가 매우 작더라도 말이다.

형제자매 사이에 이러한 비교는 대단히 중요하다. 당신에게 형제자매가 있다면 아들이나 딸의 가족 내 '역할'이 어떤 식으로 발달했는지 떠올려 보기 바란다. 어떤 아이가 독서가이면 다른 아이는 수학 도사고, 어떤 아이가 코미디언이면 또 다른 아이는 운동선수다. 어떤 아이가 섬세하면 다른 아이는 다혈질이다. 객관적 측정에 의해 형제자매가 대체로 서로 비슷하다는 점이 증명된다 하더라도, 이들 사이의 작은 차이는 가족 안에서 과장되게 마련이다. 게다가 이런 차이가 젠더 고정관념에 들어맞을 때(가능성은 대개 반반이다) 이 작은 차이들은 주의를 끌고, 그 결과 강화된다.

　　펜실베이니아 주립 대학교의 발달심리학자 앤 크루터와 수전 맥헤일은 가족 내 젠더 구성이 각 아이의 발달에 미치는 영향을 전문으로 연구한다. 이들은 아들과 딸 모두를 둔 가족들이 가정에서 젠더 차이를 과장할 때가 많다는 사실을 발견했다. 가령 아들과 딸 모두를 둔 부모들은 아이들에게 젠더 고정관념에 더 부합하도록 집안일을 할당하는 경향이 있다. 아들은 잔디를 깎고 쓰레기를 내다 버리고, 딸은 식기세척기를 정리하고 청소를 돕는 식이다.[8]

　　또한 부모들은 자신과 같은 젠더의 아이와 짝을 이루려는 경향이 강하기 때문에 젠더 차이를 더 강조하기도 한다. 엄마는 딸을 데리고 쇼핑몰에 가고 아빠는 아들을 데리고 야구장에 간다. 그러면 딸은 야구 경기를 보거나 잔디 깎는 법을 배울 가능성이 더 낮아진다. 원래 운동에 더 관심이 있다 하더라도 남자 형제와 함께 태어났다는 이유만으로 분포곡선상의 고유한 위치를 무시당하고 마는 것이다.

한 걸음 더

만약 당신에게 서로 젠더가 다른 자녀들이 있다면 아이들이 한 가지 상황에 다르게 접근하는 순간을 유심히 살펴보자. 새 학교나 여름 캠프에 간 첫날 같은 순간 말이다. 아이들이 슬프거나 두려운 상황에 어떻게 반응하는 지를 생각해 보자. 또한 아이들이 비슷하게 반응하는 순간을 떠올려 보자. 젠더가 같은 자녀들을 둔 부모도 똑같이 해 보기 바란다. 아이들이 서로 다르게 반응할 때와 서로 비슷하게 반응할 때를 눈여겨보자. 인간의 본성은 우리에게 그룹 사이의 차이점과 그룹 안의 유사점을 과장하도록 이끈다. 그러므로 우리는 이러한 규칙이 적용되지 않는 모든 순간을 주의 깊게 살펴야만 하는 것이다.

젠더가 전부가 아니라는 사실을 알기

사람들 대부분은 통계학이나 효과 크기를 계산하는 방법에 크게 신경 쓰지 않을 것이다.(대학원에서 통계학 강의를 듣는 내 제자들도 크게 신경 쓰지 않기는 마찬가지다!) 그렇지만 효과 크기를 이해하는 것은 매우 중요하다. 우리가 아이들을 더 잘 키울 수 있도록(우리가 매우 신경 쓰는 일이다) 도와주기 때문이다. 효과 크기가 중요한 이유는 그것이 우리가 젠더 때문이라고 생각하는 것들 대부분이 임의적일 때가 많다는 사실을 보여 주기 때문이다. 젠더 차이들 대부분의 효과 크기가 매우 작다는 사실을 감안하면, 우리가 누군가의 젠더를 알 때 그 사람의 특성, 기량, 능력을 올바르게 예측할 확률이 50 대 50밖에 되지 않는다는 사실을 알 수 있다(잘해야 60 대 40이다). 내 아이를 어떤 여름 캠프에 등록시킬지, 어떤 수업을 신청할지, 어떤 학습 전략을 이용할지, 혹은 어떤 행동을 칭찬할 것인지 결정하려 애쓰고 있다면, '전형적인' 여자아이나 남자아이가 어떠한지 아는 것이 내 아이 개인을 이해하는 데 아주 조금밖에 도움을 주지 못한다는 사실을 기억하기 바란다. 아이들은 저마다 아주 다양한 데다 여자아이들과 남자아이들 사이에는 겹치는 특성이 너무나 많기 때문이다.

그러니 두 가지 선택지에서 고르면 된다. 한 가지는 동전을 던져서 완전히 임의로 아이의 활동을 선택하는 것이다. 내가 추천하는 더 좋은 방법은, 아이의 개별성에 초점을 맞추고 아이의 젠더는 그저 정보로, 아이의 키, 근력, 머리 색깔, 그 밖의 모든 생물학적 특성들만큼만 중요한 정보로 여기는 것이다. 딱 그만큼만, 더 중요하지는 않게 말이다.

아이의 젠더에 관심을 덜 기울이고 아이의 개별성에 관심을 더 기울이려면 젠더가 실제로 아이의 기량과 능력을 거의 예측하지 못한다는 사실을 알아차리는 데서 시작해야 한다. 우리는 그룹 간의 차이를 과장하고 그룹 안의 차이를 간과하는 경향이 있기 때문에 굳게 마음먹지 않고서는 고정관념에 의존하기 십상이다. 그렇다면 우리의 목표는 각각의 아이에게 더 많은 관심을 기울이는 것이어야 한다.

나는 두 딸을 두는 축복을 받았다. 둘을 보고 있으면 같은 젠더 안의 차이점들을 아주 쉽게 발견할 수 있다. 두 아이의 차이가 너무 뚜렷하기 때문이다. 때로 한 아이가 여자아이에 대한 고정관념에 잘 들어맞다가도 때로 완전히 어긋나기도 한다. 한 아이가 다른 아이보다 더 고정관념에 부합하기도, 부합하지 않기도 한다. 단지 어떤 주제냐에 달려 있을 뿐이다. 앞에서 예로 든 것처럼, 그레이스는 마야보다 훨씬 운동을 잘한다. 그레이스는 자신보다 나이 많은 아이들 대상의 놀이 기구에 잘 올라가는데, 대개 언니를 쫓아서 그럴 때가 많다. 그리고 더 어린데도 불구하고 그레이스는 (그릇 가게를 돌아다니는 황소처럼 움직임이 부주의한 마야보다) 신체의 움직임과 자세에 대해 훨씬 많이 이해하고 있다. 그렇기 때문에 우리는 마야에게 운동을 하라고 다그치지 않는다. 마야도 운동을 하기는 하지만 그 목표는 즐기는 것이지 좋은 점수를 내는 것이 아니다. 사실 승부는 우리 집에서 거의 화제가 되지 않는다. 그 대신 마야는 피아노와 바이올린을 연주할 때 아름답게 빛난다. 그레이스는 강인하고, 목표 지향적이고, 공 던지기를 매우 좋아한다. 운동은 그레이스에게 친구나 마찬가지다.

마야는 그레이스보다 훨씬 섬세하다. 태어났을 때부터 이제껏 내내 마야는 다른 사람들과 그들의 감정에 주파수를 잘 맞췄다. 자신이 다른 사람을 실망시켰다고 느끼면 속상해하고, 친구들이 말다툼을 해결하도록 재빨리 돕고, 다른 사람들의 감정을 자신의 감정보다 먼저 생각한다. 반면 그레이스는 다른 사람의 감정에 거의 신경 쓰지 않는다. 집중력과 목적의식이 강한 그레이스에게 다른 사람의 감정은 그저 자기 앞에 놓인 장애물에 불과할지도 모른다. 그렇기 때문에 나는 그레이스에게 공감 능력과 다른 사람들의 감정에 주의를 기울이는 법을 가르치려고 애쓴다. 이야기책을 읽어 주면서도 그 점에 신경을 쓴다. "이것 좀 봐. 실망했나 보네, 그렇지?" 그레이스는 슬퍼서 우는 법이 없고, 결과가 실망스러울 때 운다. 젠더 고정관념과도 다르고 자기 언니와도 다르다.

그렇다고 그레이스가 '말괄량이'는 아니다. 그레이스는 깨끗한 것을 좋아하고 옷에 뭐가 묻으면 아주 질색한다. 미니마우스 신발을 신을 때 가장 만족스러워하고, 항상 여아용 머리핀을 꽂아야 하고, 무슨 옷을 입을지에 대해 주관이 뚜렷하다. 반면 마야는 그런 쪽에 거의 관심이 없다. 마야는 어떤 양말을 유독 좋아하는데, 옷과 어울리든 말든 항상 그것만 신는다. 마야는 편하기만 하면 내가 내키는 대로 골라 주는 옷을 그대로 입고, 제 손톱 밑에 까맣게 때가 낀 것을 전혀 알아차리지 못한다. 그레이스는 대단히 말을 잘하고 자기 또래보다 훨씬 더 복잡한 문장을 구사한다. 한편 마야는 수학에 재능이 뛰어나다.

마야와 그레이스는 경우에 따라서는 여자아이들의 분포곡선에서 '전형적인 여자아이의 특성'이 가장 강한 한끝에 위치할 수도 있다. 하지만 특정한 주제에 대해서만, 그리고 두 아이 모두 서로 다른 주제에 대해서만 그럴 것이다. 마야는 잘 울고, 그레이스는 한시도 쉬지 않고 떠든다. 남자아이들과 여자아이들의 분포곡선이 많이 겹치기 때문에 마야와 그레이스는 종 모양 분포곡선에서 '전형적인 남자아이의 특성'이 가장 강한 한끝에 위치하는 경우도 있을 것이다. 마야는 수학 박사이고 그레이스는 근력이 매우 강하다. 마야와 그레이스가 보이는 여러 특성과 능력의 고유한 조합은 여자아이들의 정상 범주를 벗어나지 않는다. 만약 내게 아들이 두 명 있다면 지금과 정확히 똑같은 말로 둘을 설명할 수 있을 것이다. 그리고 두 아들의 고유한 조합 또한 완벽하게 남자아이들의 정상 범주에 속할 것이다.

범주는 더 적게, 연속체는 더 많이

남자아이와 여자아이는 서로 겹치지 않는, 서로 뚜렷이 다른 두 개의 범주가 아니다. 각 그룹이 일련의 핵심 특징을 가지고 있다고 생각하면 더 편하겠지만, 실제로는 그렇지 않다. 각 그룹 안에는 너무나 많은 다양성이 존재하고, 더 중요하게는 각각의 아이들 안에도 너무나 많은 다양성이 존재한다.

각각의 아이들(과 어른들)을 놓고 볼 때, 모든 특성과 기량, 능력, 행동은 그 자체의 고유한 분포곡선 혹은 연속체continuum●상에 놓인다. 평균적인 여자아이나 남자아이와 비교해 볼 때 당신의 아이는

● 특성이나 단계에서 명확한 분기점 없이 점진적으로 변화, 운동하면서 전체로서의 고유한 성질을 유지하는 것.

한 가지 특성에서 젠더 평균을 웃돌 수도 있고(마야가 수학에서, 그레이스가 근력에서 그러한 것처럼), 다른 특성에서는 젠더 평균을 밑돌 수도 있다(마야가 외모에 신경을 거의 안 쓰고 그레이스가 공감 능력이 부족한 것처럼). 그리고 때로는 젠더 고정관념에 완벽하게 들어맞을 것이다(마야가 방을 분홍색으로 꾸미고 그레이스가 미니마우스 신발을 좋아하는 것처럼). 이 모든 것은 젠더가 아니라 단지 어떤 특성인지, 어떤 기량인지, 어떤 행동인지에 달려 있다. 이 모든 현상은 완벽하게 정상이다. 당신의 아들은 아주 수다스러울 수도, 수학과 운동에 젬병일 수도, 매우 섬세할 수도 있다. 이는 별난 일도, 이례적인 일도 아니다. 이런 면들이 아이를 완벽하게 정상적인 남자아이로 만든다. 각각의 아이들은 별개의 범주들 안에 들어가는 것이 아니라 연속체상에 위치하기 때문이다.

'말괄량이'라는 단어는 나를 매우 화나게 한다. 이 단어는 매니큐어 칠하기보다 운동을 잘하거나, 활동적이거나, 나무를 잘 타는 것이 여자아이에게 표준이 아니라고 상정하고, 그러한 여자아이에게 특별한 꼬리표를 달고자 한다. 여자들은 자신이 어렸을 때 말괄량이였다고 말할 때가 많다. 팝 스타 브리트니 스피어스는 최근 어느 인터뷰에서 자신이 집 밖에 나갈 때마다 풀 메이크업을 하지는 않기 때문에 자신은 말괄량이라고 말했다. 운동을 잘하는 여자아이나 메이크업에 신경 쓰지 않는 여자아이에게 특별한 꼬리표를 붙이는 대신, 그저 모든 여자아이가 서로 비슷한 것은 아니라는 사실을 인정하자. 다양성이 표준이다.

요점 정리: 꼭 하고 싶은 이야기

- 대부분의 특성과 능력에 있어서, 남자아이 그룹과 여자아이 그룹이 서로 다른 정도보다 남자아이들이 다른 남자아이들과, 여자아이들이 다른 여자아이들과 다른 정도가 더 크다. 우리가 남자아이 그룹이나 여자아이 그룹 안에 존재하는 다양성을 무시하고 싶어 한다고 해서 그 다양성이 존재하지 않는 것은 아니다.

- 평균적인 남자아이가 평균적인 여자아이와 서로 다를 때조차도, 두 사람의 분포곡선은 크게 겹칠 때가 많다. 이는 우리가 아이의 젠더만을 근거로 그 아이가 어떤 아이일지 예측할 수 없다는 뜻이다.

- 우리는 때로 개인들 간의 임의적 차이가 젠더 때문에 생긴다고 추정한다. 특히 이러한 추정은 우리가 아들과 딸을 두고 있으면 피하기 어렵다. 당신이 각 아이에게 어떤 집안일을 할당하는지, 부모 중 누가 각 아이와 짝을 이루는지 주의를 기울이자.

- 같은 젠더의 두 아이가 서로 다른 특징을 보이는 경우와 서로 다른 젠더의 두 아이가 비슷한 특징을 보이는 경우를 눈여겨보자. 이러한 일은 항상 일어나지만 우리가 간과하고 있을 뿐이다.

6
신경과학 이해하기

인간의 뇌는 대체로 미스터리로 남아 있다. 사람들은 대개 미스터리에 끌리는 경향이 있고, 또한 우리는 일단 인간의 뇌를 완전히 이해하기만 하면 인간의 모든 행동을 이해할 수 있을 것이라고 생각한다. 그러나 그동안 신경과학 분야에서 장족의 발전이 이루어졌음에도 불구하고 과학자들은 여전히 극도로 복잡한 인간의 뇌가 극도로 복잡한 인간의 행동에 어떻게 작용하는지 알아내기 위해 힘겹게 씨름하고 있다. 그런데 안타깝게도, 신경과학이 포괄하는 복잡한 사안들은 두뇌 관련 연구를 소개하는 인기 뉴스의 관심 밖에 있다.

당신도 두뇌 차이 때문에 남자아이와 여자아이의 학습 방식이 다르다는 이야기를 들어 본 적이 있을 것이다. 이러한 주장은 주로 뇌의 특정 부위가 빨간색과 노란색으로 밝게 빛나는 사진을 보여 주며 인간 행동의 원리를 막연하게 주장하는 ("남자아이들은 한 번에

뇌의 한 부위만을 사용합니다!" 같은) 뉴스에서 접할 수 있다. 이런 뉴스가 자주 등장하는 이유는 부분적으로나마 이들 연구가 매우 단순하고 직관적으로 타당해 보이기 때문이다. 남녀 뇌의 다양한 부위가 서로 다르게 '빛나는' 것이 눈에 뻔히 보이는 데다가 우리는 남자와 여자가 서로 다르게 행동한다는 사실을 알고 있다. 그래서 남자아이와 여자아이의 두뇌 차이가 틀림없이 행동의 차이로 이어진다고 생각하게 된다. 뇌 여러 부위가 빛나는 그 사진들에 많은 의미를 두는 것이다.

두뇌 차이가 남자아이와 여자아이의 행동의 차이를 야기한다는 주장은 매우 수익성이 좋은 데다 아이들의 교육 방식에 지대한 영향을 미치는 사업이기도 하다. 작가 마이클 거리언과 레너드 색스는 미국 전역의 학군에 '두뇌 기반' 젠더 차이에 대한 아이디어를 팔아서 많은 돈을 벌었다. 당신 아이의 교사는 사례금을 받고 콜로라도주에 있는 거리언 인스티튜트에 다니면서 남자아이와 여자아이의 뇌가 얼마나 많은 점에서 서로 다른지를 배울 수도 있다. 거리언 인스티튜트에서 강의를 들은 교사들은 파워포인트용 뇌 스캔 슬라이드로 무장한 채 자신이 근무하는 학교로 돌아온다. 빛나는 뇌 사진이 더 많아졌다. 이른바 '두뇌 기반' 젠더 차이에 근거하여, 교사들은 남자아이들과 여자아이들에게 전혀 다른 교육과정을 추천한다.(이에 대해서는 11장에서 자세히 논할 것이다.)

단지 뇌 사진과 관련 있다는 이유만으로 인간 행동에 대한 막연한 주장들을 맹목적으로 믿기 쉽지만, 문제는 이러한 주장 대부분이 틀렸다는 것이다. 심지어 조금 틀린 것도 아니다. 예컨대『여자의 뇌, 여자의 발견The Female Brain[1]』에서 루언 브리젠딘이 소개한 연구 결과들은 너무 엉터리여서 학술지『네이처Nature』는 이 책이 "과학적 오류로 가득하다."[2]라고 했다. 그 밖의 잘못된 주장들에 대해서는 잠시 후에 꼼꼼히 살펴볼 것이다.

이 장에서 나는 일부 작가들이 남자아이와 여자아이의 두뇌에 어떤 차이가 있다고 주장하는지 소개하고, 이러한 주장이 왜 유해한지 설명하겠다. 또 그들이 자신의 주장을 이용하여 어떻게 아이들의 교육과정을 조종하고 있는지도 설명하겠다. 그들의 주장에 담긴 오류를 상세히 지적한 신경과학자들의 연구를 소개하고, 남자아이와 여자아이의 두뇌에 실제로 어떤 차이들이 존재하며 어떤 차이들이 신빙성 있는지 알리려 한다.

여기서 나의 역할은 젠더에 관한 신경과학의 광범위한 세부 사항을 파고드는 것이 아니다. 만약 그 부분에 관심이 있다면 코델리아 파인의『젠더, 만들어진 성Delusions of Gender』, 리즈 엘리엇의『분홍색 뇌, 파란색 뇌Pink Brain, Blue Brain』, 리베카 조던 영의『브레인 스톰: 성차를 다룬 과학의 숨은 오류들Brain Storm: The Flaws in the Science of Sex Differences』을 추천하고 싶다. 나의 목표는 다른 사람들의 연구를 분석하여 가장 근본적인 결론으로 정리하고, 무엇이 진짜고 무엇이 근거 없는 믿음인지 짚어 내고, 가장 중요하게는 당신이 실생활에서 이 정보를 이용하도록 돕는 것이다.

당신이 신경과학 서적을 읽지 않는다 하더라도 그 분야의 연구 결과는 당신에게 영향을 미칠 수 있다. 당신 아이의 뇌는 아이의 생각, 동기, 감정을 지휘한다. 아이가 자궁 밖으로 태어난 날로부터 시작된 매일매일의 경험은 영구적인 방식으로 아이의 두뇌를 형성한다. 당신이 생각하는 것보다 경험은 더 중요하고 더 영구적이다. 그리고 아이의 엄마는 임신한 바로 그날부터 아기 두뇌(구조, 기능, 조직)를 형성하는 데 영향을 미친다. 절대로 부담 같은 걸 주려고 하는 말은 아니다!

역사는 되풀이된다

인간은 두뇌가 남자와 여자의 차이를 설명해 주리라고 기대해 온 오랜 역사를 가지고 있다. 약 150년 전에 인간의 뇌를 연구하던 과학자들(대부분이 남자였다)은 뇌의 크기가 지능을 결정한다고 생각했다. 이들은 빈 두개골을 씨앗으로 가득 채웠다가 비워 낸 후 씨앗의 무게를 재서, 더 많은 씨앗이 들어갈수록 두개골이 더 크고, 두개골이 클수록 뇌가 크고, 뇌가 클수록 지능이 높을 것이라고 생각했다.

이 논리는 남자가 여자보다 선천적으로 지능이 더 높다고 생각한 이들의 세계관과 들어맞았다. 그때 어떤 사람이 불편한 질문을 제기했다. 만약 뇌가 클수록 지능이 높다면 코끼리는 어떻게 설명해야 하는가? 아무도 코끼리가 대학에 입학하리라고는 생각지 않았기 때문에 당시의 과학자들은 자신들의 추론을 수정해야만 했다. 그리고 수정된 추론은 개의 꼬리가 개를 흔드는, 본말이 전도된 대표적인 사례가 되었다. 그 당시 과학자들은 여자가 남자보다 전두엽은 작고 두정엽은 클 것이라고 추정했다. 여자가 남자보다 분명히 열등하다고 믿었기 때문에, 그들은 전두엽이 지능의 원천이라고 확신했다. 하지만 세기가 바뀌면서 지능을 관장하는 곳은 두정엽이라는 사실이 과학적으로 밝혀졌다. 그러자 과학자들은 다시 여자의 두정엽이 사실은 남자보다 크지 않다는 것을 '발견해 냈다.' 다시 말해서, 과학자들이 생각하는 지능의 원천은 여자가 남자보다 적게 가지고 있는 것이면 무엇이든 상관없었다.

1900년대 들어 과학기술은 눈부시게 발전했다. 우리는 이제 어떤 사람이 말을 하거나, 특정한 사진을 쳐다보거나, 특정한 생각을 하는 동안 뇌의 특정한 세포들로 흘러가는 혈류의 양까지 정교하게 스캔할 수도 있다. 두개골에 씨앗을 채우는 방법 대신 이제 '기능적 자기공명 영상fMRI'이 신경과학 연구의 표준이 되었다. 예컨대, 연구자는 실험 참여자들을 커다랗고 둥근 튜브 모양의 장치에 들여보내서 겁에 질린 얼굴 사진을 보여 준 후, 사진 속 사람이 어떤 생각을 하고 있을지 생각해 보라고 한다. 참여자들이 겁에 질린 얼굴에 대해 생각하는 동안 검사 장치가 각 참여자의 뇌 혈류를 측정한다. 그런 다음 연구자는 스캔 사진을 보고 남자와 여자의 혈류에 어떤 차이가 있는지 살펴본다(대개 8명의 남자와 8명의 여자를 표본 삼아 각 젠더 그룹의 평균을 낸 후 둘을 비교한다). 혈류는 두뇌 활동을 측정하는 매개물이다. 평균치에 차이가 있다면 연구자는 남자와 여자가 감정을 서로 다르게 처리한다고 주장할 것이다. 이때 일부분은 노랗게, 일부분은 빨갛게 빛나는 뇌 스캔 사진은 뇌가 활성화되는 부위가 어디인지 알려 주기보다 어디에 차이가 존재하는지를 보여 주게 된다. 여전히 개의 꼬리가 개를 흔드는 경우가 많다. 단순히 두개골의 크기를 측정하던 시대보다는 많이 나아졌지만 뇌를 완전히 이해하기 위해서는 아직 개선할 부분이 많다.

 ## 뇌 생물학의 기초

많은 사람이 두뇌 발달의 기본 사항, 특히 남자아이와 여자아이 두뇌 발달의 기본 사항에 대해서는 전반적으로 동의한다. 아마도 많은 사람이 다음에 소개할 내용의 일부를 고등학교 생물 시간에 배웠을 것이다. 이 책이 지향하는 바에 따라, 나는 여자와 남자가 서로 어떻게 다른지 설명하기 전에 먼저 서로 어떻게 같은지 이야기하려 한다. 다만 이 점을 유념하기 바란다. 나는 두뇌 발달에서 모든 요소가 제대로 작동했을 때 어떤 현상이 일어나는지를 설명할 것이다. 그렇지만 뇌는 매우 복잡하고 언제나 작은 문제들이 생길 가능성이 있기 때문에 모든 요소가 제대로 작동하는 경우를 당연한 것으로 여겨서는 안 된다.

인간 뇌의 공통점은 무엇일까? 인간은 누구나 약 천억 개의 신경세포를 갖고 태어난다. 상상조차 하기 힘든 숫자다. 그리고 기본적으로 평생 동안 태어날 때와 같은 수의 신경세포를 유지한다. 모든 인간은 자라고, 말하는 법을 배우고, 운전하는 법을 배우고, 가끔 자동차 열쇠를 잃어버리기도 한다. 하지만 신경세포는 결코 더 늘어나지 않는다. 나중에 자세히 살펴보겠지만 우리가 신경세포를 이용하는 방법은 나이가 들어 감에 따라 훨씬 더 복잡해진다. 그렇지만 신경세포의 수는 처음 그대로 유지된다.

남자든 여자든 상관없이 인간의 뇌는 똑같은 순서로 발달한다. 태어날 때 인간의 뇌는 아직 작동할 준비를 완전히 갖추고 있지 않다. 어떤 사람들은 인간 아기가 충분히 발달되지 않은 뇌를 가지고 태어나는 이유는 진화 때문이라고 주장해 왔다.[3] 간단히 말해, 인간은 직립보행 동물이기 때문에 골반이 충분히 넓지 않아서 뇌가 큰 아기를 낳기에 적합하지가 않다는 것이다. 아기를 낳는 데 성공하기 위해서는 머리가 작은 아기를 임신해야 한다. 내가 딱 보기에도 우량아인 마야를 낳은 후에 누군가가 이렇게 말했다면 등짝을 후려갈겼겠지만, 이것은 일리 있는 말이다. 그래서 인간은 작은 머리를 가진 아기를 낳지만 이 머리는 결국에는 커다랗고 복잡하고 정교한 두뇌(인간 진화의 또 다른 특전이다)를 수용해야 한다. 그렇기 때문에 아기들은 약간 설익은 채로 태어나야 한다. 일단 밖으로 나온 후에 완성되는 것이다.

뇌의 구조와 발달을 피라미드에 빗대어 생각해 보자.

● 피라미드 맨 아래에는 뇌줄기가 있고, 뇌줄기 윗부분에는 중뇌가 있다. 뇌줄기는 호흡과 혈압 같은 신체 기능을 조절하여 인간이 생명을 유지하는 데 필요한 활동을 돕는다. 이 부위는 모든 신생아가 가지고 태어나고, 태어나자마자 바로 기능할 준비가 되어 있다. 신생아들이 먹기와 잠자기 같은 기본 활동을 하면서 대부분의 시간을 보낼 수 있는 이유다.

● 뇌줄기 바로 위는 가장자리계통(대뇌변연계)인데, 이 부위에는 시상, 시상하부, 편도체, 해마가 있다. 이 부위는 학습, 기억, 감정 조절 등의 활동을 돕는다. 신생아는 기억력과 감정 조절 능력이 형편없다. 그렇지 않은가? 이는 가장자리계통이 아직 발달하는 중이기 때문이다. 가장자리계통은 아동기를 거치면서 완전하게 작동하게 된다.

● 피라미드 맨 꼭대기에는 전전두엽 피질이 있다. 이 부위는 논리와 계획 같은 더 높은 수준의 사고를 조절한다. 전전두엽 피질은 우리가 올바른 것과 잘못된 것을 구별하고, 직장에서 연봉을 인상하기 위한 전략을 세우고, 못된 짓을 한 아이에게 어떤 벌을 내릴지 판단하도록 도와준다. 중학교에 다니는 아이들과 대화를 나눠 보라. 그 아이들은 아직 전전두엽 피질이 완전히 형성되지 않았다. 이 부위는 인간의 뇌 중 마지막으로 발달하며 사춘기를 훌쩍 넘어서까지 발달한다.

무엇이 이처럼 공통된 뇌 발달 과정을 결정할까? 인간의 유전자는 뇌 구조의 발달 과정을 암호화해서 품고 있다. 그리고 남자아이와 여자아이는 유전자의 99.8%를 공통으로 지니고 있다. 인간은 침팬지, 쥐와 유전자의 99%를 공유하고 줄무늬 열대어 제브러피시와 유전자의 85%를 공유한다는(심지어 유채꽃과도 유전자의 15%를 공유하고 있다) 사실을 잊지 말자. 이는 우리의 유전형질 중 0.2%만으로 남자와 여자의 모든 차이가 설명된다는 뜻이다. 물론 0.2%의 차이에는 생식기와 신장의 차이같이 명백한 생물학적, 신체적 차이도 포함된다.

차이점은 무엇인가?

수정될 때, 아빠가 어떤 유형의 성염색체를 제공했는지에 따라 태아는 두 개의 X염색체를 가지거나 한 개의 X염색체와 한 개의 Y염색체를 갖는다. Y염색체(더 정확히 말하면, Y염색체의 짧은 팔에 있는 아주 작은 유전자 하나)는 고환의 발달을 촉발하고, 수정된 지 6주 만에 고환은 테스토스테론을 분비하기 시작한다. 테스토스테론은 (항뮐러관 호르몬과 함께) 태아 신체 안팎의 부위들을 알맞게 형성하여 우리가 태아를 남자아이로 알아볼 수 있게 만든다. 만약 Y염색체가 존재하지 않는다면 X염색체에 있는 중요한 유전자('DAX1'이라고 불린다)가 신체에 난소를 만들라고 신호를 보내는 것을 중단시킬 수 없다. 이러한 난소 생성 중단과 고환의 테스토스테론 분비가 없다면 태아는 에스트로겐을 분비하는 난소를 가진 여자아이로 발달한다. 대부분의 부모는 여자 아기와 남자 아기가 같은 양의 테스토스테론을 가지고 태어난다는 사실을 알지 못한다. 단지 남자 아기들은 고환이 발달하는 데 대단히 중요한 4개월 동안 테스토스테론의 분비 급증(임신 4~6개월 이내에 끝난다)을 경험하는 것이 다를 뿐이다. 남자 아기와 여자 아기 모두 자궁 안에서 에스트로겐에 노출되고 동시에 그로부터 보호된다.(임신 기간에 엄마의 에스트로겐 수치는 최고조에 달한다.) 태어난 후 약 1~2개월 동안 남자 아기들은 테스토스테론의 두 번째 분비 급증을 경험하고, 여자 아기들은 에스트로겐의 첫 번째 분비 급증을 경험한다(이는 '작은 사춘기'mini-puberty• 라고 불린다). 만약 남자아이와 여자아이의 뇌에 생물학적 차이가 있다면 이 시기에 그 차이가 생겨날 가능성이 가장 높다. 하지만 이 '만약'이라는 가정 자체가 논란이 많은 주제다. 생후 4개월경부터 사춘기까지, 남자아이와 여자아이의 테스토스테론, 에스트로겐, 그 밖의 성 관련 호르몬 수치는 전혀 다르지 않다. 그러니 일곱 살짜리 아들이 말썽 부리는 것을 테스토스테론 탓으로 돌리는 부모가 있다면 바로잡아 주기 바란다. 사춘기가 될 때까지 아들의 테스토스테론 수치는 딸의 테스토스테론 수치와 하나도 다르지 않다고 말이다.

남자아이와 여자아이 사이에는 크지 않다 하더라도 유전적 차이가 존재하고, 호르몬의 차이도 있다. 호르몬 차이는 아동기에는 뚜렷이 드러나지 않다가 신체 발달상 중요한 시기에 이르러서야 두드

• 신생아 시기에 특정한 성별로의 변화를 시작하게 하는 성호르몬의 일시적 증가.

러진다. 신체 발달 과정에서 일어나는 호르몬 분비의 급증을 두고 이것이 남자아이, 여자아이의 두뇌 발달 과정에 차이를 야기한다고 주장하는 사람들도 있다.

분홍색 뇌, 파란색 뇌

1959년, '행동 신경 내분비학'의 창시자 W. C. 영은 동료 연구자 찰스 피닉스, 로버트 고이, 아널드 제롤과 함께 학술지 『내분비학Endocrinology』에 매우 영향력 있는 논문을 발표했다. 이들은 기니피그를 데리고 실험한 결과, 새끼일 때 테스토스테론을 투여하면 다 자란 후 짝짓기 행동에 영향을 미친다는 사실을 발견했다. 암컷 새끼 기니피그에게 테스토스테론을 투여하면 짝짓기 시기가 됐을 때 수컷처럼 행동할 가능성이 더 높았다.(수컷 같은 행동이란 다른 기니피그의 몸에 올라타는 것을 가리키지만, 개인적으로 나는 암컷 기니피그가 수컷 기니피그 옆으로 슬쩍 다가가서 "이봐, 별자리가 뭐야?"라고 묻는 모습을 상상해 본다.) 이러한 동물 연구에 근거하여, 영과 동료들은 성 특정 호르몬이 생식샘 조직뿐만 아니라 뇌 조직 또한 변형시킨다고 결론을 내렸다. '조직-활성화 가설'이라고 불리는 이 가설은 기본적으로 성호르몬이 뇌에 영향을 미치고, 그 결과 행동에도 영향을 미친다는 주장이다.[4] 이 가설이 동물실험에만 근거하는 데다 짝짓기 행동에만 초점을 맞추고 있음에도 불구하고,

일부 학자들은 이것을 전제 삼아 다른 모든 유형의 인간 행동을 설명해 왔다. 호르몬이 남자아이와 여자아이의 뇌에 영구적인 차이를 야기한다는 이러한 주장은 수컷에게 슬쩍 다가가는 암컷 기니피그의 직계 자손인 것이다.

오늘날 분홍색 뇌와 파란색 뇌에 대해서는, 특히 아동과 관련해서, 작가 마이클 거리언과 심리학자 레너드 색스가 가장 큰 목소리로 설파하고 있다. 두 사람 모두 남자아이와 여자아이가 서로 완전히 다른 뇌를 가지고 있고, 그 결과 행동과 학습 방식에 차이가 생긴다고 주장한다.[5] 『그 남자의 뇌, 그 여자의 뇌The Essential Difference』의 저자 사이먼 배런코언 및 루언 브리젠딘과 더불어 마이클 거리언과 레너드 색스는 두뇌와 관련하여 세 가지 유형의 젠더 차이가 존재한다고 주장한다. 바로 뇌 구조, 뇌 기능, 호르몬이다.[6] 이 세 영역에서 가장 잘 알려진 사례를 자세히 살펴보겠다.

뇌들보

남자와 여자는 뇌들보의 크기가 다르다고 널리 알려져 있다. 뇌들보는 좌우 대뇌 반구를 연결하는 신경섬유 다발을 말한다. 『남자아이의 뇌 여자아이의 뇌』에서 마이클 거리언은 여자가 남자보다 더 큰 뇌들보를(20%까지 더 크다) 가지고 있다고 말한다. 이와 관련된 연구 논문이 1982년에 발표되어 토크쇼 진행자 필 도너휴의 관심을 사로잡은 이후로 이 주장은 세간의 인기를 끌었다.[7] 필 도너휴는 뇌들보 크기의 차이 때문에 여자의 직감이 발달한 것이라고 주장했고, 이 말은 곧이어 『타임』과 『뉴스위크』에 인용되었다. 마이클 거리 언은 여자가 더 큰 뇌들보를 가지고 있기 때문에 좌뇌와 우뇌 사이에 더 많은 혼선이 생긴다고 주장한다(이 말이 정확히 무슨 의미인지는 불분명하지만).

이 주장에는 세 가지 작은 문제점이 있다.

1. 이 연구는 5명의 여자 피실험자와 8명의 남자 피실험자만을 대상으로 했다.

2. 1997년 49건의 연구를 메타 분석한 두 편의 리뷰 논문(심리학자 캐서린 비숍과 더글러스 월스턴 작성)[8]과 사후와 뇌 영상 연구들을 분석한 2009년의 리뷰 논문(미켈 발렌틴 작성)은 남녀 뇌들보의 상대적 크기에 전혀 차이가 없다는 사실을 밝혀냈다.[9] 발렌틴은 "성별과 관련하여 뇌들보 크기에 차이가 있다는 주장은 근거 없는 믿음에 불과하다."라고 결론지었다. 즉 대중문화에 널리 파고든 이 주장은 (필 도너휴가 채택한) 단 하나의 연구에만 근거한 것으로, 현재는 완벽하게 반박당했다.

3. 가장 중요하게는, 신경과학자들은 어떤 뇌를 보고 그것이 남자의 뇌인지 여자의 뇌인지 구별하지 못한다.

남녀의 뇌들보 크기에 대한 주장은 남자가 좌우 기능이 더 분화된 뇌를 가지고 있다는 주장과 연관되고, 이는 남자만이 한 번에 한쪽 뇌만을 가지고 사고할 수 있다는 것을 의미한다. 이러한 주장은 여자가 남자보다 여러 가지 일을 동시에 처리하는 데 능숙하다는 대중의 믿음으로 모습을 바꾸기도 한다. 여자가 남자보다 병원 예약,

주방 청소, 아이의 숙제 돕기를 동시에 잘한다고 추정되는 이유다. 하지만 실상은 이렇다. 아이리스 소머와 동료들이 2008년에 실시한 메타 분석에 따르면 여자보다 남자가 좌우 기능이 더 분화된 뇌를 가지고 있다는 증거는 하나도 찾을 수 없었다.[10]

뇌 기능

분홍색 뇌와 파란색 뇌가 기능하는 방식에는 차이가 있다고 추정되곤 한다. 가령 사이먼 배런코언은 그의 2004년도 베스트셀러 『그 남자의 뇌, 그 여자의 뇌』에서 여자의 뇌는 공감 능력이 뛰어나도록 만들어져 있고, 남자의 뇌는 체계를 이해하고 구축하는 능력이 뛰어나도록 만들어져 있다고 주장했다. 남자의 뇌는 자궁에서 테스토스테론에 노출되기 때문에 이러한 차이가 생긴다는 주장이었다. 그의 주장은 대중매체에 아주 많이 소개됐는데, 아마도 자폐증은 단지 바깥세상과 접속하지 못하는 남자의 뇌가 과장되어 나타난 결과에 불과하다는 내용 덕분이었을 것이다.[11]

여자가 공감 능력이 뛰어나고 남자가 체계화에 뛰어나다고 그가 주장한 근거는 무엇일까? 단 하나의 연구이다. 배런코언의 대학원생 제자 제니퍼 코넬런은 병원 신생아실을 찾아 100명의 아기들에게 각기 두 가지 자극을 주었다. 달랑거리는 모빌과 연구자 자신이었다. 연구자들은 아기들이 얼마나 오랫동안 각 자극 원인을 쳐다보는지 측정했고, 만약 아기가 사람을 더 오래 쳐다보면 사회적 대상을 더 좋아하는 것으로, 모빌을 더 오래 쳐다보면 기계적 대상을

더 좋아하는 것으로 간주했다.[12]

  그렇지만 이 연구에는 중대한 결함이 있었다. 연구자(성차를 발견하려 애쓰고 자기 자신을 사회적 자극 대상으로 이용한)는 참여한 아기들의 성별을 알고 있었다. 병원 신생아실을 한번 상상해 보라. 분홍색 혹은 파란색 풍선이 매달려 있고, 집에 갈 때 아기에게 입힐 분홍색 혹은 파란색 옷이 놓여 있고, 아기의 이름이 자랑스럽게 적혀 있다. 원칙적으로 연구자는 이러한 세부 사항을 몰라야만 한다. 연구자가 세부 사항을 알고 나면 실험 대상에게서 자신이 기대하는 행동을 이끌어 낼 수 있기 때문이다. 의도와 상관없이 말이다.(이 문제에 대해서는 9장에서 자세히 살펴보자.)

  연구 결과의 크기 차이 또한 대단히 작았다. 여자 아기들이 남자 아기들보다 모빌을 더 적게 쳐다본 것은 사실이다. 하지만 사람을 쳐다볼 때, 남자 아기들은 전체 시간의 46% 동안 쳐다봤고 여자아기들은 전체 시간의 49% 동안 쳐다봤다. 남자 아기와 여자 아기가 사람에게 보이는 관심의 정도에는 매우 작은 차이밖에 없는 것이다. 개인적으로 나라면 사람을 쳐다보는 시간이 3%밖에 차이가 나지 않는다는 이유로 남자보다 여자가 태어날 때부터 공감 능력이 더 뛰어나다고 강하게 주장하지는 않았을 것 같다.

호르몬

  어떤 연구자들은 분홍색 뇌와 파란색 뇌의 차이가 호르몬 때문이라고 주장한다. 앤 무어와 데이비드 제슬의 공저 『브레인 섹스Brain

^{Sex}』를 자주 인용하는 마이클 거리언은 남자아이들이 여자아이들보다 수학을 더 잘하는 이유가 호르몬 때문이라고 주장한다.[13] 그는 남자아이들은 매일 테스토스테론 분비가 상승하는 덕분에 인지능력이 향상된다고 주장한다. 반면 여자아이들은 한 달 중 에스트로겐 분비가 상승하는 며칠 동안만 학습 능력이 상승한다고 말한다. 하지만 그는 이 주장을 뒷받침하는 어떠한 연구 결과도 제시하지 않으면서[14] 참고 자료 목록에 "일화에 근거한 확인, 개인적 관찰, 일반 상식" 등을 넣었을 뿐이다. 『리더스 다이제스트』 기사들을 참고한 것은 말할 것도 없다.

  그동안 발달심리학자, 교육심리학자에서 신경과학자에 이르기까지 여러 분야의 수없이 많은 연구자들이 이 분홍색 뇌/파란색 뇌 주장을 반박했다. 하지만 실망스럽게도 뇌와 관련된 젠더 편향적 주장들은 대중문화 언저리를 떠돌아다니면서 남자아이, 여자아이에 대한 우리의 사고방식에 지속적으로 영향을 미치고 있다. 펜실베이니아 대학교의 언어학 교수 마크 리버먼은 이러한 주장들에 진저리가 난 나머지 자신의 유명한 블로그 '랭귀지 로그^{Language Log}'에 공개적으로 의견을 밝히기 시작했다. 그는 루언 브리젠딘의 『여자의 뇌, 여자의 발견』에 나와 있는 "성차에 대한 주장의 수많은 오류를 바로잡다 보면 서커스장을 돌아다니는 코끼리 꽁무니를 따라다니며 삽으로 똥을 치우는 광대가 된 기분이다."라고 말했다.[15]

이러한 주장들의 문제점

두뇌 기반 젠더 차이에 대한 현재의 주장들 대부분이 가진 문제점은 구체적 오류나 특정 연구에 대한 잘못된 해석보다 더 뿌리 깊은 문제에서 비롯한다. 여기서 근본적인 세 가지 문제를 살펴보자.

첫 번째 문제: 동물실험

성호르몬이 인간의 행동에 미치는 영향을 테스트하고자 해도 인간에게는 어떤 실험도 직접 할 수 없다. 테스토스테론이 공격성에 미치는 영향을 연구한다고 가정해 보자. 나는 무작위로 한 그룹의 남자아이들을 선발해서 그중 절반에게는 테스토스테론 주사를 놓고 나머지 절반에게는 속임약 주사를 놓은 후 어떤 일이 일어나는지(가령 테스토스테론 호르몬이 증가한 남자아이들은 더 몸싸움을 많이 하는지) 관찰할 수 없다. 또한 여자아이들에게 테스토스테론을 투여한 후 그들이 남자아이들만큼 공격적으로 변하는지 관찰할 수도 없다. 만약 내가 이런 연구를 하겠다고 하면 내가 재직하는 대학교의 윤리 위원회는 기겁을 할 것이고, 어떤 아이의 부모도 아이가 이런 연구에 참여하는 것에 절대 동의해 주지 않을 것이다.

인간에게 이러한 종류의 실험을 할 수 없는데도 실험만이 성호르몬의 영향을 테스트할 수 있는 유일한 방법이라면, 연구자들은 자신이 택할 수 있는 최선의 방법을 실천할 수밖에 없다. 일부 연구자는 쥐를 대상으로 자신의 추론을 테스트한다. 사실상 오늘날 테스토스테론 연구의 대부분은 쥐를 대상으로 한 것이다. 일례로, 테스토스테론이 남자아이들에게 공격성과 치고받는 놀이 성향을 야기한다는 연구 결과에 대해 들어 본 적이 있는가? 이 주장은 쥐를 대상으로 한 연구에 근거한다.[16] 흥미롭게도, 원숭이를 대상으로 같은 연구를 했을 때는 같은 결과가 나오지 않았다. 그런데도 연구자들은 마치 새끼 쥐가 유치원에 다니는 작은 남자아이와 똑같기라도 한 것처럼 이야기하곤 한다.

내가 이 책을 쓴 이유

이쯤에서 내가 왜 이 책을 쓰기로 했는지 설명하는 것이 좋겠다. 나는 학생들을 가르치고 연구할 책임이 있는 정교수이자 두 딸의 엄마다. 나는 빈둥거릴 시간이 많지 않은데, 그래도 시간이 날 때마다 다른 일을 하기보다는 가족과 함께 시간을 보내려 노력한다. 2008년에 나는 미국 시민 자유 연맹American Civil Liberties Union, ACLU으로부터 켄터키주 브레킨리지 카운티에 사는 학부모들이 공립 중학교에서 남학생 반과 여학생 반으로 분리 운영하는 지방 교육청의 현 정책을 어떻게 생각하는지 조사해 달라는 의뢰를 받았다. 학교 측은 두뇌 기반 젠더 차이에 대한 마이클 거리언의 접근법이 그들이 고민하는 교육적 딜레마를 해결할 대안이라고 확신하고 있었다.

그래서 나는 학부모들이 두뇌 기반 젠더 차이에 대해 어떻게 생각하는지, 더 정확히는 그들이 거리언 인스티튜트에서 무엇을 배웠는지 조사했다. 나는 어떤 일이 벌어지고 있는지, 학부모들이 자녀가 다니는 학교에서 무엇을 기꺼이 수용하고자 하는지 알고서 큰 충격을 받았다. 그리고 즉시 신경과학자리즈 엘리엇이 쓴 『분홍색 뇌, 파란색 뇌』부터 시작해서 성별 차이를 다룬 신경과학 서적을 사서 보기 시작했다. 그 후 몇 년 동안 나는 이 주제에 몰두했고 학교들이 어떻게 하고 있는지, 학부모들이 무엇을 믿고 있는지, 과학이 실제로 무엇을 밝혀냈는지 살폈다.

세상에는 두뇌에 성차가 거의 없다는 사실을 확실히 밝혀낸 과학 연구의 결과가 많았다. 하지만 해당 분야 학위가 있고 똑똑하고 권위 있는 과학자들은 전문적인 내용을 대중에게 효과적으로 전달하거나, 「투데이 쇼」에 출연하거나, 영리 목적의 부모 교육 프로그램을 운영하는 일에 능숙하지 못했다. '효과 크기'의 중요성을 짧게 정리해서 블로그나 트위터에 올리지도 못했다. 광고의 관점에서 말하자면 충분히 '매력적이지' 않았다. 과학자들은 그저 극소수의 연구자들만 참석하는 학술회의에서 자신의 연구 결과를 발표했다. 그중 일부에는 나도 참석했다. 그리고 이미 분홍색과 파란색의 세상에 사로잡힌 부모들은 "아는 만큼 보인다."라는 말대로 젠더 차이를 주장하는 책들을 맹신할 뿐, 그 주장의 출처를 확인해 봐야 한다는 것을 생각조차 못 했다.

그 후에 나는 내가 사는 도시에서 열린 대중 토론회에서 '다양성'에 대해 강연을 하게 됐다. 연단에 앉아 차례표를 살펴보던 중 나는 내 아이들이 속한 학군의 교사 두 명이 자신을 '거리언 인스티튜트 교육자'라고 소개한 것을 봤다. 나는 내 아이들을 교육하는 공교육 제도 또한 신경과학자들이 지속적으로 반박해 온, 젠더 차이에 대한 잘못된 주장들을 믿고 있다는 사실을 알게 됐다. 그날 연단에 앉은 채 나는 과학적 사실을 가능한 한 크게 떠들어야겠다고 결심했다. 과학은 증명하고 있는데 아무도 듣지 않고 있었다. 그렇게 해서 이 책을 쓰게 됐다. 실제 아이들에게 아무 영향을 미치지 않는 지루한 학술회의에서 지루한 강연을 하는 대신, 부모들에게 직접 이야기하려는 뜻에서 말이다.

두뇌는 환경과 경험에 쉽게 영향을 받는다.(어떻게 영향이 발생하는지는 잠시 후에 설명할 것이다.) 이 '경험'에는 배 속의 아기가 임부의 배벽과 자궁벽을 통해 듣는 소리부터 밤에 부모가 아기를 재우기 위해 달래는 방식에 이르기까지 많은 것이 포함된다. 그리고 이러한 경험은 뇌의 신경 회로에 영향을 미친다. 인간의 뇌는 태어날 때부터 이러한 방식으로 작동하도록 만들어져 있다. 아기들이 어떠한 문화권에 태어나더라도 적응할 수 있는 이유이기도 하다. 인간의 뇌는 매우 영향을 잘 받고 매우 잘 변하기 때문에 남자아이의 '평균적인' 뇌나 여자아이의 '평균적인' 뇌를 개념화하기란 쉽지 않다. 이는 대중매체에서 보도되는 두뇌 연구들이 결코 똑같이 반복될 수 없는 이유이기도 하다. 연구자들이 연구를 엉망으로 해서가 아니다. 단지 역사상 가장 복잡한 대상을 연구하고 있을 뿐이다. 게다가 이 대상은 우리의 이해를 훨씬 뛰어넘는 방식으로 시시각각 변화한다. 이는 선천적인 젠더 차이를 주장하려 할 때 아주 심각한 문제가 된다. 성인을 대상으로 하는 연구가 영아나 아동 대상 연구보다 훨씬 흔하기 때문에 문제는 더 어려워졌다.

세 번째 문제: 역추론

역추론은 신경과학 분야 연구에 널리 퍼져 있는 문제다. 다시 말해, 개의 꼬리가 개를 흔드는 일이 아주 많다는 얘기다. 사람들이 당연하게 받아들이는 젠더 차이에 대해 살펴보자. 성인 남녀가 다른 사람의 감정을 읽는 능력에 차이가 있을까? 8명의 남자와 8명의 여자(일반적인 연구 규모다)를 각각 기능적 자기공명 영상 장치(166면을 참고하라)에 들어가게 한 다음 얼굴 사진을 여러 장 보여 주고서 그들이 얼굴 사진을 보는 동안 뇌 혈류를 측정한다. 그런 다음 남자의 평균 뇌 혈류와 여자의 평균 뇌 혈류를 통계적으로 비교해 보고, 어떤 부위든 몇몇 뇌세포에 큰 차이가 있으면 이렇게 말하는 것이다. "아하! 뇌의 저 부위가 감정을 읽는 일을 담당하는구나. 게다가 저것 좀 봐. 남자와 여자가 다르게 작동하네!" 어떤 일이 벌어졌는지 알겠는가? 우리는 거꾸로 추론한 것이다. '남자와 여자는 행동 면에서 서로 다르다, 둘은 두뇌에 차이가 있다, 그러므로 선천적 두뇌 차이가 행동 차이를 야기한 것이다.'라고 말이다. 여자아이들이 남자아이들보다 훨씬 많이 감정에 대해 말하고 생각하라고 사회화되는 것(4장을 참고하라)과 비슷하다.(반대로 남자아이들은 늘 기운을 내라는 얘기를 듣고 감정은 여자용이라고 주입받는다.) 이처럼 상이한 경험들이 그들의 두뇌를 형성했다. 그렇다면 남녀의 두뇌 차이는 행동 차이의 원인인 동시에 결과이기도 하다.

거꾸로 추론하는 것에는 다른 문제도 많다. 그중 한 가지는 통계적으로 서로 다른 뇌 스캔 사진에 지나치게 의존한다는 것이다. 가령, 어떤 사람이 집 사진을 볼 때보다 사람의 얼굴 사진을 볼 때 뇌의 특정 부위에서 통계상 다른 혈류를 보인다면(이는 두뇌 활동을 뜻한다), 나는 뇌의 해당 부위가 얼굴 인식을 담당한다고 추론할 것이다. 두 스캔 사진 사이에 불쑥 나타난 통계적 차이에만 집중한 나머지 뇌의 다른 부위들 또한 활성화됐다는 사실을 간과하는 것이다. 많은 달걀을 하나의 통계 바구니에만 담는 격이다.

이는 명백한 실수다. 최소한 샌타바버라 캘리포니아 대학교의 심리학자 크레이그 베넷과 동료들에 따르면 그렇다. 이들은 자신들의 주장을 입증하기 위해 기능적 자기공명 영상 장치에 한 피실험체를 들어가게 한 다음 사람 얼굴 사진을 보여 주고서 그 사람이 어떤 감정을 느끼는 것 같은지 물었다.[17] 그런 다음 얼굴을 볼 때의 두뇌 활동과 아무것도 보지 않을 때('휴식'을 취할 때)의 두뇌 활동을 비교했다. 이는 젠더 차이를 발견하고자 할 때 흔히 사용하는 기법이다. 연구자들은 휴식 중일 때에 비해 얼굴 사진을 보고 있을 때 피실험체 뇌의 한 부위에서 두뇌 활동에 중대한 차이가 발생하는 것을 발견했다. 연구자들은 얼굴 인식에 대해 획기적인 결론을 내렸을까? 아니다. 이들은 대담한 추론이 우연적이고 겉으로만 그럴싸한 발견의 결과일 수 있음을 지적했다. 어떻게 된 일일까? 이 실험에서 기능적 자기공명 영상 장치에 들어간 '피실험체'는 죽은 대서양산 연어였다! 그렇다. 죽은 물고기가 젠더 차이 연구가 밝힌 남녀 차이에 필적할 만큼 충분한 무작위적인 뇌의 전기적 활성을 보인 것이다. (듣자 하니, 사망 직후에도 뇌의 무작위적인 전기적 활성이 상당히 많이 발생한다고 한다.) 대중매체가 전하는 것을 곧이곧대로 믿어서는 안 된다.

진짜 차이는 이것이다

　그렇지만 남자아이와 여자아이의 두뇌에는 실제로 몇 가지 차이가 존재한다. 여기서는 아이들에게만 초점을 맞추겠다. 리즈 엘리엇이 『분홍색 뇌, 파란색 뇌』에서 주장했듯이 "전반적으로 남자아이의 뇌와 여자아이의 뇌는 놀라울 정도로 비슷하다. 남자아이의 신체와 여자아이의 신체가 비슷한 형태로 출발해서 결국 성인이 되면 완전히 달라지는 것처럼, 남자아이와 여자아이의 뇌는 성인 남자와 성인 여자의 뇌보다 성별 차이가 덜 분화된 것처럼 보인다."[18] 만약 아이가 자신이 될 수 있는 최고의 모습으로 성장하도록 돕는 법을 알고 싶다면, 선천적인 특징은 무엇이고 아이가 성장 과정에서 할 수 있는 것은 무엇인지부터 알아야 한다. 나는 40세 남자의 뇌와 40세 여자의 뇌보다, 혹은 새끼 쥐나 죽은 대서양산 연어의 뇌보다, 어린아이의 뇌에 관심이 더 많다. 남자아이와 여자아이의 뇌는 어떻게 다를까? 그리고 이는 아이들을 키울 때 어떤 영향을 미칠까?

　명망 있는 신경과학자들이 지목하는 다음의 네 가지 차이는 거의 예외가 없고, 반복 실험을 통해 얻어 낸 믿을 만한 결과다.

　1. 남자아이들과 여자아이들은 뇌 크기가 서로 다르다. 씨앗을 이용한 옛날 측정 방법이 맞았다. 남자아이들의 뇌는 여자아이들의 뇌보다 8~11% 더 크다. 하지만 이 차이는 성인의 키와 몸무게에 나타나는 젠더 차이와 크기 면에서 비슷하다. 여자아이들은 남자아이들보다 더 작은 뇌를 가지고 있지만 남자아이들보다 백질 대비 회

백질(신경세포체가 밀집된 부분)을 더 많이 가지고 있다. 또한 여자아이의 뇌는 주름이 더 많이 잡혀 있다. 더 작은 면적을 더 많은 물질이 메우고 있는 것이다. 게다가 남자아이들은 뇌척수의 양이 더 많다. 이는 뇌를 부상으로부터 보호하지만 동시에 자리를 많이 차지하기도 한다. 즉 여자아이들은 남자아이들보다 더 작은 뇌를 가지고 있지만 그 안에 더 많은 신경세포를 채움으로써 크기 차이를 상쇄한다고 할 수 있다. 모든 게 균등해 보인다. 결국 뇌 크기의 차이는 150년 전의 통념에도 불구하고, 그 어떤 차이와도 연관되지 않는다. 모자 사이즈 말고는!

2. 남자아이들과 여자아이들의 두뇌 발달 시기에는 차이가 있다. 그리고 이는 아이들에게 매우 중요한 차이다. 여자아이들은 사춘기에 두뇌 발달을 끝낸다. 남자아이보다 2년 빠른 것인데, 이는 신체 발달에서도 유사하다. 신체 발달 과정에서 여자아이들은 대개 남자아이들보다 1~2년 일찍 사춘기가 시작된다. 신체 발달에서와 마찬가지로 두뇌 발달의 많은 부분에서도, 여자아이들은 남자아이들보다 한발 앞선다. 4장에서 여자아이들이 남자아이들보다 몇 개월 먼저 언어 능력을 발달시키지만 그 차이는 나중에 대체로 사라진다고 했던 것을 기억할 것이다. 그러니 만약 생후 9개월 아기들의 인지 능력을 측정한다면 여자 아기들이 남자 아기들보다 더 나은 결과를 보일 것이다. 만약 10세 아이들을 측정한다면 여자아이들은 남자아이들보다 더 다양한 두뇌 활성화를 보일지도 모른다. 하지만 이 사실이 두뇌의 선천적 젠더 차이를 의미하지는 않는다. 서로 다른 발

달 단계에 있는 남자아이들과 여자아이들의 특정 국면을 포착한 것에 불과하기 때문이다. 이것은 남자아이와 여자아이에게 달리기 경주를 시키고 누가 더 빨리 달리는지 보는 것과 비슷하다. 둘의 속도는 완전히 같지만 여자아이가 남자아이보다 1분 앞서 출발했다고 가정해 보라. 결승선에서 찍은 사진은 여자아이가 먼저 통과하는 모습을 보여 주지만 이는 누가 더 빨리 달리는지에 대해서는 아무것도 말해 주지 않는다. 발달 시기가 서로 다른 것은 성인기의 능력에 아무 영향을 미치지 않는다. 자기 아이가 당신 아이보다 말을 더 일찍 시작했다고 자랑하는 부모가 있다면 바로잡아 주기 바란다. 그 사실만으로는 아이의 앞날에 대해 아무것도 예측할 수 없다.

3. 남자아이들과 여자아이들의 뇌에서 유일하게 믿을 만한 구조적 차이는 시상하부에 있는 작은 세포 다발, 정확히 얘기하자면 전시상하부의 제3 간질핵, 혹은 INAH3이다. 이 부위는 많은 대사 기능을 조절하고 지속적으로 테스토스테론의 영향을 받는다고 여겨지는 유일한 부위다. 바너드 대학의 사회의학자 리베카 조던영에 따르면, 이 특정 부위가 정확히 어떤 역할을 하는지는 아직 밝혀지지 않았지만 아마 월경처럼 성차가 뚜렷한 생리 과정을 담당할 가능성이 있다.[19]

4. 호르몬의 영향으로 장난감 선호에서 일부 차이가 생길 수 있다. 이 점을 여기에 포함시킨 이유는 장난감 선호에 미치는 호르몬의 영향이 앞서 논의한 다른 실험들처럼 쥐를 대상으로 한 연구에서 밝혀낸 사실이 아니기 때문이다. 때때로 자연 상태 자체가 실험

거리를 제공하기도 한다. 매우 드물게, 하지만 연구할 만큼은 충분히 자주, 유전적으로는 여자이지만 테스토스테론 수치가 매우 높게 태어나는 여자아이들이 있다. 이들은 선천성 부신 과형성congenital adrenal hyperplasia, CAH이라고 불리는 복합 장애를 가지고 있다. 우리는 이들을 통해 실험에 가까운 상태를 관찰할 수 있다. CAH를 가진 여자아이들(테스토스테론 수치가 '일반적 남자아이들'과 비슷한)과 그러지 않은 여자아이들(테스토스테론 수치가 '일반적 여자아이들'과 비슷한)을 비교하는 것이다. 8건의 개별 연구가 CAH를 가진 여자아이들의 장난감과 놀이 선호도를 조사했고 이 중 7건의 연구에서 CAH를 가진 여자아이들이 다른 그룹의 여자아이들에 비해 남아용 장난감을 선택해서 가지고 놀 가능성이 더 높다는 사실을 발견했다.[20] 하지만 테스토스테론에 책임을 떠넘기는 온갖 주장들에도 불구하고, CAH를 가진 여자아이들은 더 거칠게 몸싸움을 벌이며 놀지도 않았고 일반적인 여자아이들보다 더 공격적이지도 않았다. 또한 남자아이들과 놀고 싶어 하지도 않았고 남성적이라고 간주되는 직업에 종사하고 싶어 하지도 않았다. 다시 말해, 해당 연구들의 결과는 오직 장난감 선호에만 국한되는 것으로 보인다. 여자아이들에게 테스토스테론을 잔뜩 선사한다 해도 이들이 일반적인 여자아이에 비해 장난감 자동차를 더 좋아하게 되는 것 말고는 별다른 변화가 없으리라는 얘기다. 하지만 논쟁의 여지가 없는 연구 결과(8건의 연구 중 7건의 결과가 같다니 이는 젠더 신경과학의 세계에서 기적 같은 일이다)마저도 액면 그대로 받아들이지는 말아야 한다. 내가 굳이 강조하지 않아도, 당신이 실제 데이터를 들여다본다면 생각이 약간 달라질 수도 있다. 연구자들은 CAH를 가진 여자아이들과 일반적인 여자아이들이 찻잔 놀이 세트, 바비 인형과 아기 인형 같은 여아용 장난감과 장난감 자동차와 차고, 버스, 엑스맨, 통나무 집짓기 블록 같은 남아용 장난감을 가지고 논 시간의 양을 비교 측정했다. 테스토스테론 수치가 높은 여자아이들이 일반적인 여자아이들보다 남아용 장난감을 더 오래 가지고 놀기는 했지만(633초 대 402초), 주목할 것은 모든 여자아이들이 여아용 장난감보다 남아용 장난감을 더 오래 가지고 놀았다는 점이다. 여자아이 평균의 테스토스테론 수치를 보이는 일반적인 여자아이들조차도 아기 인형보다 장난감 자동차와 차고를 3배 더 오래 가지고 놀았고 통나무 집짓기 블록은 6배 더 오래 가지고 놀았다. 사실, 성별에 관계없이 모든 아이들이 가장 좋아하는 장난감은 집짓기 블록이었고, 두 번째로 좋아하는 장난감은 자동차와 차고였다. 호르몬 수치가 다른 두 그룹의 여자아이들은 남아용 장난감을 선호하는 점에 있어서는 서로 다르지 않았다.[21]

남자아이와 여자아이의 행동에 있어서 다른 차이들은 어떨까?(이 중 많은 부분은 이미 4장에서 논했다.) 나는 잘 모르겠다. 두뇌의 성차를 연구하는 일이 본업인 학자들도 마찬가지다. 성차 연구자이자 매사추세츠 애머스트 대학교의 신경내분비 연구 센터의 센터장 헤이르트 더프리스는 이렇게 말했다. "수십 년 동안 연구를 해 왔음에도 불구하고, 우리는 여전히 남녀 간 두뇌 차이 대부분의 기능적 의미를 알아내지 못했다."[22] 케임브리지 대학교의 신경과학자 멀리사 하인스도 비슷한 의견을 보인다. "인지능력의 성차는 호르몬이 기관이나 행동에 미치는 영향과 뚜렷하게 연관되어 있지 않다."[23] 그렇다. 남자아이와 여자아이 사이에는 차이들이 존재한다. 하지만 실제 차이는 대중매체에서 보도하는 것보다 훨씬 작고, 어느 누구도 이 차이가 남자아이, 여자아이에게 정확히 어떠한 영향을 미치는지 잘 모른다. 하지만 우리는 부모로서 맡은 바 임무가 매우 중요하다는 사실을 알고 있다. 모든 차이는 경험이 만들어 낸다.

경험이 두뇌를 형성하는 방식

성인의 두뇌 차이나 호르몬 차이를 살펴보는 연구들이 두뇌의 선천적 차이에 대해 아무것도 말해 주지 않는다면, 어떻게 우리는 선천적 차이와 젠더의 렌즈를 통해 세상을 바라보면서 배운 차이를 구별할 수 있을까?

앞에서 언급했듯이 아기들은 평생 지니게 될 신경세포 전부를 가지고 태어난다. 그렇지만 이 신경세포들은 아직 서로 연결되어 있지 않다. 신경과학자들은 다음과 같이 비유하곤 한다. 모든 사람이 전화기를 가지고 있지만 아직 서로 연결되지는 않았다. 하드웨어를 가지고 있는 것이 중요하기는 하지만 전화기는 다른 전화기에 연결될 때까지 별 쓸모가 없다. 발달의 목표는 전화기를 서로 연결하는 것이다.

신경세포에 정확히 어떤 일이 일어나는 것일까? 아기의 뇌에 있는 모든 신경세포는 출력 배선인 신경돌기를 가지고 있다. 신경세포는 하나의 신경돌기를 통해 전기신호와 화학 신호의 형태로 다른 신경세포들로 정보를 내보내고, 다른 신경세포들은 자신의 입력 배선인 가지돌기를 통해 정보를 받아들인다. 각각의 신경세포는 이러한 입력 배선을 수천 개 가지고 있고, 이 배선들은 시간이 흐르면서 빽빽하게 가지를 친다. 마치 오래된 나무처럼 말이다. 실제로 가지돌기의 83%가 아기가 태어난 후에 자란다.(앞에서 아기들이 '약간 설익은 채로' 태어난다고 했던 것이 농담이 아니었다.) 아기가 만 3세가 될 때까지 각각의 신경돌기는 15,000개의 신경세포가 받아들일 수 있는 정보를 내보낸다.

시냅스는 한 신경세포의 출력을 위한 신경돌기가 다른 신경세포의 입력을 위한 가지돌기와 연결되는 지점이다. 생애 첫 10년 동안 아이들은 시냅스를 수조 개 형성한다. 시냅스들은 매우 복잡한 도미노 사슬 같다. 한 신경세포가 다른 신경세포에 연결되고, 이 신경세포는 또 다른 신경세포에 연결되고, 이 신경세포를 또 다른 신경세포에 연결된다.(잊지 말기 바란다. 우리는 천억 개의 신경세포를 가지고 태어난다.) 그러므로 한 신경세포를 활성화하면 다른 신경세포의 활성화가 촉발된다. 계속 그런 식으로 나아간다. 그렇기 때문에 휘발유 냄새를 맡으면 갑자기 어릴 적 할아버지의 자동차 정비소가 떠오르고 스티브 밀러의 노래를 들으면 1993년의 봄방학이 문득 생각나는 것이다. 나는 평생에 걸쳐 수조 개의 시냅스 혹은 신경 연결을 만들었고 이는 전적으로 나만이 가지고 있는 것이다.

여기에서부터 이야기가 재미있어진다. (임부가 아직 입덧을 하는) 임신 2개월에서 생후 2년 사이에, 아기들은 초당 180만 개의 시냅스를 형성한다. 하지만 이것들이 전부 유용한 신경 연결이라는 뜻은 아니다. 이 시냅스 중 대부분은 단지 신경세포들 사이의 무작위적인 시냅스일 뿐이다. 각 신경세포는 그저 손을 뻗어서 잡히는 모든 가지돌기와 연결을 하며, 그와 동시에 매초마다 빠르게 가지돌기들을 만들어 낸다.

처음에는 급속히 성장하기 때문에 지나치게 많은 연결이 생긴다. 전화기 비유를 요즘 말로 바꾸자면(요즘 아이들 대부분은 전화선이 뭔지 모를 것이다) 소셜 네트워킹을 떠올려 보면 된다. 열네 살짜리 아이가 페이스북에서 자신이 만난 적 있는 모든 사람, 그리고 자신의 친구들이 만난 적 있는 모든 사람과 연결한다고 생각해 보라. 모르는 사람이 '친구 신청'을 해도 아이는 기꺼이 신청을 수락한다. 어떠한 관계인지에 상관없이 아이는 수천 명의 '친구들'을 모을 수 있다. 이 아이는 지나치게 많은 시냅스를 가진 걸음마기 아기와 비슷하다. 부모로서 당신은 아이가 이렇게 많은 연결을 만드는 데 일조했다. 당신은 계정을 만들어 줬고, 아이가 친척들과 연결되도록 도왔다. 연결이 시작되도록 도왔지만 이제 그중 많은 부분이 당신의 통제를 넘어섰다. 이와 마찬가지로 젖먹이와 걸음마기 아기는 수백만 개의 시냅스를 계속 만들어 나간다.

그렇지만 두뇌에는 그렇게 많은 시냅스가 필요하지 않다. 사실 너무 많은 시냅스는 에너지를 소모시킨다. 그렇기 때문에 우리의 두뇌는 필요 없는 시냅스를 제거한다. 구체적으로 말해 보자. 아기의 뇌가 신경세포를 작동시키면 전기신호가 신경돌기를 통과해 가지돌기와 연결된다. 이 전기신호에 포함된 분자들이 시냅스를 변화시키고 더 안정적으로 만든다. 전기신호의 흐름이 많을수록, 다시 말해 하나의 시냅스가 많이 사용될수록 시냅스는 더 안정되고 더 강해진다. 하지만 사용되지 않으면 연결은 말 그대로 사라지고 만다. 열네 살짜리 아이가 조금 더 자라서 자신의 페이스북 계정을 자세히 살펴본 다음 실제 자신의 친구가 아닌 사람들 전부를 '친구 끊기' 하는 셈이다.

　이는 "안 쓰면 사라진다."라는 말을 잘 보여 주는 사례다. 부모는 아이의 두뇌 발달에 지속적인 변화를 일으키는 데 자신이 얼마나 크게 영향을 미칠 수 있는지 과소평가할 때가 많다. 사실 이는 부모의 제일 중요한 임무인데도 말이다. 아이가 중요한 연결들을 만들고 유지할 수 있도록 돕자. 일단 한 시냅스가 사라지면 그에 관계된 능력 또한 영원히 사라지기 때문이다. 그 사실을 보여 주는 두 가지 사례가 있다.

　● 생애 초기 경험들이 어떤 방식으로 두뇌를 형성하는지 보여 주는 한 가지 사례는 백내장을 가지고 태어나는 아기들에게서 찾아볼 수 있다. 백내장을 가지고 태어나는 아기는 매년 200명에 불과하지만 일단 백내장을 가지고 태어났다면 생후 몇 개월 안에 백내장 제

거 수술을 해 주는 것이 매우 중요하다. 그러지 않으면 백내장이 있는 쪽의 시력이 발달하지 않을 수도 있다. 생후 2~3개월 동안 시력 발달에 사용되는 신경세포들은 각각의 눈에서 뇌로 바쁘게 시각 정보들을 보낸다.(시력을 연구한 나의 대학원 은사는 이렇게 말하곤 했다. "우리는 눈이 아니라 뇌로 본다.") 이 시기에 시각 정보가 하나도 전달되지 않으면 시각을 담당하는 신경세포들은 점점 약해지다가 사라져 버린다. 생후 18개월이면 백내장을 제거한다 하더라도 시각을 담당하는 시냅스들은 이미 짐을 싸서 떠나 버리고 없다. 생애 초기의 시각 경험들은 뇌에 영구적 변화를 일으키고, 이는 결코 되돌릴 수 없다.[24]

● 당신과 아이에게 영향을 미치는 더 일반적인 사례는 언어를 생산하는 능력과 관련이 있다. 태어난 직후에 아이들은 모든 언어의 모든 소리를 들을 수 있다. 그 과정을 돕는 시냅스들은 급속하게 형성된다. 이해가 되는가? 아기일 때는 누구나 엄마와 아빠가 어떤 언어를 쓰는지 알지 못한다. 그렇기 때문에 모든 말소리를 들을 수 있어야 한다. 중국어든, 독일어든, 영어든, 혀 차는 소리를 이용하는 아프리카의 코이산어든 말이다. 하지만 어떤 언어에 일상적으로 노출되지 않는다면 해당 언어의 소리를 들을 수 있는 능력을 영구적으로 잃어버릴 것이다. 사용되지 않는 시냅스들은 사라지기 때문이다. 생후 10개월경이 되면 아기들은 오직 모국어의 소리만을 들을 수 있다. 가령, 생후 1년이 될 때까지 영어만 들은 아기들은 중국어의 중요한 특징들을 들을 수 없다. 마찬가지로 오직 중국어만 들은 아

기들은 자신의 모국어에서 발생하지 않는 'r' 발음 같은 영어의 특정한 소리를 들을 수가 없다. 어른이 된 후 외국어를 배우기 힘든 이유는 바로 그것에 필요한 하드웨어를 잃어버렸기 때문이다. 즉 사용하지 않는 시냅스 연결을 잃어버린 것이다.

아이들은 만 8~9세경까지는 엄청나게 많은 시냅스를 가지고 있다. 그리고 아동기 초기와 사춘기 사이에 매일 200억 개의 사용되지 않는 시냅스를 잃는다. 이는 영구적인 손실이며 결코 되찾을 수 없다. 그렇기 때문에 (과학에 의해 확인된 케케묵은 이야기지만) 늙은 개에게 새로운 기술을 가르치기가 힘든 것이다. 늙은 개는 시냅스를 더 적게 가지고 있는 데다 새로운 시냅스를 형성하기가 점점 더 어려워지기 때문이다.

부모가 해야 할 일

우리는 아이의 중요한 시냅스들이 제거되지 않고 강화되도록 도와야 한다. 생각만큼 힘들거나 전문적인 일도 아니다. 우선 젠더 때문에 아이에게 특정한 장난감이나 놀이 활동을 제한하지 않는 것부터 시작해 보자. 만약 젠더에 근거하여 아이가 접할 수 있는 경험의 절반을 제거해 버린다면 아이들은 선천적으로 발휘할 수 있었던 능력을 잃어버릴 것이다.

당신이 공간 능력을 중요시한다고 가정해 보자. 만약 당신의 아이가 기하학을 잘하고, 고등수학반에 들어가고, 대학 입학시험에서 좋은 성적을 거두기를 바란다면 뛰어난 공간 능력을 키우는 일이 정말로 중요하다. 공간 능력은 지도를 읽고 길을 잃지 않게 해 주는 핵심이기도 하다. 남자아이들은 여자아이들보다 공간 관련 과제를 어느 정도는 더 잘한다. 아동기에 레고 블록, 통나무 집짓기 블록을 많이 가지고 놀기 때문이다(여러 실험이 둘의 연관성을 증명했다).[25] 공간 능력의 발달에 주요한 시냅스들은 놀이(흔히 '학습'이라고 불릴 때가 더 많다)를 하는 동안 사용되면서 강화된다. 남자아이들이 수학 장학금을 받기 위한 자격시험을 치를 때가 되기까지 이러한 시냅스들은 꾸준히 형성된다. 하지만 여자아이들에게는 공간 능력을 키워 주는 장난감이 없다. 단 하나도 없다. 전통적으로 여자아이들에게는 레고 블록이나 건물 쌓기 장난감을 잘 주지 않는다. 여자아이들이 시냅스들을 강화하도록 돕지도 않으면서 이러한 시냅스들이 발달하기를 기대하는 것 자체가 무리 아닌가?

공감 능력의 중요성은 어떠한가? 공감 능력은 표준 시험에는 나오지 않지만 우리가 친구들의 표정을 읽고 그들이 슬픈지 알아보도록 도와준다. 또한 야구팀에 선발되지 못해서 잔뜩 실망한 아이를 위로하도록 도와주기도 한다. 남자아이들은 공감 능력 발달의 세계에서 부당한 대우를 받고 있다. 남자아이들과 여자아이들의 두뇌 기반 차이에 대해 떠들어 대는 사이에 남자아이들 또한 첫돌 이후까지도 여자아이들만큼이나 인형을 좋아한다는 사실은 거의 주목받지 못한다. 남자아이들도 여자아이들만큼이나 다른 사람들과 연결되는 것을 좋아하도록 타고난다. 여자아이들은 선천적으로 공감 능력이 뛰어나지만 남자아이들은 그렇지 않다고 주장했던 '거창한' 실험을 떠올려 보라. 사람을 쳐다보는 데 남자아이들은 전체 시간의 46%를 썼고 여자아이들은 전체 시간의 49%를 썼다. 그렇지만 일반적으로 우리는 남자아이들에게 인형을 사 주지 않고 돌봄 능력을 키워 주지도 않는다. 남자아이들이 자신의 감정에 대해 이야기하거나 감정을 폭넓게 표현하도록 권장하지 않고, 때로는 심지어 허용조차 하지 않는다. 그렇기 때문에 남자아이들은 다른 사람들의 정서적 욕구에 대처하는 일과 관련된 시냅스들을 여자아이들만큼 강화하지 못한다. 그렇게 삼십 대에 진입하면 뇌가 영구적으로 변형되기 때문에 남자들은 다른 사람의 감정을 여자들과는 다르게 처리하게 된다(여자들만큼 조화롭게 처리하지 않는다).[26]

내가 이 책을 통해 바라는 것은 명백하다. 나는 아이들을 젠더 중립적으로 키우자고 이야기하는 것이 아니다. '젠더 중립적'이라는 용어가 매우 중요하거나 명확하다고도 생각하지 않는다. 내가 하고 싶은 말은 아이들이 타고난 뇌 신경 회로들을 보존하는 방향으로 키우자는 것이다. 신경 회로들은 아이들이 기계장치의 원리를 이해하고, 자신의 감정을 말로 표현하고, 수학 계산을 하고, 글을 술술 읽고, 충동적인 위험 행동을 조절하는 등의 일을 할 수 있도록 돕는다. 그리고 이 능력들은 중요한 시냅스들이 제자리에서 활성화되도록 유지되는가에 달려 있다.

다음은 타고난 시냅스들을 강화하여 뇌를 유연하게 만드는 방법들이다. 이 방법들은 젠더에 관계없이 하나하나가 모두 중요하다.

● 이야기하고 또 이야기하자. 물건, 사람, 당신이 본 동물, 어제 일어난 일, 당신이 아는 사람, 당신이 느끼는 감정 등에 대해 이야기하자. 어떤 일을 할 때는 무슨 일을 하고 있는지를 들려주자. 언어 능력은 사회적으로나 학습적으로나 대단히 중요하다. 언어 능력 관련 시냅스들은 부모로부터 주입되었을 때에만 발달한다. 텔레비전은 별로 효과가 없다.

● 아이의 감정 표현에 즉각적으로 반응하자. 아기들과 어린아이들이 슬퍼하거나 무서워할 때 위로해 주자. 가장 중요한 것은 아이들이 감정에 이름표를 붙이도록 돕는 것이다. "저 개가 널 무섭게 했구나, 그렇지?" 나이를 먹으면서 아이들의 감정은 점점 더 복잡해진다. 그 모든 감정에 대해 이야기하는 것이 대단히 중요하다. 실망, 질투, 당혹, 분노, 공포, 슬픔, 행복, 만족감, 기대감 등을 인식하고 구별할 수 있는 능력은 성인이 된 후 감정을 조절하는 일에 아주 중요하게 작용한다.

● 아기가 소리를 내면 즉각 반응하자. 아기가 또렷하게 말할 수 있어야만 부모와 대화를 나눌 수 있는 것은 아니다. 아기가 옹알이를 하면 이렇게 말해 주자. "아, 담요(혹은 아기가 쳐다보고 있는 어떤 것)가 마음에 드니?" 대화의 기본, 즉 내가 뭔가를 말하면 상대가 뭔가를 말한다는 것을 배우는 것은 사회성과 언어 능력을 익히는 데 중요하다.

● 아기의 정서적 괴로움에 민감하게 반응하자. 아기가 계속 울어

젖히도록 내버려 두어서는 안 된다. 울게 내버려 둔다고 해서 아기는 결코 강하게 크지 않는다. 아기를 오랫동안 울도록 방치하면 부정적 감정과 연관된 시냅스 연결이 강화된다.[27] 잊지 말기 바란다. 두뇌는 어떤 것을 반복적으로 경험하면 그것을 강화한다. 부모가 아기의 고통에 민감하게 반응하면 아기는 들러붙고 짜증을 부리는 유형의 애착이 아니라 강하고 긍정적인 애착을 형성한다. 따뜻한 애착은 아기에게 부모가 자신을 위해 옆에 있고, 자신이 중요한 사람이고, 자신이 필요로 할 때 부모가 언제나 지지해 줄 거라고 알려준다. 부모와 강한 애착을 맺은 아이는 더 용감하고, 덜 짜증을 부리고, 세상에서 독립적으로 잘 살아갈 가능성이 높다. 아기 때 배운 교훈들은 성인기까지 죽 간직된다.

● 신체 활동을 권장하자. 아기들을 한곳에 가두어서는 안 된다. 설사 아기가 놀이 의자에 몇 시간 동안 앉아 있어도 괜찮다고 하더라도 말이다. 어린아이들이 움직이고, 기고, 걷게 힘을 북돋우자. 앞뒤로 공을 굴리자. 몸을 움직이고 활동적으로 놀게 하면 운동 신경 세포가 발달하고 눈과 손의 협응을 돕는 시냅스들이 강화된다. 아이가 커 갈수록 되도록이면 텔레비전을 끄고, 억지로라도 그네를 태우고, 자전거를 타게 하고, 공놀이를 하게 하자. 전자 기기는 아이들에게 최면을 거는 것과 다름없이 작용하기 때문에 사용 시간에 엄격한 규칙을 세워야 한다.

● 매일 밤 아이에게 책을 읽어 주자. 이는 책 읽기의 중요성을 보여 줄 뿐만 아니라 언어 발달에도 도움이 된다. 책 읽기는 아동뿐만

아니라 아기에게도 중요하다. 나는 그레이스에게 매일 잠자리에 들기 전에 다섯 권의 그림책을 읽어 준다. 그런 다음 마야에게 책을 읽어 준다. 아홉 살이 됐어도 말이다. 이 시간은 나와 내 딸들이 단단히 유대감을 갖는 달콤한 시간이 되었다.

● 만약 당신이 외국어를 할 줄 안다면 아이가 태어난 직후부터 아이에게 그 언어로 말을 걸자. 첫돌 무렵이면 아기들은 모국어 이외의 언어를 익힐 수 있는 능력을 많이 잃어버린다. 아기에게 두 가지 언어가 혼란을 줄 것이라는 걱정은 하지 않아도 된다. 아이들은 알아서 해결할 수 있다.

● 아이와 레슬링을 하고 아이를 힘껏 껴안자 주자. 이런 유형의 신체적 상호작용은 아이의 성장에 매우 중요하다. 레슬링과 거친 신체 놀이는 운동 기술 전반을 발달시켜 준다. 때로 우리 집에서는 간지럼 괴물이 작은 아이들을 공격하는 설정으로 신체 놀이를 한다. 서로에게 바짝 파고들기와 다정하고 따뜻하고 힘차게 안아 주기는 모든 아이들이 살아가면서 필요로 할 정서적 유대감을 발달시켜 준다. 이러한 신체 접촉을 통한 친밀감과 유대감은 불안을 가라앉히고, 사회성을 강화하고, 인간관계를 원활하게 하는 데 도움이 된다.

● 유치원에 다니는 아이와 함께 글자와 발음을 연습하자. 아이가 유치원에 다니는 동안 읽기의 기초를 가르치는 것이 좋다. 놀이하듯 가르칠 수도 있다. 나는 딸과 함께 외출할 때 길거리 간판의 글자들을 소리 내어 읽는다. 읽기는 극도로 복잡한 인지 과정이므로 아

이들은 글자를 읽기 위해 도움이 되는 시냅스를 총동원해야 한다. 아이가 좀 더 크면 쓰기를 권해 보자. 언어로 자신의 생각을 표현할 수 있는 것은 읽기와는 완전히 다른 차원의 일이다. 하지만 이 또한 지속적으로 강화해 나가야 할 매우 복잡한 인지 과정이다. 아이에게 일기장을 사 주고 쓰게 하자. 일기 쓰기는 쓰기, 읽기, 정서 발달 모두에 도움이 된다.

● 반려동물을 키우자. 다른 생명체를 돌보는 일은 다른 사람을 보살필 능력을 키워 주기에 가장 좋은 방법이다. 동물을 싫어한다면? 소라게나 금붕어는 어떤가? 보살핌과 사랑이 필요한 것이라면 무엇이라도 도움이 된다.

● 운동경기를 하자. 특히 구기 종목은 눈과 손의 협응력을 발달시키는 데 대단히 중요하다. 구기 종목은 공간 능력을 키우는 데도 도움이 된다(공이 공간을 이동하는 모습을 상상하는 것은 공간지각 능력의 중요한 부분이다). 게다가 운동경기는 운동 기술 전반을 발달시키는 데 유용하다. 또한 협동심을 키워 주는데, 이는 사회성을 쌓는 데 도움이 된다. 마야처럼 경쟁하는 종목을 좋아하지 않는 아이들은 승부를 가리기보다 기술 익히기에 초점을 맞춘 종목을 배우면 된다.

● 집에 인형을 두자. 우리는 모든 아이들이 다른 사람을 보살필 수 있는 어른으로 자라기를 바란다. 돌봄은 오랜 시간에 걸쳐 발달하는 기술이다. 아들이 분홍색 인형을 좋아하지 않을 것 같다면 작업복이나 청바지를 입은 남자아이 인형을 준비하면 된다. 봉제 인

형도 좋다. 세부 사항은 중요하지 않다. 중요한 것은 돌봄 놀이를 하는 것 자체다. 얼마나 세게 부딪치는지 보려고 인형을 벽에 던지는 아이에게는 좀 더 엄격하게 돌봄을 가르쳐야 할지도 모른다. 아이가 자라서 부모가 되었을 때 아이와 포옹하는 것이 얼마나 기쁜 일인지 알 수 있기를 원한다면 아이가 어릴 때부터 돌봄 기술을 배우도록 돕자.

● 퍼즐 맞추기, 미로 찾기, 건물 쌓기 장난감을 집에 두자. 앞에서 소개한 실험에서 남자아이, 여자아이 통틀어 모든 아이들에게 가장 인기 있는 장난감이 통나무 집짓기 블록이었다는 사실을 잊지 말자. 이러한 유형의 놀이는 공간 능력과 머릿속으로 물체를 회전시키는 기술을 발달시키는 데 매우 중요하다. 레고는 이제 남자아이만이 아니라 여자아이들을 겨냥한 상품도 내놓고 있어서 폭넓은 취향에 맞는 다양한 제품이 나와 있다. 아이와 집 짓기 프로젝트를 해보자. '더 홈 디포The Home Depot'나 '로스Lowes' 같은 주거 환경 개선 용품 매장에서는 토요일마다 아이들을 위한 워크숍이 열린다. 아이를 그런 곳에 데려가자. 목공 용품을 이용하여 아이와 함께 새집이나 보석함을 만들어 보는 것도 좋다. 이러한 활동은 기계를 다루는 기술을 발달시키는 데 도움이 된다.

● 총과 폭력적인 게임을 피하자. 자주 쓰는 기술은 강화되기 마련이다. 어느 부모도 아이가 폭력을 가장 많이 쓰기를 바라지는 않을 것이다.

요점 정리: 꼭 하고 싶은 이야기

- 남자아이와 여자아이의 두뇌 차이와 호르몬 차이에 대한 대부분의 주장은 결함이 있거나, 과장됐거나, 쥐만을 대상으로 한 실험에 근거하고 있다. 하지만 대중매체의 입맛에는 딱 들어맞는다!

- 남자아이와 여자아이 사이에는 믿을 만한 차이가 네 가지 있다. 뇌 크기, 두뇌 발달의 속도, 전시상하부의 제3 간질핵의 크기, 그리고 장난감 선호에서 보이는 차이다.

- 두뇌는 아동기에 걸쳐서 어마어마하게 성장하고 발달하며, 이 과정은 사춘기가 끝날 때까지 완료되지 않는다.

- 만약 어떤 기술과 능력을 사용하지 않는다면 아이들은 그 능력을 영원히 잃어버릴 것이다. 경험은 어떤 시냅스가 남고 어떤 시냅스가 사라질지를 결정한다. 젠더 중립적인 양육 방식이란 젠더 고정관념 그 자체를 깨부수는 것이 아니라, 아이가 인지적 능력, 사회적 능력, 정서적 능력을 되도록 많이 발달시킬 수 있도록 돕는 것이다.

3부
고유한 개성을 지닌
(재미있고, 균형 잡히고, 똑똑하고, 행복한)
아이로 키우기

7
아이가 젠더 차이 생산에
일조하는 방식

이쯤에서, 앞에서 한 이야기들을 두 가지 주제로 요약해 보겠다.

1부   우리는 모든 상황에서 모든 사람을 대할 때 항상 젠더에 사로잡혀 있다. 그 상황과 사람이 젠더와 관련되어 있든 그렇지 않든 말이다. 우리는 모든 것을 남자 대 여자의 구도로 만들려 한다. 이러한 분류는 젠더 그 자체에서보다는 사람들을 하나의 범주에 들어맞게 만들려는 데에서 비롯된 면이 강하다. 이것의 문제는 아이들마저도 젠더에 집착하고 젠더를 자기 삶을 제한하는 주요 요소로 받아들이게 만든다는 점이다.

2부   끊임없이 젠더를 이용하여 규정하고 '선천적 젠더 차이'라는 말을 거듭 인용하는 것은 완전히 잘못됐다. 실제 젠더 차이나 젠더 차이의 정확한 규모(대개 매우 작다)를 반영하지 않고 있기 때문이다. 아이들을 성별에 따라 다르게 대하면 아이들의 뇌가 성별에 따라 다르게 발달할 수 있다. 이는 여러 면에서 아이들의 능력을 영구적으로 제한할 수 있다.

3부에서 나는 젠더에 집중하는 것이 그 자체로 잘못됐을 뿐만 아니라 어떻게 아이들에게 해를 끼칠 수 있는지를 포함하여 몇 가지 주제를 더 이야기할 것이다. 가령, 중학교 1학년인 당신의 딸은 자신이 수학을 잘 못한다고 생각할지도 모른다. 딸이 어떤 일을 도울 때마다 당신이 "정말 착한 딸이야!"라고 말하기 때문이다. 혹은 당신의 아들은 학교 운동장에서 몸싸움에 휘말릴지도 모른다. 사람들이 아이에게 "남자는 우는 거 아니야."라고 자주 말하기 때문이다.

이 장에서 나는 어떻게 아이들이 수학 과목 선호 여부나 공격성 유무 같은 젠더 차이를 스스로 생산해 내는지 밝힐 것이다. 그리고 이런 일이 일어나기 전에 부모가 어떻게 개입하면 좋을지 이야기할 것이다. 이어지는 8장과 9장에서는 당신이 의도하지 않았는데도 어떻게 아들과 딸을 서로 다르게 양육할 수 있는지 이야기할 것이다. 우리는 조금씩, 그리고 꾸준히 자신이 자라 온 문화의 영향을 받는다. 자신에게 미묘하게 자리 잡은 젠더 고정관념을 없애려 애쓰는 것은 나를 포함하여 모든 부모에게 힘든 일이지만, 노력할 가치가 충분하다는 사실을 곧 알게 될 것이다. 10장에서는 어떻게 젠더 고정관념이 아이들의 학업 성취도를 떨어뜨릴 수 있는지 이야기할 것이다. 심지어 부모가 젠더 고정관념에 맞서 싸우고 아이들도 젠더 고정관념을 믿지 않을 때조차도 말이다. 이어서 아이들이 학교에서 자신의 기량을 마음껏 펼치는 데 도움을 줄 수 있는 방법을 몇 가지 제시하겠다. 마지막으로 11장에서는 어떻게 젠더 고정관념이 많은 공립학교에서 채택하는 교육정책에 스머드는지, 왜 부모가 아이가 다니는 학교의 교과과정을 점검해야 하는지 이야기할 것이다.

닥터 수스*의 스니치들

닥터 수스Dr. Seuss는 훌륭한 사회심리학자였던 셈이다. 그는 자신이 속한 그룹에 지나치게 집중하는 것의 중요성과 위험성을 잘 알았다. 그가 만든 캐릭터 스니치(1961년에 발표한 어린이책의 등장인물)들은 자신의 배에 있는 별무늬에 지나치게 신경을 쓴다. 스니치들은 배에 별무늬가 있는지 없는지가 아주 중요한 차이를 나타낸다고 생각했다. 만약 이 이야기를 안다면 당신도 "그 별무늬는 별게 아니었다. 정말로 아주 사소한 것이었다. 당신은 그런 건 조금도 중요하지 않다고 생각할지 모른다."[1] 라는 대목을 기억할 것이다. 남자아이와 여자아이 사이의 사소한 차이를 이야기할 때와 상당히 비슷하지 않은가? 하지만 젠더 문제와 마찬가지로, 스니치들은 이 사소한 차이를 더없이 중요하게 여겼다. 스니치들은 별무늬의 유무로 자신들을 분리했고, 분리의 결과로 차이는 훨씬 더 커져 버렸다.

아이들은 닥터 수스의 스니치들과 그다지 다르지 않다. 아이들은 두 그룹 간의 차이(자신들 주변의 모든 사람이 중요하게 여긴다고 생각되는 차이)를 발견하면, 그것을 받아들이고 이용하기 시작한

● 닥터 수스(1904~91)는 미국의 동화 작가로, 짧고 반복적인 글과 경쾌한 그림체로 아이들의 언어 발달을 돕는 여러 권의 그림책을 냈다. 1984년 퓰리처상을 받았다.

다. 곧 이야기하겠지만, 유치원에 다닐 때까지 아이들은 오직 자기와 같은 젠더 그룹에 속한 아이들하고만 논다. 자신들만의 규칙을 만들고 분리를 시행한다. 닥터 수스의 말이 맞다. "배에 별무늬가 있는 아이들이 공놀이를 하러 나갈 때 배에 아무것도 없는 아이들이 낄 수 있을까요? 절대 못 끼죠."[2] 유치원 쉬는 시간에 아이들이 어떻게 노는지 한번 살펴보라. 아이들 주도의 젠더 분리는 훗날 우리가 보게 될 많은 차이를 낳는다.

스니치들은 누가 별무늬를 가지고 있고 누가 가지고 있지 않은지 구분할 수 없을 때에야 그들 모두가 근본적으로 똑같다는 사실을 깨닫는다. '스니치는 모두 스니치다.'라는 사실을 깨닫는 것이다. 스니치들과 달리 아이들은 젠더를 완전히 무시할 수 없겠지만, 그럼에도 불구하고 '아이는 모두 아이다.'라는 것을 깨달아야 한다. 젠더가 한 사람에 대해 그다지 많은 것을 말해 주지 않는다는 사실을 깨닫도록 우리가 아이들을 도울 수 있다.

아이들은 어떻게 스스로 젠더에 따른 분리를 하게 되는 것일까? 우리가 젠더 고정관념을 적극적으로 가르치지 않아도 아이들은 알아서 젠더 고정관념을 생성하고 실생활에 적용한다. 그렇기 때문에 우리는 부모로서 젠더 고정관념을 볼 때마다 지적하고 바로잡아 줘야 한다.

빠르게 배우는 아이들

마야가 유치원에 다닐 때 교사들은 아이들의 생일을 학급의 특별한 행사로 만들었다. 생일을 맞은 주인공은 그날 점심시간에 특별 손님을 초대하고 자신이 가장 아끼는 보물을 집에서 가져와 친구들에게 보여 줄 수 있었다. 마야의 네 번째 생일에 나는 마야의 특별 손님으로 유치원에 초대됐고 아주 작은 테이블에서 아주 작은 의자에 앉아 마야와 함께 점심을 먹었다. 점심을 먹은 후 같은 반 친구들은 바닥에 둘러앉아서 마야가 집에서 가져온 장난감 두 개를 돌려 가며 구경했다. 그날 마야가 가져온 장난감은 뒷마당에서 파낸 오래되고 녹슨 미니카와 플라스틱 옷을 입혔다 벗겼다 할 수 있는 작은 인형이었다.

마야의 친구들은 의무적으로 장난감을 돌려 가며 구경했고 마야는 그 장난감이 자신에게 얼마나 소중한지 설명했다(대개 "이건 내 장난감이야. 나는 이걸 좋아해." 정도였다). 그런데 어떤 남자아이가 플라스틱 인형을 건네받을 차례가 되자 둘러앉은 자리에서 최대한 멀리 몸을 젖혔다. 너무 뒤로 젖힌 나머지 뒤통수가 바닥에 닿을락 말락 했다. 그 아이는 옆에 앉은 여자아이더러 자기를 건너뛰어 다음 여자아이에게 인형을 건네라고 말했다. 그와 비슷하게, 여자아이들은 미니카를 만지려 하지 않았다. 사실상 유일하게 미니카를 만진 여자아이조차 넌더리를 치며 왼쪽 뒷바퀴를 살짝 잡았다가 곧바로 옆에 있는 남자아이에게 내팽개쳤다.

첫 번째 남자아이가 인형 만지기를 거부한 후로 나는 진지하게 아이들을 관찰하기 시작했다. 단 한 명의 남자아이도 인형을 만지지 않았고, (뒷바퀴를 잡았다 내팽개친 아이 말고는) 단 한 명의 여자아이도 미니카를 만지지 않았다. 마치 보이지 않는 힘이 장난감을 둘러싸고서 '잘못된' 젠더의 아이가 만지면 밀어내는 것 같았다. 아이들은 미니카는 남자아이들을 위한 것이고 인형은 여자아이들을 위한 것이라고 여겼으며 모든 아이가 이 규칙을 파악하고 있었다. 물론 세균을 걱정하는 아이도 일부 있었겠지만 말이다.

그렇다고 그날의 일이 세균 근처에는 얼씬하지도 않을 만큼 융통성 없는 아이들만의 특이한 사례는 아니었다. 사실, 대부분의 아이들은 융통성이 없는 편이다. 캐나다 콩코디어 대학교의 심리학 교수 리사 서빈과 동료들은 걸음마기 아기들과 유치원생들이 젠더에 따른 '규칙들'을 빠르게 배운다는 사실을 발견했다. 서빈은 어린아이들을 대상으로 한 연구에서 모든 아이들이 생애 초기에는 장난감 트럭보다 인형을 더 선호한다는 사실을 여러 차례 증명했다. 생후 18개월경까지는 젠더에 상관없이 모두가 똑같이 인형에 관심을 보인다. 하지만 생후 2년 무렵부터 상황이 바뀌기 시작한다. 아이들은 자신과 같은 젠더용 장난감에 급격하게 관심을 보이기 시작해서, 여자아이들은 인형을 훨씬 더 오래 쳐다보고 남자아이들은 트럭을 훨씬 더 오래 쳐다본다. 이 연령대의 아이들은 어떤 활동, 어떤 장난감, 어떤 물건이 각각의 젠더 그룹에 '속하는지' 알게 된다.[3] 또한 자신의 젠더에 속하는 것이 확실한 일들은 절대 그만두지 않는다.

서빈과 동료들은 만 2세 아이들에게 몇 장의 사진을 보여 주었다. 아이들이 사진 속 하나의 물건을 보고 나면 스피커에서 "이건 내가 좋아하는 거예요. 나 보여요?"라는 소리가 나왔다. 목소리가 나오는 동안 연구자들은 아이들 앞에 놓인 텔레비전의 분할 화면을 통해 한 남자와 한 여자를 보여 주고, 아이들이 어떤 사람을 쳐다보는지 기록했다. 그 결과 만 2세 아이들은 전통적인 남성 고정관념을 알고 있다는 사실을 발견했다. 망치와 소방차를 보여 주면 아이들은 여자가 아니라 남자를 쳐다봤다. 게다가 아이들은 거기서 한발 더 나아갔다. 만 2세 아이들은 연구자들이 '은유적 고정관념metaphorical stereotypes'이라고 부르는 것을 알고 있었다. 다시 말해, 아이들은 곰과 전나무를 보여 주면 남자를 쳐다봤고 하트 모양, 드레스, 작은 왕관, 고양이를 보여 주면 여자를 쳐다봤다. 나는 이것이 항상 놀랍다. 아이들은 어린이용 변기 사용법을 깨치기도 전에 곰과 남자를, 하트 모양과 여자를 연관 지을 줄 아는 것이다. 아무도 알려 주지 않는데도 아이들은 어딘가에서 특정 사물을 젠더와 연관 짓는 법을 스스로 습득했다.

나는 고정관념이 최신 감기 바이러스와 비슷하다고 생각한다. 온갖 항균성 손 세정제를 사용해도 아이들은 여전히 감기에 걸린다. 당신이 아이를 젠더 고정관념으로부터 보호하려 애써도 아이들은 어딘가에서 그것을 습득하고야 만다. 감기 바이러스와 마찬가지로 젠더 고정관념은 다른 아이들로부터 전염이 잘된다.

아이들은 젠더 그룹에 대해 또 어떤 것을 더 '알고' 있을까? 만

3세가 되면 아이들은 여자와 요리, 집 청소, 립스틱 바르기, 속눈썹 붙이기 등을 연관 짓는다. 남자와 자동차, 나무 타기, 싸움, 물건 만들기 등을 연관 짓는다. 또한 만 3세 아이들은 남자와 여자가 서로 다른 성격과 특징을 가지고 있다고 추정한다. 아이들은 남자는 강하고, 크고, 빠르고, 시끄러운 반면 여자는 약하고, 작고, 부드럽고, 조용하다고 추정한다.

아이들은 조금도 주저하지 않고 즉각적으로 이러한 고정관념을 형성한다. 그리고 한 사람에 대해 한 가지를 알고 나면 이를 모든 남자나 모든 여자에게로 확장한다. 어떤 연구자들은 이전에 젠더와 한 번도 연관된 적이 없는 대상을 젠더와 연결시켜 알려 준 다음 아이들이 어떻게 반응하는지를 살폈다. 아이들에게 어떤 남자아이는 소파를 좋아하고 어떤 여자아이는 탁자를 좋아한다고 말해 준 것이다(트럭과 인형이 아니다). 두말할 것도 없이 아이들은 이 정보를 받아들여 이용하기 시작했다. 아이들은 또 한 명의 전혀 다른 여자아이도 소파보다 탁자를 더 좋아할 것이라고 추정했고, 반면에 다른 남자아이는 계속해서 소파를 더 좋아할 것이라고 추정했다.[4] 이 연구에서도, 아이들에게 어른들이 젠더 고정관념을 알려 줄 필요가 없다는 점이 사실로 드러났다. 아이들은 엉성하기 짝이 없는 정보에 근거하여 스스로 고정관념을 만들어 낸다.

어떠한 특성이 각각의 젠더와 연관되는지에 상관없이, 아이들은 자신이 속한 그룹을 사랑하며 자신의 그룹만이 최고이고 나머지 사람들은 형편없다고 생각한다. 다시 말해, 남자아이들은 남자아이들을 사랑하고 여자아이들은 여자아이들을 사랑한다. 내 전공 분야인 발달심리학에서는 이를 '내집단 편향in-group bias'이라고 부른다. 당신이 아는 어떤 아이에게 물어보더라도 이와 비슷한 대답을 들을 수 있을 것이다. "남자는 지배하고, 여자는 침이나 흘린다Boys rule, girls drool." 혹은 "남자는 무엇이든 할 수 있고, 여자는 그걸 더 잘할 수 있다Anything boys can do, girls can do better!" 여러 면에서 이는 심리적으로 상당히 건강한 대답이다. 성별은 쉽게 바꿀 수 없기 때문에, 자신이 태어난 그룹을 사랑하는 것이 정신 건강에도 이롭다.(당신의 아이가 자신의 젠더 그룹을 사랑하지 않을 때 어떤 일이 벌어지는지는 다음 장에서 논할 것이다.)

각각의 젠더에 알맞은 일

유치원에 입학할 무렵이면 아이들은 자신의 젠더에 따른 온갖 종류의 '규칙들'을 알게 된다. 자신의 그룹이 무엇인지, 그 그룹에 알맞은(혹은 알맞지 않은) 일이 무엇인지 알게 되는 것이다. 잊지 말기 바란다. 우리는 지금까지 아이들에게 그들의 젠더가 중요하다고 거듭거듭 강조해 왔다. 어쨌든 아이들이 태어나자마자 병원에서부터 분홍 모자나 파랑 모자를 씌우지 않았던가. 아이들은 관례에 따르고 싶어 한다. 다른 무엇보다, 아이들은 자신의 그룹에 알맞은 일들을 하고 싶어 한다. 아이들은 다른 어떤 기준보다 자신의 그룹에 무엇이 알맞은지의 기준에 근거하여 이런저런 선택을 한다. 우리는 이런 모습을 반복해서 보고 있다. 어느 그룹에 속하느냐가 장난감 자체보다 더 중요하다.

가령, 아이들은 장난감을 고를 때 실제로 마음에 드는 것보다 자신의 그룹에 알맞다고 생각되는 장난감을 선택한다. 거듭된 여러 실험에서, 연구자들은 유치원생 아이들을 실험실로 데려와서 연구자들이 직접 만든 장난감을 가지고 놀게 했다. 아이들이 이전까지 한 번도 보지 못한 장난감이었다. 단, 일부 아이들에게는 남자아이들이 그 장난감을 가지고 놀기 좋아한다고 말했고, 일부 아이들에게는 여자아이들이 그 장난감을 가지고 놀기 좋아한다고 말했다. 자신이 남아용을 받았다고 생각한 남자아이들은 장난감을 매우 재미있게 가지고 놀았다. 그 후 같은 남자아이들에게 그것이 실은 여아용 장난감이었다고 말하자, 아이들은 하나도 재미없다고 하면서 더는 가지고 놀려 하지 않았다. 여자아이들도 마찬가지였다. 여아용 장난감이라는 꼬리표가 붙었을 때는 좋아했고, 남아용 장난감이라는 꼬리표가 붙자 거부했다. 장난감 자체는 바뀌지 않았고 그냥 꼬리표만 바뀌었을 뿐인데 말이다. 그러니 장난감 가게에 들어서서 여자아이들은 여아 전용 구역으로 직행하고 남자아이들은 남아 구역으로 후다닥 달려가는 것도 놀랄 일은 아니다. 이는 아이가 자신의 관심사를 표현하는 것이라기보다 '알맞은' 그룹과 자신을 동일시하는 일이라 할 수 있다.

이러한 아이들의 태도는 단지 '알맞은' 장난감을 '알맞지 않은' 장난감보다 더 재미있어 한다는 말만으로는 설명이 부족하다. 아이들에게 새로운 장난감을 주고서 그것이 남아용 장난감 또는 여아용 장난감이라고 말하면, 아이들은 자신에게 '알맞은' 장난감을 더 주의 깊게 탐색하고, 더 많은 시간을 들여서 그 장난감에 대해 알아내고, 사용법을 익힌다.⁵ '알맞은' 장난감을 더 많이 만지고, 조사하고, 그것에 대해 더 많이 묻는다. 또한 당연하게도 아이들은 자신이 속한 그룹의 꼬리표가 붙은 장난감에 대해 더 많이 기억한다. 기억하라, 이 아이들은 유치원생들이다! 남자아이들이 트럭을 가지고 놀도록 태어나고 여자아이들이 인형을 가지고 놀도록 태어나지 않는다는 얘기다. 트럭에 남아용 장난감이라고 꼬리표를 붙이고 인형에 여아용 장난감이라고 꼬리표를 붙이기 때문에, 아이들은 자신이 어떤 장난감을 가지고 놀아야 하는지, 그리고 어떤 장난감은 기를 쓰고 피해야 하는지 알게 되는 것이다. 그다음부터 아이들은 자연스럽게 자신이 속한 그룹의 장난감에 대해 전문가가 된다. 어떤 장난감이 '알맞은' 장난감인지 아는 것은 아이들이 그 장난감을 얼마나 능숙하게 가지고 노는지에도 영향을 미친다. 오하이오 주립 대학교의 심리학 교수 레이먼드 몬티마요르는 만 6~8세의 아이들을 실험실로 데려와 '미스터 먼치'라고 불리는 새로운 던지기 게임(실은 캐나다 장난감으로, 미국 중서부에 사는 아이들은 이 장난감을 알지 못했다)을 소개했다. 13초 안에 광대의 입 안으로 플라스틱 구슬을 더 많이 던져 넣는 쪽이 이기는 게임이었다. 몬티마요르는 실험에 참여한 일부 아이들에게는 이 게임이 '잭스Jacks®' 같은 여자아이 놀이'라고 설명했고 일부 아이들에게는 '농구 같은 남자아이 놀이'라고 설명했다. 아이들은 자신의 그룹에 속한다고 생각했을 때 그 놀이를 더 좋아했을 뿐 아니라 더 잘했다. 여자아이들은 남자아이 놀이라고 들었을 때보다 여자아이 놀이라고 들었을 때 광대의 입 안으로 더 많은 구슬을 던져 넣었다. 남자아이들 또한 여자아이 놀이라고 생각했을 때보다 남자아이 놀이라고 생각했을 때 더 성공적인 결과를 보였다.[6]

이들 연구는 아이들이 초등학교 입학 전에 이미 자신이 남자아이인지 여자아이인지 알고 있고, 남자아이와 여자아이에 대한 온갖 종류의 '규칙들'을 알고 있다는 사실을 보여 준다. 아이들은 남자아이와 여자아이가 각기 어떤 장난감을 가지고 놀아야 하며 각기 어떻게 행동해야 하는지, 나중에 커서는 각기 어떤 종류의 직업을 가지는지 알고 있다. 더 중요한 점은, 어떤 장난감이나 어떤 활동이 특정 성별을 위한 것이라고 믿는 것이 누가 그 장난감을 가지고 놀지, 누가 그 장난감에 대해 배울지, 누가 그 장난감을 더 능숙하게 다룰지를 결정한다는 것이다. 꼬리표 하나만으로도 아이들의 행동을 좌우하기에 충분하다. 이것이 오직 실험실에서만 벌어지는 일이라고 생각하는가? 그렇다면 토이저러스를 떠올려 보라. 토이저러스에는 구역마다 분홍색 표지판과 파란색 표지판으로 선명하게 꼬리표가 붙어 있다. 당연히 아이들은 '알맞은' 구역에서만 장난감을 고르려

● 작은 공을 던져 튕기는 동안 입체 공깃돌(잭스톤) 여러 개를 던져 올렸다 받는 서양식 공기놀이.

가정에서 젠더 연구하기: 아이들에게 물어보자

이 시점에서 많은 부모가 이렇게 생각할지도 모른다. '우리 아이는 절대 남자아이들은 강하고 여자아이들은 조용하다고만 생각하지 않을 거야. 우리 아이는 이러한 젠더 고정관념을 믿지 않아. 나는 남자아이들과 여자아이들이 동등하다고 생각하고, 우리 아이가 기존의 젠더 고정관념에서 자유로울 수 있도록 엄청 열심히 노력했어. 젠더 문제를 다루는 재미없기 짝이 없는 자녀 교육서까지 돈 주고 샀다고.'

나의 세계에 온 것을 환영한다. 나 역시 아이들에게 젠더 고정관념을 줄여 주기 위해 아주 열심히 노력했지만, 내 아이들도 젠더에 대해 말도 안 되는 소리를 내뱉곤 한다. 발달심리학자로서 나는 아이들이 하는 생각에 늘 충격을 받는다. 당신의 아이에게 여자아이들은 어떻고 남자아이들은 어떻다고 생각하는지 한번 물어보기 바란다. 조금만 캐물어도 당신은 아마 깜짝 놀랄 것이다. 아이에게 전형적인 남자아이와 여자아이를 묘사하라고 해 보자. 남자아이들은 어떤 유형의 일을 잘하고 여자아이들은 어떤 유형의 일을 잘하는지 물어보자. 내가 아는 어느 유명한 페미니스트 젠더 연구자는 딸과 함께 차를 타고 학교에 가는 길에 공사장 옆을 지나다가 딸이 오직 남자들만 불도저를 운전할 수 있다고 말하는 것을 듣고 너무 충격을 받은 나머지 자동차 사고를 낼 뻔했다.

아이들은 어른들이 일부러 가르치지 않더라도 이러한 생각들을 어딘가에서 습득하고 난데없이 스스로 만들어 내기도 한다(내 친구의 딸이 남자들만 굴을 좋아한다고 말한 것처럼). 때로 아이들은 우리가 가르치려 애쓰는 것들과 완전히 어긋나는 생각들을 만들어 낸다. 부모의 목소리는 세상의 수많은 목소리와 불협화음을 내는 하나의 목소리에 불과하다. 젠더에 관한 한 우리는 부모의 목소리가 가장 크고 거침없는 목소리가 되도록 노력해야 한다.

한다. 이는 장난감에 관한 문제라기보다 같은 편에 관한 문제라고
해야 할 것이다.

여자는 여자끼리, 남자는 남자끼리

앞에서 살펴봤듯이, 아이들이 젠더 차이를 만들어 내는 한 가지
방법은 자신의 그룹에 '알맞은' 일만 하는 것이다. 아이들이 젠더 차
이를 만들어 내는 두 번째 방법은 자신과 같은 젠더의 아이들하고
만 어울리는 것이다. 유치원에 입학하면 아이들 스스로 남자아이 그
룹과 여자아이 그룹으로 분리한다. 그런 다음 자신들을 사회화한다.
여자아이는 여자아이의 방식에 맞추어, 남자아이는 남자아이의 방
식에 맞추어 사회화하는 것이다. 이러한 과정은 성인이 된 후의 더
크고 더 굳건한 젠더 차이로 이어진다.(10장과 11장에서는 학교가
이러한 분리를 강화하면서 어떤 악영향을 미치는지 살펴볼 것이다.)
만 3세가 되면, 선택권이 주어졌을 경우 여자아이들은 여자아이
들과 놀기를 선택하기 시작하고 남자아이들은 남자아이들과 놀기
를 선택하기 시작한다. 물론, 옆집에 남자아이가 살고 있다면 당신
의 딸은 그 아이와 놀고 싶어 할 것이다. 혼자 있는 것보다는 또래와
노는 것이 좋기 때문이다. 당신의 아들이 할머니 댁에서 여자 사촌
과 매우 즐겁게 노는 것도 마찬가지 이유에서다. 그렇지만 선택권

이 주어진다면 아이들은 일반적으로 같은 젠더의 아이와 노는 것을 택한다. 이러한 선호도는 유치원 때부터 중학교 때까지 가장 강하다. 어린아이들에게 삶은 우리 편과 상대 편으로 명확히 나뉜다.

아이들이 이렇게 분리된 세계를 선택하는 이유는 적어도 처음에 부분적으로는 놀이 방식의 차이 때문이다. 기억하는가? 유치원에서 여자아이들은 남자아이들보다 약간 더 말을 잘하고 남자아이들은 여자아이들보다 약간 더 활동적이다. 그리고 아이들은 같은 유형의 놀이에 끌리는 경향이 있다. 이 연령대의 아이들에게 놀이의 유형은 매우 중요하다. 남자아이들은 더 거칠고 활동적인 놀이를 선호하는 경향이 있고 여자아이들은 더 조용한 놀이를 선호하는 경향이 있다. 그러므로 거칠게 놀고 싶은 아이들은 거칠게 노는 친구들과 어울리고 조용히 놀고 싶은 아이들은 조용히 노는 친구들과 어울린다. 이 시기에는 활동에 기초한 놀이가 더 많기 때문에, 상대적으로 활동적인 여자아이들은 남자아이들과 같이 놀고 싶어 한다.(놀이 방식에 상관없이, 남자아이들은 여자아이들과 같이 놀고 싶어 할 가능성이 적다.)[7]

하지만 이러한 현상은 초등학교 시기가 시작되면서 변화한다. 신체적으로 더 활동적인 여자아이들조차 남자아이들 대신 다른 여자아이들과 놀기로 선택한다. 남자아이들의 놀이가 자신에게 더 어울리는데도 불구하고 말이다. 마찬가지로, 더 차분하고 조용한 남자아이들도 다른 남자아이들과 어울리며 거친 놀이를 함께 하기로 선택한다. 자신이 가장 좋아하는 유형의 놀이가 아닌데도 말이다. 초등학교에 입학할 때가 되면 그룹이 놀이의 유형보다 중요해진다. 이 주제에 대해 더 자세히 살펴보자.

아이들은 그룹 자체가 다르다는 이유로 세상을 분리하기 시작한다. 스니치들과 비슷하게 말이다. 이 사실을 어떻게 알 수 있을까? 아이들은 젠더 이름표에 대해 알고 나면(가령 사람들을 '남자아이' 이름표가 붙은 그룹과 '여자아이' 이름표가 붙은 그룹으로 분류할 수 있게 되면), 같은 젠더의 아이들과 노는 것을 선호하게 된다.[8] 그에 더해 아이들은 자신이 같은 젠더의 아이들과 놀면 어른들의 승인을 받으리라고 기대하고, 다른 젠더의 아이들과 놀면 그러지 못하리라고 예상한다.

남자아이 그룹과 여자아이 그룹으로 나누는 이러한 분리는 나중에 더 큰 젠더 차이들로 이어진다. 어떻게 그러지 않을 수 있겠는가? 남자아이들은 크게 무리를 짓고 주로 또래 친구들이 결정한 활동을 하며 논다. 여자아이들은 두세 명의 작은 무리를 짓고서 주로 어른의 감독하에 하는 활동을 하며 논다. 이에 따라 여자아이들은 융통성을 발휘하고 타협하는 것을 연습할 기회를 더 많이 가질 수 있다. 활동에 대해 합의해야 하는 사람의 수가 적기 때문이다. 결과적으로 여자아이들은 훨씬 더 다양한 활동에 참여하게 된다. 또한, 여자아이들은 작게 무리 지어 놀기 때문에 놀이를 하면서 더 많이 대화할 수 있다. 축구를 하면서 대화하기란 어렵지 않은가. 그러니 여자아이들은 남자아이들보다 조금 일찍부터 말을 잘하는 데다 작은 무리에서 놀면서 언어 능력을 더 훈련하게 된다. 또한 관계를 맺고 친밀감을 형성하는 기술도 기르게 된다. 당장 자기 곁에 친구가 한 명만 있다면 그 친구의 사회적·정서적 신호에 주의를 기울이기가 더 쉬워진다. 그 친구 또한 내 말을 들어주는 게 확실하기 때문에 자신의 정서 상태에 대해 더 자세히 이야기하기가 쉬워진다. 이렇게 해서 여자아이들은 일대일 사귐에 더 능숙해진다. 이처럼 작게 시작된 차이가 갈수록 커지는 것은 아이들이 끊임없이 스스로를 사회화하기 때문이다. 또한 여자아이들은 어른의 감독하에 놀 때가 많기 때문에 어른의 말에 더 귀 기울이고 순응하게 된다. 이는 여자아이들이 대체로 남자아이들보다 학교생활을 더 잘하는 이유이기도 하다. 여자아이들은 얌전히 앉아서 교사의 말에 귀를 잘 기울이기 때문이다.

남자아이들의 놀이에는 달리기와 공 잡기가 수반될 때가 많다. 이것이 처음에는 총 근육 활동^motor activity에 있어 작은 이점에 불과하다가 남자아이들의 눈과 손의 협응력이 발달하면서 점점 큰 이점으로 작용한다. 또한 남자아이들은 몸을 써서 온갖 거친 놀이를 하며 근육량을 쌓기 때문에 신체적으로 매년 더 강해진다. 제한된 공간 안에서 움직이는 공의 위치를 쫓다 보면 공간을 이용하는 감각과 머릿속으로 물체를 회전시키는 기술이 는다. 게다가 남자아이들은 일반적으로 여자아이들에 비해 어른들로부터 멀리 떨어져서 놀기 때문에 독립성과 협상술이 발달하게 된다. 각자 목소리를 높이는 시끄러운 무리 속에서 자신의 목소리를 관철해야 하기 때문에 남자아이들은 자신의 의견을 강하게 주장하는 법을 배우고, 단호하게 말하는 남자아이들의 언어 능력은 평생 이어진다.

　이민자들이 미국의 패스트푸드, 유명인 숭배, 대형 마트 문화에 동화되는 것과 마찬가지로, 아이들은 자신이 속한 젠더 세계에 빠르게 동화된다. 여자아이들은 여자아이 세계에 더 적응하고 남자아이들은 남자아이 세계에 더 적응한다. 유치원생이 같은 젠더의 또래들하고만 어울린다면 더욱 심하게 젠더 고정관념에 갇히면서 다른 젠더의 특성들은 평가절하하게 된다.[9] 여자아이들은 (말로 표현하는 데 능숙하고, 감정이 풍부하고, 협조적인) 여자아이 세계에 사는 것에 더 능숙해질 뿐만 아니라 남자아이 세계의 일들을 소홀히 여기게 된다. 남자아이들 또한 (활동적이고, 독립적이고, 단호한) 남자아이 세계에서 실력을 더 잘 발휘할 뿐만 아니라 여자아이 세계에는 남자아이에게 중요한 것이 하나도 없다고 생각하게 된다. 이 얼마나 안타까운 일인가! 젠더에 관계없이 모든 아이는 잘 사회화되어서 말로 표현하는 데 능숙하고, 감정이 풍부하고, 활동적이고, 독립적일뿐 아니라 필요에 따라 협조적이거나 단호한 것이 좋다. 하지만 스스로 만든 엄격한 분리 정책 탓에 아이들은 다양한 특성을 고루 발달시킬 기회를 놓치고 만다.

　중학교에 입학하면 사춘기가 아이들의 우선순위를 뒤바꾸면서 아이들은 다시 상대방에게 관심을 갖기 시작한다. 각자 다른 언어를 사용하는 나라에서 살다가 처음 만난 사이 같다. 같은 사회 안에서 12년 동안 함께 숨 쉬며 살아왔음에도 불구하고, 그제야 남자아이들과 여자아이들은 서로 소통하기를 원한다. 하지만 그때까지 남자아이 세계와 여자아이 세계는 각각 오직 한 가지 소통 방식만 가르치고 중시했다. 그렇기 때문에 남자아이들과 여자아이들은, (십대 자녀의 부모에겐 공포겠지만) 더 이상 분리되고 싶어 하지 않는데도 불구하고 중간 지대에서 만나고 소통하는 데 어려움을 겪는다. 남자아이들은 화성에서, 여자아이들은 금성에서 오기라도 한 듯이 말이다.

 **또래 압력**

양들은 상당히 억울한 누명을 쓰고 있다. 우리는 양이 무작정 다른 친구들만 졸졸 따라다닌다고 비웃는다. 실제로는 우리 모두가 그러면서 말이다. 사회심리학 분야에서 유명한 책을 꼽으라면 엘리엇 애런슨이 쓴 『인간, 사회적 동물The Social Animal』을 들 수 있다.[10] 인간은 사회적 동물이다. 우리가 하는 일은 대부분, 인정하고 싶지 않더라도 다른 사람들과 어울리고 싶은 욕구에 의해 추동된다. 이것은 나쁜 특성이 아니다. 이 특성은 우리 사회가 좀 더 순조롭게 기능하도록 돕는다. 이를 잘 보여 주는 고전적인 실험이 있다. 엘리베이터에서 문 반대쪽으로 뒤돌아 벽을 마주 보고 서 있는 상태에서 다른 사람이 엘리베이터에 타면 어떤 일이 벌어질까? 다른 사람들 또한 뒤돌아 벽을 마주 보고 선다. 아이들도 다르지 않다. 아이들이 하는 일의 대부분은 또래 친구들이 무엇을 하는지나 또래 친구들이

자신에게 무엇을 기대하는지에 기초한다. 어느 순간이 되면 대부분의 부모가 이렇게 내뱉는 이유가 분명히 있다. "친구들이 다리에서 뛰어내린다고 너도 같이 뛰어내릴래?" 정직한 대답은 "네."이다. (아이를 비판하기 전에 당신도 그랬다는 사실을 떠올리기 바란다. 나는 고등학교 시절에 이미 곱슬곱슬한 내 머리를 파마한 적이 있다. 1980년대 말이었고, 모두들 머리를 크게 부풀리는 파마를 하고 다녔기 때문이다. 나는 푸들 같아 보였지만 또래의 기준에 들어맞았다. 그게 가장 중요했다.)

알맞은 유형의 남자아이나 여자아이가 되는 일에 관한 한, 아이들은 다른 사람들이 자신에게 원한다고 생각되는 일을 한다. 아이들은 또래 친구들이 자신에게 무엇을 기대하는지 알아차리고, 이러한 기대는 아이들의 선택에 영향을 미친다. 만 4세와 만 6세의 남자아이들을 대상으로 한 연구에서, 남자아이들은 또래 친구들이 주위에 있는 경우에 남아용 장난감을 선택할 가능성이 더 높았다. 하지만 혼자 있는 경우에는 임의적으로 장난감을 선택했다.[11] 또래 친구들이 딱히 무슨 말을 한 것도 아니었다. 단지 다른 아이들이 주위에 있다는 사실만으로도 어린 남자아이들은 더 '남자아이다운' 놀이를 선택했던 것이다.

내가 젠더 고정관념을 연구하는 새내기였을 때, 어린 아들을 둔 어떤 아빠가 아들에게 크리스마스 선물을 어떻게 해야 할지 고민이라고 상담해 온 적이 있다. 그의 아들은 받침대가 있는 커다란 바비 인형 머리를 가지고 싶어 했다. 긴 머리를 자유자재로 꾸밀 수 있는 장난감이었다. 만 6세쯤 되었던 그 아이는 바비의 머리를 땋고 빗질도 해 주고 싶어 했다. 그 아빠는 최대한 아들의 개성을 존중하고 싶었지만, 아들이 하고 싶은 대로 내버려 두어야 할지, 만약 바비 인형을 사 주면 아들이 평생 괴롭힘에 시달리게 되는 것은 아닌지 혼란스러워했다. 한편으로 바비 인형을 가지고 놀면 아들이 나중에 게이 미용사가 되지는 않을지 내심 걱정하는 것도 같았다. 결국 그는 산타의 선물이 아들의 성적 취향에 영향을 미치지 않는다고 확신한 후에야 바비 인형을 사 주기로 결정했다. 단, 야구방망이와 글러브도 함께 사 주기로 했다. 몇 달 후 우리가 그에게 장난감들이 어땠느냐고 묻자 아이 아빠는 즐거워하며 말했다. 아들은 바비 인형을 매우 좋아하지만 친구들이 집에 놀러 오면 누가 시키지 않아도 알아서 그걸 벽장 안에 넣고 남아용 장난감들을 꺼낸다고 했다.

나는 그것이 결코 훌륭한 해결책이라고 생각하지 않는다. 그렇지만 이 사례는 아이들이 친구들 사이에서 어떤 유형의 놀이가 수용되는지에 대해 얼마나 요령 있게 행동하는지 잘 보여 준다. 만 6세의 남자아이는 친구들이 바비 인형을 괜찮은 놀이 도구로 수용하지 않을 것이라는 사실을 이미 잘 알고 있었다. 솔직히 말하면 나는 이 이야기를 듣고 조금 슬펐다. 나는 어린 남자아이가 "나는 머리를 꾸미는 게 좋아."라고 거리낌없이 말할 수 있는 세상이기를 바란다. 하지만 아이는 불편함을 느꼈다. 그리고 가장 중요한 사실은, 아이가 또래가 수용하는 젠더 고정관념을 알고 있었다는 것이다. 아이는 친구들과 어울리기 위해서 의도적으로 자신을 젠더 고정관념에 더 부합하게 만들었다.

'또래 압력'에 굴복하는 일이 반드시 아이들이 평소에 알고 지내는 친구들에 의해서만 일어나는 것은 아니다. 아이들은 처음 보는 아이들 중에서도 같은 젠더의 또래 친구들하고만 행동을 같이하고 그들의 행동을 따라 하려고 노력한다. 아이들은 같은 젠더의 아이가 어떤 장난감을 가지고 놀고 있으면 그 장난감을 원하고 다른 젠더의 아이가 어떤 장난감을 가지고 놀고 있으면 그 장난감을 거부한다. 남자아이는 여자아이들이 인형을 가지고 노는 모습만을 볼 때보다 다른 남자아이가 그렇게 하는 모습을 볼 경우 인형을 가지고 놀 가능성이 더 높았다. 그와 반대로, 여자아이들이 트럭을 가지고 노는 모습을 보면 남자아이는 트럭을 거부할 가능성이 높았다. 그 특정한 트럭은 '여자아이 트럭'임에 틀림없기 때문이다.

왜 당신의 아들이 인형, 소꿉놀이, 그림 그리기나 만들기 재료를 원하지 않고 당신의 딸이 액션 피겨나 장난감 자동차 트랙을 원하지 않는지 궁금했던 적이 있는가? 그렇다면 아이들 대상의 텔레비전 광고들을 살펴보기 바란다. 혹은 그러한 장난감이 들어 있는 상자를 자세히 보기 바란다. 아이들은 그 장난감을 누가 가지고 놀고 있는지 주의 깊게 살핀다. 또, 다른 젠더의 아이들이 가지고 노는 장난감은 완강히 거부하고 같은 젠더의 아이들이 가지고 노는 장난감은 자기도 원한다고 말한다. 텔레비전 광고는 아이가 어떤 장난감을 요구하는지와 직접적으로 연관된다. 만약 텔레비전 광고에서 한 무리의 남자아이들이 화려하고 아기자기한 '마이 리틀 포니' 장난감을 가지고 노는 모습을 보여 준다면 남자아이들은 즉시 그것을 가지고 놀겠다고 달려들 것이다. 레고 블록을 두고 실제로 벌어진 일이다. 레고사는 남아용 장난감으로 인식되던 레고를 가지고 노는 여자아이들을 등장시켜서 제품 포장과 광고를 만들었고 블록의 색깔도 빨간색과 파란색에서 분홍색과 보라색까지 다변화했다. 그 결과 여자아이들의 레고 구매가 즉시 상승했다.

남자아이의 세계는 엄격하다

만 4세와 만 6세의 남자아이들을 대상으로 장난감 선호도를 측정한 연구 결과는 남자아이들의 가혹한 현실을 반영한다. 여자아이들은 어떤 종류의 장난감을 가지고 놀 수 있는지, 어떻게 행동해야 하는지와 관련해서 남자아이들보다 더 융통성을 발휘할 수 있다. 여자아이 세계는 남자아이 세계보다 훨씬 더 개방적이고 수용적이다. 예를 들어, 남자아이들이 여아용 장난감을 가지고 노는 경우보다 여자아이들이 남아용 장난감을 가지고 노는 경우가 훨씬 더 많다. 또한 여자아이들은 '말괄량이'가 되어도 괜찮다. 말괄량이는 경멸이 담긴 표현이 아니다. 성인 여자들은 자신이 어렸을 적에 말괄량이였다고 자랑할 때가 많다. 하지만 남자아이들은 조금이라도 여자아이같이 행동하면 잔인하게 놀림을 받는다. 어떠한 남자도 자신이 어렸을 적에 '계집애 같은 사내 녀석'('말괄량이'에 대비되는 가장 근접한 용어다)이었다고 자랑하지 않는다. 여자아이들은 젠더 고정관념과 어긋나는 것이 어느 정도 허용되는 반면, 남자아이들은 또래의 젠더 규칙 안에서 엄격하게 제한받는다.

우리는 아이들이 그들만의 사회에 살고 있고 그 안에서 '너무 유별나게' 굴면 그에 상응하는 결과를 얻는다는 사실을 잊어서는 안 된다. 부모로서 우리는 아이들에게 가해지는 압력, 특히 남자아이들에게 가해지는 압력을 주의 깊게 살펴야만 한다. 나는 젠더 고정관념을 매우 싫어하지만 내 아이들이 학교에서 자기 모습 그대로 보이고 싶어 할 때 별나다고 놀림받지 않기를 원한다. 전통적인 기준에서 벗어나는 아들을 두었다면 이러한 압력을 더욱더 염두에 두는 것이 좋다. 부모는 아이의 개성을 잘 키워 주는 일(많은 남자아이에게 이는 전통적인 여자아이 스타일의 옷이나 장난감을 좋아하는 것을 의미한다)과 아이가 학교에서 순응 압력에 대처하도록 도와주는 일 사이에서 아슬아슬한 줄타기를 잘해야 한다. 만약 당신의 아들이 전형적이지 않다면 아이의 교사에게 알려서 다른 아이들에게 괴롭힘을 당하지 않는지 주의해서 살펴보도록 해야 한다. 또한 아들에게 다른 사람들로부터 부정적인 말을 들으면 알려 달라고 가볍게 일러 두자. 무엇보다, 집만큼은 아이의 특별한 자질을 문제 삼지 않는 안전한 곳으로 만들자.

십 대의 숨겨진 젠더 규칙이 위험하다

중학교와 고등학교 시기에 남자아이들과 여자아이들이 서로 어울리고 싶어 한다고 해서 이들이 자신들만의 젠더 규칙에서 자유로워진다는 뜻은 아니다. 십 대가 되면 알맞지 않은 장난감을 가지고 노는 아이를 거부하지 않을지는 몰라도, 세상 속 남자와 여자의 역할에 대해서는 여전히 엄격하다.

남자아이들에게 '이상적인' 십 대 남자는 강하고, 운동을 잘하고, 학업에 관심이 없고, 최대한 많은 여자아이들과 사귀는 데 관심이 있는 아이이다. 운동을 잘하고, 강인하고, 이성애자이고, 남성적이어야 한다는 젠더 고정관념에 들어맞지 않게 행동하면 또래로부터 괴롭힘을 당할 수 있다. 많은 남자아이들이 흔히 '게이'나 '호모'나 그 비슷한 말로 불린다. 젠더 고정관념에 들어맞지 않는 행동은 무엇이든 조롱과 괴롭힘을 이끌어 낼 수 있다. 그러므로 남자아이들은 절대 다른 사람들 앞에서 울어서는 안 된다. '남자는 남자다워야 한다.'라는 이유로 괴롭힘당하는 아이들이 많다. 하지만 그래서는 안 된다. 실제 성

적 지향과 상관없이 이러한 괴롭힘은 남자아이들에게 당연히 해롭다.[12]

여자아이들이 또래로부터 강요받는 젠더 고정관념은 신체에 더 집중되어 있다. '이상적인' 십 대 여자아이는 매력적이고, 마르고, 섹시한 아이다. 많은 부모가 여중생과 여고생 중 약 90%가 최소 한 번 이상 성희롱을 경험한다는 사실을 알고서 큰 충격을 받는다.[13] 십 대 여자아이들이 겪는 성희롱에는 원치 않는 성적 언급, 의사에 반하는 신체 접촉, 누군가 엉덩이를 움켜잡거나 브래지어 끈을 잡아당기는 것, 신체 부위에 등급이 매겨지는 것, 나체 사진이나 모욕적인 신체 사진이 휴대폰에 찍히거나 온라인상에 게재되는 것 등이 포함된다. 이러한 일은 어른의 개입 없이도 여자아이들에게 자신과 관련해서 자신의 신체가 가장 중요한 것이고 자신이 항상 섹시하게 보여야 한다는 메시지를 심어 준다. 또래에게 성희롱을 당한 여자아이들은 섭식 장애의 초기 증상을 보일 가능성이 높고, 불안과 우울감에 시달릴 가능성과 학교에 가지 않으려 할 가능성이 높다.[14] 이러한 종류의 성희롱이 빈번하게 발생하면 여자아이들은 남자와 여자 관계는 원래 그렇다고 여기게 된다. 그 상태로 성인이 된 여자아이들은 학대와 폭력을 일삼는 남자와 사귈 가능성이 더 높다.

대부분의 십 대는 또래 괴롭힘에 대해 부모와 이야기하기를 꺼린다. 그렇기 때문에 자녀가 처한 상황을 부모가 가장 나중에 알게 되는 경우가 많다. 특히 남자아이들은 자신이 학교에서 '게이'라고 불린다고 부모에게 말하기 더 힘들어할 수 있다.

다음은 부모가 십 대 자녀를 돕기 위해 취할 수 있는 몇 가지 방법이다.

● 중학교 때부터 당신의 십 대 아들딸이 겪는 일에 대해 물어보자. 아이에게 아직 힘든 일이 발생하지 않았다 하더라도 앞으로 일어날 가능성이은 있다. 미리 이야기를 나누면 나중에 아이들이 비슷한 일을 겪더라도 부모에게 털어놓을 수 있다고 생각하게 된다. 또한 아이들은 어른과 대화를 나누는 것만으로도 괴롭힘이 불러일으키는 부정적인 감정들을 어느 정도 덜어 낼 수 있다.

● 만약 당신의 아이가 학교에서 괴롭힘을 당하고 있다면 즉시 학교 교장에게 전화를 걸자. 대부분의 학교는 집단 괴롭힘에 대해 무관용 정책을 채택하고 있고 그것을 실행해야 할 때가 바로 지금이다.

● 당신의 아이가 괴롭힘에 단호하게 대응할 방법을 세우게 하고, 다른 아이의 말에 적절히 대꾸할 말을 찾도록 돕자. "닥쳐." 같은 말을 하는 것만으로도 괴롭힘의 부정적인 영향을 일부 줄일 수 있다.

● 당신의 아이가 괴롭힘이 자신의 잘못이 아니라는 사실을 이해하도록 돕자. 남자아이가 운동을 잘 못해서 '게이'라고 불린다고 해서 자기 자신을 변화시켜야 할 필요는 없다. 아이 스스로 괴롭힘이 아이들 개개인의 결함이 아니라 젠더 고정관념에서 기인한다는 사실을 반드시 알아야 한다. 십 대들에게 학교를 졸업하고 나면 상황이 호전될 것이라고 계속 상기시켜 주자.

힘겨운 싸움

이렇듯 아이들은 자기들만의 젠더 규칙을 가지고 있는데, 이 규칙들은 엉성한 정보에 근거할 때가 많다. 아이들은 자기들만의 규칙을 따르며, 남자 세계와 여자 세계 둘레에 단단한 경계를 만든다. 이 모든 활동의 직접적인 결과로 아이들은 자신이 속한 젠더의 일을 다른 젠더의 일보다 훨씬 더 광범위하게 알게 된다. 일단 눈덩이가 굴러가기 시작하면 빠르게 커지는 데다 아이들 각자의 기억 편향 때문에 점점 걷잡을 수 없게 된다.

3장에서 우리는 자신이 선호하는 젠더 범주를 유지하기 위해 사용하는 정신적 속임수에 대해 이야기했다. 아이들은 똑같은 속임수를 꺼내 들어 자신의 젠더 고정관념을 유지하고 강화한다. 첫 번째 정신적 속임수로, 아이들은 자신이 속한 젠더와 관련된 정보에 주의를 기울이고 잘 기억하는 반면 다른 젠더에 관련된 정보는 쉽게 잊어버린다. 우리 모두는 자신의 젠더가 어떤 모습이어야 하는지에 대해 정교한 정신적 이미지를 가지고 있다. 애리조나 주립 대학교의 발달심리학자 캐럴 마틴은 이러한 정신적 이미지를 가리키는 말로 '젠더 스키마gender schema'라는 용어를 처음 만들었다.[15] 여자들은 '여자로 존재하는 것'에 대해 매우 정교하고 상세한 개념들을 가지고 있다. 대부분의 여자가 아기 돌보는 법, 기본적인 바느질과 요리 방법, 머리 땋는 법, 쇼핑몰에서 길을 찾는 법 등에 대해 조금씩은 알고 있는 이유다. 이러한 것들을 좋아하지 않더라도 성장 과정에서 이와 관련된 정보를 습득할 가능성이 높다. 남자들 또한 '남자로 존재하는 것'에 대해 정교하고 상세한 개념들을 가지고 있다. 대부분의 남자가 자동차 수리하는 법, 미국 프로 미식축구 리그의 이번 시즌 우승 팀, 석쇠에 스테이크 굽는 법 등에 대해 조금씩은 알고 있는 이유다. 남자라면 마초 운동광이 아니더라도 어딘가에서 이런 정보가 흘러 들어온다.

자신이 속한 그룹과 관련하여 이처럼 정교하고 상세한 개념을 형성하기 위해 우리는 다른 그룹에 대한 정보는 모두 걸러 내거나 무시해야 한다. 우리 두뇌에는 공간이 그리 많지 않다(그리고 잊지 말기 바란다. 인간은 사고하는 일에서 한없이 게으르다). 그러므로 우리는 자신이 속한 그룹과 관련된 정보를 기억하는 일에 온 힘을 쏟는다.

아이들은 자신이 속한 젠더의 장난감을 다른 젠더의 장난감보다 더 많이 탐색하고, 들여다보고, 가지고 놀 뿐만 아니라 자신이 속한 젠더와 관련 있는 정보를 다른 젠더와 관련 있는 정보보다 더 많이 기억한다. 어떤 메타 분석은 남자아이들이 남자 꼬리표가 붙은 사진, 단어, 장난감을 여자아이들보다 더 잘 기억하고, 반대로 여자아이들은 여자 꼬리표가 붙은 사진, 단어, 장난감을 남자아이들보다 더 잘 기억한다는 사실을 밝혀냈다.[16] 이러한 방법으로 아이들은 전형적인 남자나 전형적인 여자가 되기 위해 해야 하는 일들에 관해 배경지식을 쌓고, 자신과 상관없는 지식은 폐기한다.

이러한 일이 실생활에서는 어떻게 펼쳐질까? 당신이 아들에게 바느질 놀이 세트를 사 줬다고 해 보자. 당신은 아이에게 고정관념을 심어 주지 않으려고 애쓰고 있고, 아이가 바느질을 배운다면 나중에 살면서 도움이 될 것이라고 생각하고 있다. 하지만 첫 번째 문제는 상자가 분홍색이고 포장에 바느질하는 여자 그림이 있다는 점이다. 명백히 여자아이 장난감이라고 여기기에 충분하다. 즉시 아들은 바느질 놀이에 흥미를 잃을 것이고 더 나아가 바느질이 바보 같다고 생각할지도 모른다. 장난감이 무엇이든 간에 여자아이용이라고 생각되면 이렇게 반응할 것이다. 두 번째 문제는 아들이 자신이 그것을 가지고 노는 모습을 친구들에게 절대 보여 주지 않으려 할 것이라는 점이다. 아들의 남자 친구들이 본다면 '여자 흉내를 낸다' 고 놀릴 것이 뻔하기 때문이다. 세 번째 문제는 당신이 바느질 놀이를 가지고 놀라고 억지로 붙들어 앉힌다 해도 아들은 그 경험을 대부분 기억하지 못할 것이라는 점이다. 그것은 여자아이의 물건이기 때문에 아들은 그것을 가지고 노는 법을 기억하는 데 시간을 허비하려 하지 않을 것이다. 스스로 관심을 두지 않기 때문에 아들에게 바느질은 여자의 일로 남게 된다.

여자아이들은 약간 더 융통성이 있다(기억하자. 여자아이 세계는 남자아이 세계보다 약간 더 느슨하다). 하지만 여자아이들도 자신의 편견에서 자유롭지 못하다. 만약 당신의 딸에게 조립식 장난감 세트를 선물한다면 아이는 상자 뚜껑을 열기도 전에 남자아이가 그 장난감을 가지고 노는 사진을 보게 될 것이다. 차라리 상자 뚜껑에 "너를 위한 게 아니야."라고 적어 놓는 편이 나을지 모른다. 아이가 그렇게 해석할 것이 분명하기 때문이다. 딸은 저절로 조립식 장난감에 흥미를 잃을 것이다. 만약 아이가 전혀 부끄러워하지 않고 친구들에게 그 장난감을 보여 준다고 해도 딸의 여자 친구들은 집에 놀러 와서 그것을 가지고 노는 데 흥미를 보이지 않을 것이다. 딸은 결국 조립식 장난감을 충분히 이해하지 못할 테고, 그것으로 온갖 것을 만들 수 있다는 사실을 제대로 알지 못할 것이다. 그 장난감은 딸의 관심을 오래 끌지 못할 것이다. 당신의 노력에도 불구하고 딸의 머릿속에 기계와 관련된 기술은 남자의 일로 남게 되고, 아이의 젠더 고정관념은 강화된다.

두 가지 상황 모두 여자아이용 장난감이나 남자아이용 장난감이라고 명백하게 꼬리표를 붙인 것에서 비롯된다. 이것이 핵심이다. 그룹 범주화는 대부분 이와 같은 과정으로 진행되며, 미처 시작하기도 전에 놀이에서 나머지 절반의 아이들을 내쫓아 버린다.

아이들이 자신의 젠더에 들어맞는 정보만을 기억하는 첫 번째 정신적 속임수에 이어 젠더 고정관념을 강화하기 위해서 사용하는 두 번째 속임수는, 자신의 고정관념을 확정해 주는 정보만을 기억하고 고정관념을 깨뜨리는 정보는 기억하지 않는 것이다. 펜실베이니아 주립 대학교의 발달심리학자 마거릿 시그노렐라와 린 리번은 한 실험에서 아이들에게 남자와 여자가 전통적인 일을 하는 사진과 반대 경우의 사진을 보여 줬다. 그들은 아이들에게 남자 소방관의 사진과 바느질하는 남자의 사진, 그리고 여자 간호사의 사진과 교통정리를 하는 여자의 사진을 보여 준 다음 얼마나 많은 사진을 기억할 수 있는지 물었다.[17] 연구자들은 이 실험을 통해 무엇을 발견했을까? 우선, 아이들은 남자와 여자가 전통적이지 않은 일을 하는 사진보다 전통적인 일을 하는 사진을 더 잘 기억했다. 아이들은 남자 소방관과 여자 간호사 사진을 다른 어떤 사진보다 잘 기억했다. 또한 아이들은 중요한 계통 오차systematic error●를 보였다. 아이들은 남자 간호사를 보고 나서 그를 남자 의사로 기억하거나 아예 성별을 바꿔서 여자 간호사로 잘못 기억했다.

● 우연에 의해서가 아니라 일정한 법칙에 따라 생기는 오차. 따라서 발생 원인을 파악하면 보정이 가능하다. 즉 실험의 경우 환경이나 변수를 조정해 결과를 바로잡을 수 있다.

이렇게 되는 이유는 고정관념이 스스로를 바로잡을 수 없기 때문이다. 젠더 고정관념과 싸우는 일이 매우 힘들고 많은 경우 실패하는 이유가 여기에 있다. 또한 그렇기 때문에 고정관념에서 벗어난 장난감을 아이에게 사 주고 아이가 알아서 그것을 가지고 놀기를 바랄 수 없는 것이다. 아들을 위해 집을 인형으로 가득 채운다 하더라도 아들은 인형에 손도 대지 않을 것이다. 딸을 위해 방 한가득 장난감 트럭과 기차를 장만해도 딸은 거들떠보지 않을 것이다. 이것은 또한 당신 가족이 고정관념에 사로잡혀 있지 않다 하더라도 당신의 아이가 고정관념에서 자유로울 것이라고 단정할 수 없는 이유이기도 하다. 엄마가 직장에 다니고 아빠가 요리를 한다고 해서 아이들이 젠더 고정관념을 형성하지 않는 것은 아니다. 집 안 전체를 리졸로 소독한다 한들 아이를 콜록거리는 친구들로 가득 찬 학교에 보내면 감기에 걸리는 것과 같다. 게다가 딸에게 여성 과학자들에 대한 책을 사 주는 것만으로는 효과를 볼 수 없다. 아이는 당신이 원하는 것과 달리 과학 분야의 성 평등에 대한 메시지를 기억하지 못할 것이다. 당신의 아들이나 딸이 힐러리 클린턴 미 국무장관을 텔레비전에서 봤다고 해서 여자가 높은 권력자의 자리에 앉을 수 있다는 사실을 아이들이 이해했다고 추정해서는 안 된다. 아이들은 어떤 아이의 아빠가 공원에서 유아차를 밀고 가는 모습을 본다 해도 기억하지 못한다. 아이들이 이러한 정보에 주의를 기울이고 그것을 정확하게 기억하리라고 기대해서는 안 된다는 것이다.

이것만은 꼭 기억하자. 당신의 아이는 젠더 고정관념을 가지고 있으며, 일상생활에서 젠더 고정관념과 모순되는 사례들을 접한다 해도 모두 기억하지는 못한다고 추정해야 한다. 일단 그렇게 추정한 다음, 아이가 젠더 고정관념과 싸우도록 돕는 예방 조치를 더 적극적으로 취해야 한다. 아이들은 자신이 만들어 낸 문제를 혼자서 해결할 수 없다.

아이들의 젠더 고정관념을 바로잡아 주기

성실한 부모라면 어떻게 해야 할까? 나는 8장과 9장에서 젠더 고정관념에 맞서는 방법, 젠더 고정관념을 줄이고 아이의 잠재력을 최대화하는 자녀 교육 방식을 이야기할 것이다. 그렇지만 젠더 고정관념은 세상 구석구석에 너무 많이 스며들어 있기 때문에 공격하는 것만으로는 충분하지 않다. 수비 또한 잘해야 한다. 젠더 고정관념을 들을 때마다 바로잡아 주어야 한다. 젠더 고정관념이 스스로 알아서 사라질 것이라고 기대해서는 안 된다. 젠더 고정관념은 절대 스스로 사라지지 않을 뿐만 아니라 그대로 두면 점점 더 강해진다.

유치원에 다니는 아이들이 반복해서 말하는 젠더 고정관념은 언뜻 우스꽝스러워 보일지도 모른다. 유치원 아이들은 여자가 수학에서 업적을 쌓으려 하지 않는 것이나 남자가 가족을 위해 직장에서 휴가를 내는 데에 부담을 느끼는 일에는 전혀 관심이 없다. 유치원생들은 대개 특이하고, 구체적이고, 딱 보기에도 임의적인 젠더 고정관념을 가지고 있다. 일전에 그레이스는 내게 여자아이들은 속눈썹이 있지만 남자아이들은 없다고 말한 적이 있다. 또한 여자는 빨간색 픽업트럭을 몰아야 한다고 말하기도 했다. 어떤 유치원생들이 남자아이들은 높이 뛰어오르고 브로콜리를 좋아하고, 여자아이들은 블루베리를 먹는다고 말하는 것을 들은 적도 있다. 여기에 더해 유치원생들은 남자아이들은 강하고 시끄럽고 공격적이고 빠른 반면, 여자아이들은 조용하고 부드럽다는 고정관념을 가지고 있다. 또한 유치원생들은 의사와 소방관은 모두 남자고 교사와 간호사는 모두 여자라고 생각한다. 속눈썹에 관한 고정관념은 별로 심각하게 받아들이지 않을 수 있다. 하지만 의사에 관한 고정관념은 약간 걱정스럽다.

그러므로 우리는 아이들의 잘못된 생각 하나하나를 바로잡아 주어야 한다. 아이들이 누구에게만 속눈썹이 있다고 생각하는 것 자체가 문제여서가 아니다. 우리는 아이들이 하는 말들에 함축된 이분법적 사고를 바로잡아 주어야 한다. 어떤 그룹도 거기에 속한 사람들 모두가 똑같은 일을 하지는 않는다, 단 한 명도. 그러니 모든 남자아이가 어떤 것을 똑같이 하거나 모든 여자아이가 어떤 것을 똑같이 하는 일 따위는 없다. 사소한 문제에 대한 이분법적 사고부터 바로잡아 나간다면, 나중에 정말로 중요한 문제를 맞닥뜨렸을 때 이분법적 사고를 바로잡아 주기가 더 수월해질 것이다.

내 아이들이 이러한 말을 하면 어떻게 바로잡아 줄까? 나는 일장

연설을 늘어놓거나 중대한 문제로 삼지 않고 단 두 가지 요점만 짚어 준다. 이때 중요한 것은 매번 놓치지 않고 똑같은 두 가지 요점을 짚어 주어야 한다는 점이다. 첫째, 나는 아이가 어떤 특성에 관해 의견을 말할 때마다 남녀 모두 그 특성을 공통되게 가지고 있다고 짚어 준다. 속눈썹에 대해 나는 그레이스에게 이렇게 말했다. "남자아이와 여자아이 모두 속눈썹을 가지고 있어. 여자아이만 가지고 있는 게 아니라 남자아이도 가지고 있어." 둘째, 나는 아이의 고정관념을 깨뜨릴 수 있는 구체적 사례를 제시한다. 이렇게 말이다. "아빠를 생각해 봐. 아빠는 속눈썹이 아주 길지. 하지만 엄마는 속눈썹이 짧아서 마스카라를 칠한단다." 분명히 그레이스 혼자서는 자신의 고정관념과 반대되는 사례를 떠올리지 못했을 것이다(앞에서 말했듯이 아이들은 절대 그렇게 하지 못한다). 그래서 나는 그레이스를 위해 반증 사례를 짚어 주었다. 이게 전부다. 끝! 때로 나는 성별에 관계없이 남자아이와 여자아이 모두 어떤 일을 할 수 있다고 단순하게 말하는 대신 '가변성'의 관점에서 설명하기도 한다. 마야가 여자아이는 깔끔하고 남자아이는 지저분하다고 말했을 때 나는 마야에게 이렇게 말했다. "어떤 여자아이는 깔끔하고 어떤 여자아이는 지저분해. 또한 어떤 남자아이는 깔끔하고 어떤 남자아이는 지저분하지." 그런 다음 두 번째 요점은 똑같은 방법으로 짚어 줬다. "아빠를 생각해 봐. 엄청 깔끔하잖아."

내 남편은 우리 집에서 고정관념을 깨뜨리는 훌륭한 반증 사례가 되어 준다. 나와 남편을 대조하면 아이들은 아빠에 대해 자세히 알고 있기 때문에 구체적인 사례로 받아들일 수 있다. 그렇다고 이러한 요점을 짚어 주기 위해 반드시 서로 다른 성별의 부모가 필요한 것은 아니다. 젠더 고정관념에 들어맞지 않는 구체적인 사례는 아이의 학교 친구일 수도 있고 사촌, 교사, 이웃, 조부모, 심지어 텔레비전에 나오는 캐릭터일 수도 있다. 어떤 유치원생이 "남자아이들은 용감해."라고 말한다면 나는 이렇게 대답할 것이다. "어떤 남자아이들은 용감하고 어떤 여자아이들도 용감해. '도라'*를 생각해 봐. 교활한 여우 '스와이퍼'와 맞설 때 엄청 용감하잖아." 세 문장이면 충분하다. (또한 만약 당신이 편부모이거나 두 명의 엄마 또는 두 명의 아빠로 구성된 가정을 꾸리고 있다고 해서 젠더 고정관념에서 자유롭다고 추정해서는 안 된다. 당신의 아이도 어디선가 고정관념을 습득한다.)

아이가 초등학교에 입학하면 젠더 고정관념은 조금 더 걱정스러운 수준에 이른다. 최근 마야는 내게 "남자아이들은 만날 치고받고 싸워."라고 말했다. 물론, 남자아이들은 여자아이들보다 정당한 이유 없이 신체적 공격성을 보일 가능성이 더 높다. 하지만 평생 한 번도 싸움에 휘말리지 않는 남자아이들도 정말 많다. 그래서 나는 어김없이 두 가지 요점을 짚어 주었다. 이번에는 먼저 가변성을 짚은 다음 반증 사례를 제시했다. "어떤 남자아이들은 싸움에 휘말리지. 하지만 절대 싸우지 않고 싸움을 싫어하는 남자아이들도 많아. 게

---

* 텔레비전 만화 시리즈 「도라도라 영어나라(Dora the Explorer)」의 호기심 많은 주인공 여자아이.

다가 여자아이들도 싸움에 휘말리곤 한단다. 매기가 자기에게 못되게 군 남자아이를 걷어찼던 거 기억나니? 그것도 싸움이야. 그리고 밀런을 생각해 봐. 밀런은 남자지만 절대 싸움에 끼지 않을 거야."

남자아이들이 여자아이들에 대해 일반적으로 가지는 고정관념은 '여자아이들은 농구를(혹은 공 던지기나 마리오 카트 같은 레이싱 게임을) 하지 못한다.'는 것이다. 여자아이들이 스포츠를 못한다는 부정적인 고정관념은 초등학교 남자아이들 사이에 지나치게 만연해 있다. 나라면 두 가지 요점을 짚겠다. "글쎄, 어떤 여자아이들은 농구를 못하지. 하지만 어떤 남자아이들도 농구를 못해. 게다가 어떤 여자아이들은 농구를 정말 잘해. 농구 선수 리사 레슬리를 봐. 여자인데도 덩크슛을 할 수 있잖아."

나는 고정관념을 바로잡는 일이 내 아이들에게 불리하게 작용한다고 해도 반드시 그렇게 한다. 한 그룹에 속하는 모든 사람이 똑같이 행동한다고 생각하는 것은 분명히 큰 문제다. 나는 마야가 "여자아이들이 남자아이들보다 착해."라고 말하면 바로잡아 준다. 사나운 여자아이들도 많고 놀라울 정도로 상냥한 남자아이들도 많다고 말이다.

초등학교 시기에는 남자아이와 여자아이가 서로 적대 관계를 형성하기도 한다. 서로에 대해 이상한 반감에 가득 차 있다. 마야가 여자아이 한정 파티에 초대되거나, 마야의 남자 친구 하나가 남자아이 한정 파티를 열거나, 혹은 아이들이 자기와 '같은 부류의' 아이들하고만 놀고 싶다고 말하는 경우에 나는 입버릇처럼 두 가지 요점을 되풀이한다. 이렇게 말이다. "나는 남자아이들이 여자아이들이랑 함께 놀 때 훨씬 더 재미있을 거라고 생각해. 좀 다양하게 사는 게 재미있잖니." 다시 한 번 말하지만, 문제는 ('화성에서 온 남자, 금성에서 온 여자'로도 알려진) 이분법적 사고다.

아이가 중학교, 고등학교에 다니게 되면서 어린아이들에 비해 젠더 고정관념은 더 미묘해질 수 있다. 청소년기의 고정관념은 또래 압력 관련 논의에 포함돼 있거나 사춘기에 수반되는 남자아이-여자아이 관계와 연관될 때가 많다. "여자아이들은 다 이런 셔츠를 입어." "남자아이들은 전부 이런 농담을 지껄여." "어떤 여자아이도 (눈을 굴리며) 컴퓨터 공학 수업을 듣지 않아." "자존심 있는 남자라면 시를 좋아할 리가 없지." 이 경우에도 나는 똑같이 두 가지 요점을 짚어 준다. 단, 청소년기 아이들에게는 이전 시기보다 조금 더 세심하게 응답할 필요가 있다. 십 대가 가지는 여러 고정관념은 친구들이 자신에게 기대한다고 생각되는 기준에 부합하려는 데서 비롯한 것일 때가 많다. 많은 면에서, 또래 압력에 굴복하는가의 문제인 것이다.

내 친구의 고등학교 1학년 아들은 교사에게 들리도록 욕설을 해서 곤란한 상황에 처한 적이 있다. 남자들은 또래에게 거칠게 행동하라고 강요받을 때가 많은데, 그 아이는 그 고정관념에 사로잡힌 것이다. 내 친구는 큰 충격을 받았지만 아이는 "남자들은 다 그렇게 말해요."라고 대답했다. 그때 내 친구는 최선을 다해 이렇게 말해 주었다. "어떤 남자들이 친구들에게 그런 식으로 말한다고 해서 모든 남자가 그렇게 한다는 의미는 아니야. 대학을 나와 취직을 하고 성공하고 싶은 남자들은 그런 식으로 말하지 않아. 어떤 게 더 나은 남자니? 욕하는 남자니, 아니면 좋은 직업을 갖는 남자니?" 그러자 아이는 부모의 말뜻을 이해한 듯했다.

십 대 여자아이들이 흔히 하는 말은 "남자는 전부 얼간이다."이다 (대개 남자 친구와 헤어진 후에 이렇게 말한다). 반대로 남자아이들이 "여자아이들은 모두 신경질만 내고 남자한테 들러붙는다."라고 말할 수도 있다. 이런 경우에도 가장 좋은 대응은 그저 두 가지 요점만 말하는 것이다. "남자가 전부 얼간이는 아니야. 그 남자는 얼간이일 수도 있지만 세상에는 괜찮은 남자들도 많단다." 혹은 "네 저번 여자 친구가 집착이 심했던 건 알아. 하지만 여자아이가 다 그렇지는 않아."라고 말이다. 중요한 것은 남자아이들 그룹과 여자아이들 그룹 안에도 엄청나게 많은 차이가 존재하기 때문에 어떠한 말로도 두 그룹을 일반화할 수 없다는 사실을 짚어 주는 것이다.

고정관념 식별하기

아이가 말하는 모든 젠더 고정관념은 반드시 바로잡아 줘야 하지만 애초에 그 고정관념은 아이가 생각해 내지 않은 경우가 상당히 많다. 어른들은 아이들 앞에서, 더 심각하게는 직접 아이들을 향해 믿을 수 없을 만큼 편견에 사로잡힌 말들을 수없이 내뱉는다. 평소에 나는 고정관념이 작동하고 있다는 사실을 인식하고 있지만 아이들은 별로 의식하지 못할 때도 있다. 이러한 경우에 나는 좀 더 세심해져야 한다. 그렇다고 젠더 고정관념들을 그대로 내버려 둘 수는 없다. 나는 어떤 어른이 내 아이에게 지구가 평평하다고 말하기를 원하지 않는다. 과학 수업에 방해가 되기 때문이다. 마찬가지로 나는 편견에 사로잡힌 어른들이 자신의 젠더 고정관념을 아이들에게 떠넘기기를 바라지 않는다.

어떤 어른이 내 아이들에게 고정관념에서 비롯된 말을 할 때면 나는 아이들과 나만 남을 때까지 기다렸다가 그 어른의 말이 어떻게 틀렸는지 짚어 준다. 이런 상황은 미묘하다. 나는 아슬아슬하게 곡예를 하듯 아이들에게 어른을 존중하는 법을 가르치면서 동시에 부정확한 말이 내 아이들에게 부정적인 영향을 미치지 않도록 바로잡아야 한다. 조부모, 교사, 아이 친구들의 부모가 그 대상일 때가 많다. 식료품 가게에서 만나는 노부인들도 마찬가지다. 60세를 넘긴 사람들의 말은 아이들에게 쉽게 설명할 수 있다. 최근 어느 은퇴한 노부인이 식료품 가게에서 나와 마야에게 이렇게 말한 적이 있다. "딸이 있으면 정말 좋지. 장 볼 때 도움이 많이 되거든." 나는 그녀가 시야에서 사라진 후 마야에게 작은 소리로 말해 주었다. "저 할머니가 젊었을 때는 남자아이들이 장 보는 걸 별로 돕지 않았어. 하지만 이제 시대가 바뀌었고 남자아이들도 여자아이들만큼 많이 돕는단다."

우리와 사이가 가깝고 서로 마음을 쓰는 사람들과 얽히면 문제가 조금 더 어려워진다. 나는 사랑하는 사람에게 대놓고 틀렸다고 말하고 싶지 않다(때로 틀리기는 하지만 말이다). 가까운 친척 한 사람은 자주 이렇게 말한다. "남자아이들은 너무 거칠어." 레슬링을 좋아하는 내 딸들과 몸싸움을 벌이면서도 말이다. 이럴 때도 나는 아이들과 나만 남을 때까지 기다렸다가 아이들에게 상기시킨다. "이모는 항상 남자아이들이 거칠다고 말하지. 하지만 이모는 여자아이들도 거칠게 굴 수 있다는 사실을 잊고 있어. 게다가 많은 남자아이들은 그다지 거칠지 않아. 너희가 이걸 기억하면 좋겠어. 이모가 저렇게 말할 때는 세상에 있는 모든 거친 여자아이와 모든 조용한 남자아이를 까먹고 있는 거라고 말이야."

당신은 이 일이 이렇게 많은 시간과 노력을 쏟을 가치가 없다고 생각할지도 모른다. 하지만 나는 어른들이 내 아이들에게 남자아이들이 여자아이들보다 선천적으로 수학을 더 잘하고, 남자아이들은 아기를 이해하지 못하고, 여자아이들은 똑똑한 것보다 예쁜 것이 더 중요하다고 말하는 것을 우연히 들은 적이 있다. 당연히 나는 내 아이들, 아니 어떤 아이들도 이러한 말을 사실로 받아들이지 않기를 바란다. 만약 내게 아들이 있었다면 나는 이러한 오류들을 짚는 일에 특별히 더 신경 썼을 것이다. 남자아이들에게 영향을 미치는 고정관념은 여자아이들에게 영향을 미치는 고정관념보다 사회적으로 더 쉽게 용인될 때가 많고, 사람들은 더 편하고 자유로이 이러한 고정관념을 공유한다. 예를 들어, 남자아이들은 어른들에게서 강해야 하고 울면 안 된다는 말을 들을 때가 많다. 지난여름, 내 친구의 여덟 살짜리 아들이 발을 다쳤다. 그때 지나가던 사람이 아이에게 남자는 울면 안 되니까 힘을 내서 참으라고 말했다. 나는 아이에게 속삭였다. "남자들도 우는 사람 많아. 저 아저씨는 그냥 헷갈린 거야. 걱정하지 마."

내 아이들을 고정관념에서 지켜 내기 위해 내가 사용하는 마지막 방법은 아이들이 미처 의식하지 못할 때에도 그 고정관념들을 짚어 주는 것이다. 때로 이는 차별에 대해 가르치는 것을 의미한다. 위스콘신 스티븐스포인트 대학교의 발달심리학자 에리카 와이즈그럼은 여자아이들에게 과학에 대한 흥미를 심어 주는 데 관심이 있었다. 그래서 여러 방법을 시도했지만 거의 성공하지 못했다. 그녀는 리베카 비글러와 함께 여자아이들에게 특별히 흥미로운 과학 주제들을 가르치는 실험을 진행했다. 절반의 여자아이들에게는 재미있는 과학적 사실들을 가르쳤다(이는 여자아이들이 과학에 흥미를 가지게 하는 일반적인 방법이다). 나머지 절반의 여자아이들에게는 재미있는 과학적 사실들을 가르치면서, 과학 분야에 종사하는 여자들에 대한 부정적인 고정관념과 차별이 여자들로 하여금 과학 분야의 경력을 유지하지 못하게 만드는 방식까지도 이야기해 줬다.[18]

부정적인 고정관념과 차별에 대해 정확히 들은 여자아이들은 낙담했을까? 그러지 않았다. 오히려 그 아이들은 과학에 더 큰 관심을 보였고 자신의 과학 능력에 대한 자신감이 더 높아졌다! 어떻게 된 일일까? 여자아이들은 유명한 과학자 중에 여자가 별로 없다는 사실을 이미 알고 있다. 학교에서 과학자에 대해 배울 때 여자 과학자들이 거의 포함되지 않는다는 사실을 알아차린 것이다. 그러니 아이들에게 그 사실을 굳이 짚어 줄 필요는 없다. 아이들은 여자가 물리학자가 되기 힘들다는 사실을 이미 알고 있다. 정작 아이들에게 필요한 것은 왜 여성 과학자가 드문지, 그 이유를 알아내도록 도와줄 사람이다. 과학 분야에 종사하는 여자들에 대한 부정적 고정관념과 차별은 여자 과학자가 그렇게 적은 이유 전부는 아니더라도 많은 부분을 설명해 준다. 그러니 현상 자체보다 이유를 짚어 주자. 그리고 아이들과 대화를 나누자.

당신은 아이들이 젠더 차이를 혼자 힘으로 설명하기를 바라지 않을 것이다. 아이들이 설명하는 방향은 완전히 틀릴 때가 많다. 비글러는 어떤 실험에서 여자아이들에게 미국에서 여자 대통령이 한 번도 나오지 않은 이유를 물었다. 여자아이 중 3분의 1은 여자가 대통령이 되는 것이 법으로 금지되어 있다고 답했다. 1907년이 아니라 2007년에 한 실험에서 말이다.[19] 젠더 차이에 대해 설명해 보라고 아이들에게만 맡겨 두면 아이들은 이처럼 당신의 가치관이나 현실과 전혀 동떨어진 대답을 내놓을지도 모른다.

남자아이들은 암묵적 고정관념 때문에 여자아이들보다 훨씬 더 많이 제약을 받는다. 남자아이들은 거칠어야 하고 교사 같은 권위자를 무시해야 한다는 압박감을 느낄 때가 많다. 교사에게 고분고분한 남자아이는 학교에서 놀림을 받는다. 또한 남자아이들은 결코 도움을 요청해서도 안 된다. 남자아이들은 학년 내내 여자아이들보다 학업 성적이 떨어진다. 가장 큰 이유는 젠더 고정관념이 그들에게 강인하고, 독립적이고, 절대 도움을 청하지 말라고 강요하기 때문이다.[20] 이러한 제약의 결과로 당신의 아들은 학교에서 주의를 집중하지 못하고 힘든 일을 겪어도 도움을 청하지 못할지도 모른다. 그렇지만 여러 연구 결과, 낡은 고정관념을 무시하는(남자아이는 어때야 하고 여자아이는 어때야 하는지에 대해 유연한 생각을 가지고 있는) 남자아이들은 실제로 학업 성취도가 더 높다는 사실이 밝혀졌다. 그러므로 만약 당신의 아들이 이러한 고정관념에 영향을 받고 있는 것 같거나 학교에서 곤란한 상황에 처했거나 교사에 대해 무례한 말을 한다면 단지 아이를 벌하기만 해서는 안 된다. 고정관념이 숨어들어서 자신을 휘두르고 있는지 아이가 알아내도록 돕고, 어떠한 또래 압력에도 동조할 필요가 없다는 사실을 깨닫도록 도와야 한다.

아이들은 젠더 고정관념을 만들어 내는 주요한 생산자다. 아이들은 남자와 여자에 대해 자신만의 왜곡된 견해를 형성하고, 고정관념과 맞지 않는 정보를 무시하고, 자신과 똑같다고 생각되는 아이들하고만 놀려고 한다. 이 모든 것은 다시 새로운 고정관념을 더 만들어 내고 기존의 고정관념을 강화한다. 부모로서 우리는 아이들이 마주치는 고정관념과 맞서서 아이들을 지켜 내야 하는 큰 임무를 맡았다. 아이가 말하는 고정관념을 바로잡아 주고, 다른 어른들이 말하는 잘못된 의견을 짚어 주고, 아이에게 영향을 미치는 부정적인 고정관념에 대해 아이와 이야기를 나누어야 한다. 때로는 방어가 최선의 공격이다.

요점 정리: 꼭 하고 싶은 이야기

- 아이들은 생애의 가장 초기에 젠더 고정관념을 배운다. 아이들은 정보 조각들을 수집한 후 이를 큰 덩어리의 고정관념으로 탈바꿈시킨다.
- 아이들은 다른 어떤 것보다도 또래, 그리고 '알맞은' 장난감에 크게 영향을 받는다. 여자아이들은 오로지 다른 여자아이들과 여아용 장난감을 가지고 놀고 싶어 하고, 남자아이들은 오로지 다른 남자아이들과 남아용 장난감을 가지고 놀고 싶어 한다. 놀이의 유형에 관계없이 말이다. 젠더에 근거한 '우리 편'은 모든 것을 눌러 버린다.
- 아이들은 같은 젠더의 아이들하고만 어울림으로써 자신만의 젠더 고정관념을 강화한다. 남자아이들은 남자아이 세계의 방식으로 사회화하고 여자아이들은 여자아이 세계의 방식으로 사회화한다. 또한 아이들은 자신의 그룹에 들어맞고 자신의 고정관념을 강화하는 정보만을 기억한다.
- 아이들은 자신만의 젠더 고정관념을 형성하고 이러한 고정관념은 바꾸기가 매우 힘들기 때문에, 부모들은 아이가 젠더 고정관념을 말할 때마다 잘못된 점을 곧장 짚어 주고 바로잡아 주어야 한다.

8
고정관념에 따른 양육

몇 해 전 크리스마스 무렵에 우리 부부는 마야와 그레이스를 데리고 남편의 부모님 댁을 방문했다. 이제 막 장난감에 관심을 보이기 시작한 그레이스는 거실을 가로지르는 장난감 기차 세트에 푹 빠져 버렸다. 그레이스는 아주 즐거워하면서 소리를 지르고, 킥킥거리고, 신나게 손뼉을 쳤다. 기적을 울리고 불빛을 번쩍이며 움직이는 기차에 완전히 흥분한 나머지, 말 그대로 웃다가 앞으로 고꾸라졌다.

웃다가 앞으로 고꾸라지는 것은 아이가 매우 즐겁다는 증거다. 이러한 반응은 그다음 주에 내 부모님 댁을 방문했을 때도 되풀이됐다. 한 시간 가까이 그레이스는 트랙을 도는 기차를 뚫어져라 쳐다보며 손뼉을 치고 웃었다. 갖가지 장난감이 옆에 잔뜩 쌓여 있었지만 그레이스의 관심은 온통 기차에만 쏠려 있었다. 외할머니와 외할아버지는 아기의 순수한 기쁨에 웃음을 터뜨리며 그 순간을 만끽

했다. 그날의 장면을 찍은 사진들은 페이스북에 게시됐다.

드디어 크리스마스 당일 아침이 되어 선물을 열어 볼 시간이 다가왔다. 그레이스는 생애 첫 번째 크리스마스 선물로 무엇을 받았을까? 여섯 개의 인형과 음악이 나오는 찻잔 놀이 세트였다. 모두 아이를 조건 없이 사랑하는 사람들이 사랑을 듬뿍 담아 정성껏 고른 선물이었다. 그렇지만 어느 누구도 그레이스의 실제 관심사를 염두에 두지 않았다. 그레이스가 여자아이로서 무엇을 원해야 하는지만 고려한 선물이었다.

어떤 아이가 남자아이라는 사실을 아는 것만으로 그 아이가 얼마나 운동을 잘하는지 혹은 얼마나 수학을 잘하는지 알 수는 없다. 그와 마찬가지로, 여자아이라는 사실을 아는 것만으로 그 아이가 얼마나 다정한지 혹은 얼마나 말하기를 좋아하는지 알 수는 없다. 아들을 둔 엄마들은 흔히 내게 딸이 있어서 정말 좋겠다고 말한다. 여자아이는 남자아이만큼 거칠거나 지저분하지 않다며 말이다. 그럴때마다 마야가 나나 남편의 허벅지에 올라앉아 방귀를 뀌고는 자지러지게 웃는다거나 식당에서 크게 트림을 해서 시선을 한 몸에 받는다는 사실을 말해 줄까 말까 곰곰이 생각한다. 내가 만약 여자아이에 대한 고정관념에 따라 양육하려 애썼다면 마야를 키우면서 얻는 즐거움과 마야를 고유하게 만드는 특징들(비록 조금 메스껍기는 하지만)을 놓쳐 버렸을 것이다.

안타깝게도, 많은 부모가 아들을 두었느냐 아니면 딸을 두었느냐에 따라 크게 영향을 받는다. 젠더 고정관념에 사로잡힌 문화에서는 '임신한 여성의 배가 부른 모양'에서부터 시작해서 남자아이와 여자아이에 대한 선입견에 영향을 받지 않기가 쉽지 않다. 당신도 (인간이기 때문에) 미처 모르는 사이에 젠더 고정관념에 영향을 받을 가능성이 높다. 젠더 고정관념은 부모가 아이를 양육하는 방식에 영향을 미치고, 그 결과 아이가 발달하는 방식에도 영향을 미칠 수 있다. 이 장에서는 부모가 흔히 아들과 딸을 다르게 대하는 방식들을 우선 살펴볼 것이다. 알코올의존증 환자를 위한 자조 모임에서 말하는 것처럼, 문제 해결의 첫 단계는 스스로 문제가 있다는 사실을 인정하는 것이기 때문이다. 그런 다음 젠더 고정관념에 따른 양육이 복잡하고 고유한 아이의 개별성에 맞춘 양육에 비해 즐거움과 성취감 면에서 부모와 아이 모두에게 만족스럽지 않은 이유에 대해 이야기할 것이다.

남자아이 양육하기와 여자아이 양육하기

자녀가 젠더 때문에 무엇을 할 수 있고 무엇을 할 수 없다고 대놓고 말하는 부모는 거의 없다. 이와 관련해 질문을 받는다면 대부분의 부모는 남자아이와 여자아이를 동등하게 대해야 한다고 단호하게 주장하고, 자신 또한 아들과 딸을 동등하게 대하고 있다고 자신 있게 말할 것이다. 여기서 앞부분은 믿을 수 있지만 뒷부분은 믿을 수가 없다. 대부분의 부모는 자신이 아이들을 성별에 관계없이 동등하게 대한다고 생각한다. 아이들을 대하는 태도의 차이가 대개 의도적이지 않은 데다 알아차리기 힘들기 때문이다. 분홍색과 파란색의 미묘한 차이는 감지하기 가장 힘들다.

그렇다. 대부분의 부모는 남자아이와 여자아이를 동등하게 대해야 한다고 믿는다. 실제로 172건의 연구를 대상으로 실시한 메타 분석에서는 부모들이 자신의 아들과 딸을 따뜻하게 대하거나 엄격하게 대하는 태도에 차이가 없다는 사실을 발견했다.[1] 부모들이 자녀의 전반적인 성취를 장려하는 일에도 역시 차이가 없었다. 하지만 실상은 대부분의 부모가 젠더의 렌즈를 통해 아이들을 보기 때문에 젠더 고정관념들에 영향을 받을 수밖에 없다. 우연히, 의도치 않게라도 말이다.

아기일 때

부모는 아이가 아기일 적에 젠더 고정관념에 의존하기 가장 쉽다. 하루 종일 누워서 지내는 젖먹이 시기에는 아이의 고유한 자질을 알아차리기가 힘들다. 그 시기 아이는 장난감에 그다지 흥미가 없고, 주로 젖과 달랑거리는 자동차 열쇠에만 관심을 보인다. 아이의 성격과 관심사를 파악하지 못한 부모는 그 빈칸을 젠더 고정관념으로 채우려 한다. 부모들은 아이 개인에 대해서는 아직 많이 알지 못하지만 젠더에 대해서는 많이 알고 있다. 그렇게 부모들은 젠더가 자신의 행동을 조종하도록 맡겨 버린다.

연구자들은 남자 아기와 여자 아기의 방을 조사하고 나서 아이들이 태어나면서부터 서로 다른 환경에 노출된다는 사실을 발견했다. 그리 놀라운 일은 아니다. 남자 아기들은 자동차, 기차, 기계 같은 '세상과 관련된 장난감'을 더 많이 가지고 있는 반면, 여자 아기들은 인형이나 소꿉 같은 '집과 관련된 장난감'을 더 많이 가지고 있었다.[2] 부모들은 아이가 좀 더 커서 장난감을 갖고 놀 수 있게 되었을 때 트럭을 좋아할지 아니면 인형에 더 끌릴지를 애초부터 정해 놓는 것이다.

또한 부모들은 남자 아기와 여자 아기에게 서로 다르게 소통한다. 엄마들은 딸을 둔 경우에 아기에게 더 많이 말을 걸고, 아기와 더 많이 소통하고, 아기의 미소에 더 민감하게 반응한다. 남자 아기는 여자 아기보다 더 거칠게 다뤄진다. 이는 처음 보는 아기를 대할 때도 마찬가지였다. 어느 연구에서 연구자들이 어떤 아기를 남아와 여아로 번갈아 가면서 불렀더니 '남아'로 불릴 때는 남자 아기처럼 다뤄졌다. 실은 여자 아기였는데도 말이다.[3]

아이가 좀 더 자라면

아이가 크면서 부모들은 아들의 정서 생활과 딸의 정서 생활에 서로 다르게 대처한다. 가령, 부모들은 감정에 대해, 특히 슬픔에 대해 아들보다 딸과 더 자주 이야기한다. 드물게 아들과 감정에 대해 이야기를 나눈다 해도 대개 분노나 자기통제 등에 한정된다. 부모들은 아이가 학교에서 힘든 일을 겪었다고 하면 딸에게는 얼마나 슬

폈느냐고 묻지만 아들에게는 그냥 이겨 내라고 말한다.[4]

또한 아들은 딸보다 더 많이 처벌받는다. 그와 동시에 부모들은 아들이 분노와 육체적 공격성을 표출할 때는 딸이 그럴 때보다 더 관대하게 대한다. 남자아이들 또한 이 사실을 잘 알고 있다. 남자아이들은 자신이 공격적으로 행동한 것에 대해서는 부모와 문제가 생기지 않을 것이라고 추정한다.[5] 부모들은 아들이 공격적일 것이라고 예상하기 때문에 아들에게 감정을 통제하라고 가르치면서도 아들의 '선천적인' 공격성이 표출되는 것은 허용한다. 그렇지만 여자아이들은 화가 날 때 감정을 있는 그대로 표출하면 자신에게 문제가 생긴다는 사실을 알고 있다.

또한 부모들은 아들과 딸이 집에서 해야 할 일에 대해 서로 다르게 기대한다. 남자아이들은 잔디를 깎고, 쓰레기봉투를 내다 버리고, 차고를 청소해야 한다. 또한 컴퓨터를 가지고 놀고, 운동경기를 하거나 관람하고, 물건을 만들거나 고치는 법을 배울 것을 독려받는다. 반면 여자아이들은 집 안을 청소하고, 식사를 차리고, 빨래하는 것을 도와야 한다. 또한 책을 읽고, 음악 수업을 듣고, 요리하는 법을 배우도록 독려받는다.[6] 결국 여자아이들은 '여자의 집안일과 취미 생활'을 하도록, 남자아이들은 '남자의 집안일과 취미 생활'을 하도록 권장받는 셈이다.

의도치 않게 부모들은 정서적인 면에서 아이들을 특정한 방향으로 사회화한다. 여자아이들은 슬퍼해도 되지만 화를 내면 안 되고, 남자아이들은 화를 내도 괜찮지만 슬퍼해서는 안 된다. 부모들은 남자아이와 여자아이의 감정에 대해 서로 다른 허용치를 가지고 있기 때문에 남자아이와 여자아이의 행동에 대해서도 다르게 기대한다. 남자아이들은 여자아이들에 비해 공격성을 표현할 수 있는 자유가 더 크다. 격투 비디오게임, 총, 전쟁놀이 장난감처럼 남자아이들을 대상으로 한 공격적인 장난감이 주위에 얼마나 많은지를 보면 잘 알 수 있다. 남자아이와 여자아이에게 이처럼 다른 기대를 하지 않는다면 아이들이 어떤 식으로 발달할지 진심으로 궁금하다. 분노를 표현하는 것이 적절하게 허용된다면 여자아이들은 부정적인 감정을 내면에 억누르는(이는 우울증으로 이어질 수 있다) 대신 분노를 자유로이 표현할 수 있게 될까? 슬픔을 표현해도 괜찮다고 해 주면 남자아이들은 만만한 대상에게 공격성을 표출하는 대신 슬픔을 자유로이 표현할 수 있게 될까?

학업과 관련하여

부모들은 학업 목표 또한 성별에 따라 미묘하게 다르게 형성한다. 부모들은 아들이 딸보다 수학과 과학에 더 흥미가 있을 것이라고 관습적으로 추정한다. 또한 아들은 수학과 과학을 더 쉽게 이해하는 반면 딸은 똑같은 성적을 받기 위해 더 열심히 공부해야 한다고 생각한다. 자신의 아이가 실제로 수학과 과학 과목에서 어떤 점수를 받고 있는지에 관계없이 말이다.[7] 걱정스러운 것은 이러한 추정이 부모의 실제 행동에 영향을 미친다는 점이다.

영국 서리 대학교의 발달심리학자 해리엇 테넨바움은 미국 샌타

아이가 읽는 책에 젠더 고정관념이 들어 있지 않은지 점검하자

아이를 겨냥한 젠더 고정관념을 줄일 수 있는 방법 중 하나는 집에 있는 책에 고정관념이 담겨 있지는 않은지 확인하는 것이다. 다음은 아이의 책에서 젠더 고정관념을 확인할 수 있는 여섯 가지 방법이다.

1. 일러스트를 확인하자. 모든 남자아이들은 활동적으로, 모든 여자아이들은 소극적으로 그려지지는 않았는가? 여자아이들이 성적 대상화되어 있지는 않은가?

2. 줄거리를 확인하자. 여자아이의 문제가 항상 남자아이에 의해 해결되는가? 여자아이의 성취가 자신의 결단력과 지적 능력에 근거하고 있는가, 아니면 뛰어난 외모나 남자아이들과의 좋은 관계 덕분에 해결되는가? 남자아이들만이 영웅으로 그려지고 있지는 않은가? 남자아이들에게 공격적으로 굴라고 부추기지는 않는가? 남자아이들이 다른 사람을 보살피는 모습이 등장하는가?

3. 우정에 주목하자. 남자아이들과 여자아이들이 항상 분리되어 있는가, 아니면 친구로 그려지고 있는가?

4. 책이 아이의 자아상에 미치는 영향을 고려하자. 남자아이들이 용감하고 중요한 일을 도맡아 하는 이야기를 읽을 때 여자아이의 자존감에는 어떤 일이 생길까? 모든 책이 예쁘고 날씬한("그 나라에서 가장 어여쁜") 여자아이들만을 그릴 때 어떤 일이 생길까? 모든 남자아이들이 강하고 용감해야만 하는 이야기를 읽을 때 남자아이의 자존감에는 어떤 일이 생길까?

5. 책에 쓰인 단어들을 살펴보자. 모든 동물이 '그'로 지칭되고 있지는 않은가? 직업이나 직위를 나타내는 단어에 '~맨 man'이라는 표현만 쓰이고 있지는 않은가? '체어퍼슨' 대신 '체어먼'이라고 한다거나 '파이어파이터' 대신 '파이어먼'이라고 하지는 않는지 살펴보자.

6. 판권지를 확인하자. 1973년 이전에 출간된 책들은 성차별적인 내용을 포함하고 있을 가능성이 있다. 물론 예외도 많다. 하지만 출간된 지 오래된 책이라면 아이에게 권하기 전에 반드시 먼저 훑어보자. 읽을 가치가 있는 책이지만 성차별적인 주제를 담고 있다면 반드시 그 부분에 대해 아이와 이야기를 나눠 보자.

* 미국 어린이를 위한 도서위원회 Council on Interracial Books for Children 의 권고 사항을 참고하여 작성했다.

크루즈에 있는 캘리포니아 대학교의 캠벨 리퍼와 함께 여러 가정을 방문하여 몇 가지 과학 입증 실험에 참여해 달라고 부탁했다. 그런 다음 연구자들은 부모들과 아이들이 과학 입증에 대해 어떻게 이야기를 나누는지 기록했다. (명백하게 '남자아이 과목'이라고 여겨지는) 물리학 과제를 하는 동안 아들을 둔 아빠들은 딸을 둔 아빠들보다 아이와 인지적으로 흥미롭고 어려운 (가령 인과론적 설명을 요구하고 개념 설명을 이용하는) 대화를 더 많이 나눴다. 그것과 관련하여 아빠와 더 흥미로운 대화를 나눈다는 사실을 고려해 보면, 남자아이들이 여자아이들보다 물리학에 더 많은 흥미를 가지게 되는 것도 무리가 아니다.

혹시 남자아이들이 애초에 물리학에 더 많은 흥미를 보이기 때문에 아들을 둔 아빠들이 아들의 관심 수준에 맞춰 주는 것은 아닐까? 테넨바움은 아니라고 주장한다. 그녀는 같은 주제의 연구를 위해 과학박물관을 찾은 과학을 처음 접하는 유치원생과 그 부모들도 관찰했다. 부모들은 과학 전시물에 관해 여자아이보다 남자아이에게 3배 더 많이 설명했다. 이쯤 되면 과학 과목에 대한 젠더 차이는 '아이 주도의 차이'라기보다는 '부모 주도의 차이'라고 말할 수 있을 것이다.[8]

또한 부모들은 남자아이와 여자아이가 수학과 관련하여 가지는 경험에도 다르게 영향을 미친다. 어느 부모도 아들이나 딸에게 "여자아이들은 수학을 못해."라고 말하지는 않지만 딸이 수학 숙제를 할 때 아들이 할 때보다 더 많이 끼어든다.[9] 부모들은 딸에게 더 자주 "정답이라고 확신하니?" 또는 "도움이 필요하니?"라고 묻는다. 여자아이들이 수학에 점점 더 자신감을 잃는 것도 이해가 간다. 누군가가 항상 당신을 '도우려고' 애쓴다면 자신감이 떨어지지 않겠는가? 부모의 말 때문에 여자아이들은 자신이 수학 문제를 제대로 이해하고 있는지 의심을 품기 시작한다.

이러한 현상은 뒤집어서 남자아이들에게도 해로울 수 있다. 부모가 아들이 수학을 잘 이해하고 있다고 추정하고 도움의 손길을 덜 내밀면, 수학을 어려워하는 남자아이는 관심을 받지 못한 채 그냥 넘어갈 수 있다. 다시 한 번 말하지만, 부모로서 아이가 공부하는 데 도움을 주겠다고 나서는 일이나 숙제에 끼어드는 일 모두 아이의 실제 학업 성취도와는 무관하다. 부모들은 아들이 수학을 잘 못하는데도 남자아이라서 수학 실력을 과대평가하는 반면, 딸이 수학을 잘하는데도 여자아이라서 수학 실력을 과소평가할 수 있다. 어떤 상황도, 어느 아이에게도 좋지 않다.

수학에 대한 미묘한 추정은 부모가 생애 초기에 아이들을 가르치는 방식에도 역시 영향을 미친다. 나는 이 사실을 우연히 알게 됐다. 몇 년 전 로스앤젤레스 캘리포니아 대학교에서 발달심리학 교수로 일할 때 나는 발달심리학자 캐서린 샌드호퍼의 연구실 옆방을 쓰게 됐다. 그 당시 그녀는 부모들이 언어를 어떤 방식으로 사용하여 아이들에게 추상적인 개념을 가르치는지 연구하고 있었다. 그때까지 그녀는 유치원생들이 단어, 모양, 색깔을 배우는 방식을 연구했을 뿐 젠더 고정관념에 대한 연구에는 전혀 관심이 없었다. 대학원생 얼리샤 챙은 샌드호퍼를 도와 부모들이 유치원생 자녀에게 숫자를 이야기하는 방식을 조사하는 연구를 진행하고 있었다.

그들은 부모와 아이가 나눈 수백 시간의 대화 기록을 포함하여 수많은 공공 데이터를 분석하고 있었다. 분석 대상은 주로 집이나 자동차 안에서 부모와 아이가 나눈 지극히 평범한 대화들이었다. 챙과 샌드호퍼는 부모들이 일상생활에서 어떤 방식으로 숫자와 수량에 대해 이야기하는지 알고 싶어 했다. 이러한 대화는 향후 수학 학습에 결정적인 초석을 다지는 일이라 매우 중요하다.

데이터를 분석한 결과가 예측과 달랐기에 그들은 나에게 도움을 요청했다. 그들은 아이의 젠더가 그들이 중요할 것이라고 예상했던 모든 요소를 집어삼켜 버린 것을 발견했다. 부모들은 딸과 이야기할 때보다 아들과 이야기할 때 숫자를 2배 더 많이 사용했다. 가령 남자아이는 일상생활에서 "귀가 두 개네."라거나 "자동차가 몇 대인지 세어 볼까?" 같은 말을 여자아이보다 2배 더 많이 들었다. 기수 (양을 나타내는 숫자)와 관련해서는 남자아이의 부모가 여자아이의 부모보다 숫자를 3배 더 많이 언급했다. "왼쪽에 건포도 다섯 개가 있네." 같은 말이 여자아이들보다 남자아이들에게 3배 더 많이 사용된 것이다.[10] 그 언어 연구자들은 젠더 연구자가 될 수밖에 없는 상황에 맞닥뜨리자 나에게 도움을 요청했다. 당시 내가 그들에게 말했듯이, 그들의 연구는 결국 남자 중학생들이 여자 중학생들보다 수학에 대해 더 편하게 여긴다는 사실에 놀라지 말아야 하는 이유를 잘 보여 준다. 우리가 생애 초기부터 남자아이들을 수학적으로 꾸준히 훈련시키고 있었던 것이다.

젠더 감시자

부모들은 사실상 '젠더 감시자'로 활동한다. 대개 아빠들이 그 영역의 감시자이고 아들들이 가장 흔한 표적이다. 아이의 생활에서 가장 감시를 많이 받는 영역은 놀이 방식이다. 부모들은 남자아이가 여아용 장난감보다 남아용 장난감을 더 많이 가지고 놀고 여자아이가 남아용 장난감보다 여아용 장난감을 더 많이 가지고 노는 것을 더 흔쾌히 수용한다. 남자아이들의 놀이는 가장 엄격하게 감시받는다. 아빠들은 아들이 여아용 장난감을 가지고 놀면 벌을 주거나 비판하거나 조롱한다. 심지어 한 연구에서 실험을 위해 남자아이에게

여아용 장난감을 가지고 놀라고 지시했을 때조차도 그랬다.[11]

일반적으로 남자아이들이 인형을 가지고 노는 것은 노골적으로 금지된다. 여자아이들은 부모와의 관계에서 남자아이에 비해 융통성을 발휘할 여지가 많기 때문에 장난감 트럭을 가지고 노는 것이 (장려되지는 않지만) 허용된다. 만약 당신에게 아들이 있다면 이 장난감에 관한 규칙이 얼마나 엄격하게 적용되는지 잘 알 것이다. 아빠가 아들에게 인형과 소꿉놀이 세트를 절대 가지고 놀지 못하게 하지는 않는다 하더라도, 남자아이 앞에 인형이 등장하면 아이를 아는 다른 어른들이 눈살을 찌푸리거나 훈수를 두곤 한다.

인형을 가지고 놀았다고 아들을 혼내는 아빠들에 대한 연구를 접할 때마다 나는 1972년에 나온 앨런 앨다와 말로 토머스의 프로젝트 앨범 『자유롭게…… 당신과 나Free to Be… You and Me』의 수록곡 「윌리엄은 인형을 갖고 싶어요William Wants a Doll」가 생각난다.[12] 요즘 마야는 이 노래에 빠져서 매일 이것만 듣는다. 마야는 이 노래 자체를 좋아하고 나는 이 노래에 담긴 메시지를 좋아한다. 이 노래에서, 윌리엄은 인형을 갖고 싶어 하지만 주변에서는 윌리엄을 놀리기만 한다. 윌리엄의 아빠는 윌리엄에게 '농구공, 배드민턴 세트, 야구 글러브 등 남자아이가 사랑하는 것들'을 인형 대신 사 주는 방법으로 윌리엄의 관심을 돌리려 한다. 윌리엄은 운동도 좋아하지만 그렇다고 인형을 갖고 싶은 마음을 운동과 맞바꾸고 싶어 하지는 않는다. 윌리엄의 할머니가 윌리엄에게 인형을 사 주자 윌리엄의 아빠는 "눈살을 찌푸리기 시작한다." 1972년에도 아들이 인형을 갖고 놀지 못하게 막는 아빠들이 문제였다. 다행히 할머니가 나서서, 윌리엄이 인형을 갖고 싶어 하는 것은 언젠가 아빠가 될 날을 준비하기 위해서라고 말해 주는 것으로 소동은 일단락된다. 그런데 1972년 이후로도 상황은 그다지 많이 변하지는 않은 것 같다.

모든 부모가 자신의 아이가 다른 젠더의 장난감을 가지고 논다고 비판하지는 않는다. 아이가 다른 젠더의 놀이를 하면 많은 부모들은 쉽게 보아 넘기고 그런 행동이 곧 사라질 것이라고 생각한다. 캔자스 대학교의 이본 칼데라와 동료들은 부모와 걸음마기 자녀로 구성된 실험 참여자 여러 쌍을 실험실로 초대했다. 딸을 둔 엄마, 아들을 둔 엄마, 딸을 둔 아빠, 아들을 둔 아빠들이 모였다. 연구자들은 실험에 참여한 부모들에게 몇 개 상자를 열어 그 안에 들어 있는 장난감을 꺼내서 아이와 함께 놀라고 했다. 트럭과 나무 블록 같은 남자아이 장난감이 나올 때도 있었고 인형과 소꿉 같은 여자아이 장난감이 나올 때도 있었다. 부모들, 특히 아빠들은 아이와 다른 젠더의 장난감이 나올 때보다 같은 젠더의 장난감이 나올 때 눈에 띄게 기뻐했다. 딸과 함께 온 어느 아빠는 트럭이 들어 있는 상자를 열자마자 "오, 이 실험에 남자아이가 포함되어 있나 보군."이라고 말했다. 그는 트럭이 담긴 상자를 얼른 닫고 나서 이전 상자에 있던 인형을 꺼내 아이와 함께 가지고 놀기 시작했다. 딸에게는 트럭을 가지고 놀 기회조차 주지 않은 것이다. 참여한 부모 중 8명은 실험 분석에서 제외됐는데, 그들은 분석 대상이 될 만큼 충분한 시간 동안 다른 젠더의 장난감을 가지고 놀지 않았기 때문이다.[13] 영화 「꿈의 구장^{Field of Dreams}」과 정반대. 당신이 어떤 것을 무시하면 그것은 사라져 버린다.[●]

남자아이와 여자아이의 양육에 대한 연구들을 검토하고 나니, 부모들이 양육 방식에 있어서 아이의 성별에 따라 심각하고, 명백하고, 뚜렷한 차이를 보이지는 않는 것으로 보였다. 부모들은 자신이 아들과 딸을 서로 다르게 대하고 있다는 사실을 알게 되면 분명히 큰 충격을 받을 것이다. 대부분의 부모가 기본적으로는 아들과 딸을 똑같이 사랑하고, 똑같은 장기 목표를 세우고, 똑같은 양육 방식을 적용하기 때문이다. 하지만 부모가 느끼는 불편함(가령, 아들이 아기 인형을 가지고 노는 모습을 볼 때 느끼는 것과 같은)은 무의식 중에 찡그림, 움찔함, 시선 돌리기 등의 형태로 표출된다. 아이가 '알맞지 않은' 장난감을 가지고 놀 때 부모가 혀를 깨물며 꾹 참고 있다 하더라도 아이들은 금세 부모의 표정 변화를 알아차린다.

아기 때부터 아이들은 부모의 얼굴을 보고서 어떻게 반응해야 할지를 추론한다는 사실을 다시 떠올려 보기 바란다. 심리학에서는 이를 '사회적 참조^{social referencing}'라고 부른다. 아기들은 커다란 소음을 들으면 부모의 얼굴을 보고서 무서워해야 하는지 아닌지를 판단한다. 흥미로운 것을 보면 부모도 자기처럼 웃고 있는지 살핀다. 이처럼 아이들은 부모의 미묘한 반응들을 포착하고 이를 이용하여 자신이 어떤 반응을 보여야 할지 알아낸다. 그런 다음 아이들은 부모

● 「꿈의 구장」의 대사 "If you build it, he will come."에 빗대어 "If you ignore it, it will go away."라고 표현한 것이다.

에게서 가장 큰 인정과 긍정적인 반응을 이끌어 내도록 자신의 행동을 수정한다. 잊지 말자. 아기 때는 남자아이들도 여자아이들만큼이나 인형을 좋아한다. 하지만 연구 결과가 명백히 보여 주듯이, 젠더 감시자인 부모들이 그러한 행동을 매우 빨리 저지해 버리는 것이다.

다양성은 삶을 풍성하게 한다

내가 아이의 젠더에 근거하여 양육 방식을 맞추지 말라고 부모들에게 권하는 데에는 여러 가지 이유가 있다. 첫 번째 이유는 아이가 젠더 고정관념에 영향을 받지 않고 광범위한 관심사와 기량을 갖는 것이 부모에게도 더 재미있고 만족스럽기 때문이다. 만약 당신의 딸이 바비 인형, 공주, 외모 꾸미기만 좋아한다면 당신이 아이와 함께할 수 있는 활동의 범위가 제한될 것이다. 부모가 이러한 활동들에 흥미를 느낀다면 별문제 없겠지만 그렇지 않을 경우 아이와 함께하는 시간이 재미있지 않을 것이다.

내 남편 크리스는 자신이 딸을 하나도 아닌 둘이나 두게 되었다는 사실을 알고 나서, 이후 자신의 삶이 바비의 드림하우스 장난감으로 점철될까 봐 몹시 두려워했다. 나는 남편에게 나도 인형 놀이를 싫어한다고 말했다. 어렸을 적 나는 인형 놀이와 외모 꾸미기를 별로 좋아하지 않았다. 나는 과학 실험과 미술 프로젝트에 훨씬 더 관심이 많았다. 또한 나는 남편에게 젠더로 우리 아이들이 하는 일이나 가지고 노는 장난감을 결정할 필요는 없다고 상기시켰다. 우리 아이들은 정형화된 여자아이가 아니라 한 사람의 독립된 개인이다. 게다가 더 중요한 점은 아이들이 우리 가족의 일원이라는 점이다. 우리 부부는 아이들이 부모가 좋아하는 것들에 관심을 가지게 만들 수 있다. 아이들은 부모가 얼굴을 찡그리는 것을 읽을 수 있다. 또한 부모가 자신에게 의미 있는 활동들을 아이와 함께 하면서 느끼는 순수한 기쁨을 부모의 얼굴에서 읽을 수도 있다.

크리스는 소방관이다. 크리스의 아버지도, 크리스의 할아버지도 소방관이었다. 크리스는 24시간 격일제 교대 근무를 하기 때문에 남편이 근무하는 날 아이들이 아빠를 보고 싶어 하면 내가 아이들을 데리고 소방서에 간다. 그때마다 아이들은 소방차에 기어오른다. 그레이스가 소방관 놀이를 엄청 좋아하는 것이 내게는 당연하게 느껴진다. 우리 집에는 그레이스가 타고 놀 수 있는 장난감 소방차 두 대와 실제로 물을 뿌릴 수 있는 물탱크, 소방복과 소방모, 그 밖에 수많은 장난감 구급차가 있다. 소방복을 본떠 만든 잠옷도 두 벌이나 있다. 그레이스가 제일 좋아하는 놀이는 빨간색 플라스틱 소방차를 타고 집 안 곳곳을 돌아다니면서 불을 끄는 흉내를 내는 것이다. 그레이스는 "펌프, 펌프, 펌프!"라고 소리 지르면서 언니 마야에게 '펌프로 물을 퍼 올리는 것'을 도와 달라고 한다. 아빠는 항상 즐겁게 놀이를 돕는다. 입으로 사이렌 소리를 내면서 가스 벽난로를 켠다. 그레이스가 호스로 물을 쏘는 흉내를 낼 수 있도록 말이다. 남편은 자신이 어렸을 적 하던 것과 똑같은 놀이를 아이들과 함께 하며 몹시 즐거워한다. 부모가 어떻게 대하느냐에 따라 딸이든 아들이든 상관없이 아이들이 있는 그대로의 모습으로 자랄 수 있다는 사실을 남편이 알게 되어 다행이다.

여자아이들은 엄마가 좋아하는 것만 좋아해야 하고 남자아이들은 아빠가 좋아하는 것만 좋아해야 할 이유는 어디에도 없다.(그렇다. 나도 두 딸 모두 교수가 되는 게 좋겠다고 생각하지 않는다. 우리 집에서 직업적 재미와 관련해서는 크리스가 시장을 독점하고 있다.) 육아의 즐거움 중 하나는 아이들에게 부모가 가진 열정과 삶에 대한 관점을 보여 주는 것이다. 왜 이러한 유대가 부모와 같은 젠더의 아이에게만 제한되어야 하는가? 딸을 둔 아빠도 아들을 둔 아빠만큼 아이와 소통하고 정서적으로 연결되고 공통 관심사를 즐길 기회를 똑같이 가져야 한다. 또한 아들을 둔 엄마도 딸과 함께 하는 것과 마찬가지로 아들과 여러 활동을 공유하며 유대감을 다질 수 있어야 한다.

아빠들이 가족 안에서 젠더 감시자 역할을 가장 많이 한다는 사실은 아이러니하다. 역사적으로 아빠들은 엄마들보다 그날그날의 양육 책임에서 자유로웠다. 하지만 아빠와 엄마의 역할 분담은 시대의 변화와 함께 바뀌고 있다. 나는 양육의 표준을 바꾸고 있는 아빠들 이름을 당장 수십 명이라도 댈 수 있다. 시대에 따라 변화한 아빠건 아니건 간에, 아빠들 자신이 좋아하는 활동에 아이들을 참여시킨다면 아이와 놀기가 훨씬 더 쉬워지지 않을까? 특히 아이들과 정확히 어떻게 소통해야 하는지 어려움을 겪는, 비교적 고지식한 아빠들이라면 더욱 그럴 것이다. 사냥, 골프, 건축, 모터쇼처럼 매우 남성적인 활동을 좋아하는 아빠라고 하더라도 이러한 것들에 대한 애정을 아들과 딸에게 동등하게 심어 줄 수 있을 것이다. 앞에서 소개한 이본 칼데라의 연구에 참여한 아빠도 인형 대신에 새로운 상자에 들어 있던 트럭을 딸아이와 가지고 놀았으면 훨씬 더 재미있었을지도 모른다. 하지만 그는 인형에 목을 맸다. 그것이 자신의 딸에게 '알맞은' 장난감이기 때문이다. 때로 우리는 아이의 젠더만을 근거로 그 아이가 특정한 어떤 것을 좋아할 것이라고 마음대로 추정한다. 하지만 아이들이 정말로 좋아하는 것은 부모와 아이 둘 다 좋아하는 놀이를 하면서 부모와 함께 유대감을 쌓는 일이다.

간단히 말하겠다. 부모가 놀고 싶은 대로 아이와 함께 놀자! 아이를 데리고 평소에 가고 싶었던 전시회, 모터쇼, 경기장에 가자. 부모 스스로 열정을 가진 주제에 대해 아이와 이야기를 나누자. 아이의 젠더에 근거하여 아이와 나눌 경험들을 바꾸지 말자. 만약 아들과 딸이 모두 있다면 반드시 그 아이들과 동등하게 시간을 보내자. 엄마는 딸과, 아빠는 아들과 쌍을 이루려 하는 가족이 너무 많다. 만약 그렇게 한다면 아이가 할 수 있는 경험이 반으로 줄어드는 한편 부모와 아이의 정서적 연결도 제한될 것이다. 젠더는 아이가 어떤 가족에서 태어났는지에 비하면 아주 사소한 사항이다. 만약 아이의 삶에 관여하는 어른 모두가 조금만 더 젠더를 소홀히 여긴다면, 아이는 더 재미있고, 균형 잡히고, 정서적으로 안정된 사람으로 자랄 수 있을 것이다.

젠더 고정관념에 꼭 들어맞는 개인은 거의 없다

내가 부모들에게 젠더 고정관념 대신 아이의 개별성에 초점을 맞추라고 권하는 또 다른 이유는 대부분의 아이들이 젠더 고정관념에 들어맞지 않기 때문이다. 젠더에만 지나치게 많은 관심을 쏟지 않는다면 우리는 아이가 자신의 고유한 문제와 장애물과 똑바로 맞서도록 도울 수 있을 것이다.

정형화된 젠더 이미지에 항상 들어맞지는 않는 고유한 개인으로 키우는 일이 때로는 매우 중요한 결과를 낳기도 한다. 켄터키주에 있는 어느 중학교는 이른바 '남녀의 두뇌 차이'에 근거하여 남자아이 반과 여자아이 반으로 나누기로 결정했고, 그 결과 젠더 갈등은 최고조에 이르렀다. 이 학교의 교사들은 매우 경쟁적인 환경에서 남자아이들을 가르쳤다. 남자아이들은 타고나기를 매우 활동적이고 공격적이고 경쟁을 좋아한다고 생각했기 때문이다. 남자아이들은 수업의 긴장감을 높이기 위해 서서 수업을 듣고, 문제를 풀면서 서로에게 공을 던지고, 시간을 재면서 시험을 봐야 했다.

문제는 모든 남자아이가 매우 활동적이고 공격적이고 경쟁을 부추기는 환경에서 공부를 잘하는 것은 아니라는 데 있었다. 모든 남자아이가 매우 활동적이고 공격적이고 경쟁을 좋아하지는 않기 때문이다. 아이들의 활동성 수준은 종 모양 분포곡선을 따라 폭넓게 분포되어 있다. 어떤 아이들은 활동성 수준이 매우 높은 반면 어떤 아이들은 활동성 수준이 매우 낮고, 대부분의 아이들은 중간에 위치한다. 어떤 남자아이들은 수학 시간에 머리 위에서 공이 날아다니면 매우 스트레스를 받고 불안해한다. 소설 『파리 대왕Lord of the Flies』에 나오는 것과 비슷한 교실에서 일부 남자아이들은 엄청나게 스트레스를 받았고, 부모들이 나서서 성별 통합 교실로 되돌리기 위해 싸웠지만 결국 성공하지 못했다. 이 학교에 다닌 아이들 대부분은 젠더 고정관념에 부응하기 위해 열심히 노력했다. 남자아이들은 공을 던지면서 수학 문제를 풀려고 애썼다. 하지만 젠더 고정관념에 들어맞지 않는 아이들은 학업에서 뒤처지기 시작했고 학교에 대한 사랑은 만성적인 불안으로 바뀌어 버렸다. 부모들은 남자아이의 학습 방식에 대한 젠더 고정관념이 자기 아이들에게는 적용되지 않는다는 사실을 힘겹게 배워야만 했다. 그 아이들은 고유한 개인일 뿐, 전형적인 남자아이가 아니었다.

부모들(특히 아들만 둔)은 자기 아들이 '평범한 남자'에 속하기를 간절히 바란다. 남자아이가 여성적인 특징을 '너무 많이' 보이거나 여아용 장난감을 가지고 놀고 싶어 하면 깊이 염려한다. 그 이유는 약간 모호한데, 어떤 페미니스트(내가 나 자신에게 붙이는 이름표다)들은 모든 여성스러운 특성이 우리 문화 안에서 평가절하되기 때문이라고 주장한다. 이 주장에도 일리가 있다. 남자와 여자의 임금격차만 봐도 그렇다. 하지만 이 경우에 한해서 답은 더 단순하다고 생각한다. 부모들은 남자아이가 인형을 계속 가지고 놀면 동성애자가 될 것이라고 생각하고, 여아용 장난감을 더 이상 가지고 놀지 않으면 아이가 동성애자가 되지 않을 것이라고 엉뚱한 결론을 내린다. 그렇게 생각하는 부모에게는 미안한 말이지만, 인형을 가지고 노는 일이 남자아이를 동성애자로 만들지는 않는다. 아이가 인형을 가지고 놀지 못하게 막는다고 해서 아이가 이성애자가 되는 것도 아니다. 과학자들조차 복잡한 생물학적, 신경학적, 사회적 요소가 서로 어떻게 결합하여 한 사람의 성적 지향을 결정하는지를 아직 확신하지 못한다. 하지만 성적 지향을 결정하는 조합 안에 바비 인형이 들어가지 않는 것만은 확실하다. 부모가 아이 스스로 자연스러운 모습을 유지하지 못하게 가로막고 젠더 고정관념에 맞추라고 강요할 때 아이는 우울증과 불안감에 시달리게 된다. 다시 말해, 아이들은 동성애자가 되거나 아니면 동성애자가 되지 않거나 둘 중 하나일 것이다. 갈색 머리를 가지거나 아니면 갈색 머리를 가지지 않거나 둘 중 하나가 되는 것과 마찬가지로 말이다. 이는 권장하느냐 가로막느냐의 문제가 아니라 그저 수용할 수 있느냐 없느냐의 문제이다.

아이가 다른 성별이 되고 싶어 할 때

아이가 다른 성별이 되고 싶어 할 때 어떤 일이 벌어질까? 어떤 아이들은 만 2세 전후에 '성 주체성 장애 gender identity disorder', 혹은 요즘 쓰이는 용어로 '성별 불쾌감 gender dysphoria'을 가졌다고 진단받는다. 이 주제는 논란의 여지가 많다. 드물게 나타나기는 하지만(전체 인구의 1% 미만에게 발생한다), 어떤 아이들은 자신의 타고난 성별을 거부하고 그 성별에 따른 모든 요소(옷, 특성, 활동)를 거부한다. 단순히 다른 성별이 되고 싶어 하는 것을 넘어, 이 아이들은 젠더 고정관념이 반영된 놀이, 장난감, 옷, 활동을 거부할 수 있고 자신의 생식기를 싫어하고 그것이 사라지기를 바랄 수도 있다. 이 아이들은 타고난 성별을 너무 싫어하는 나머지 우울증에 걸릴 수도 있다. 성별 불쾌감은 (남자아이가 되고 싶어 하는) 여자아이보다 (여자아이가 되고 싶어 하는) 남자아이에게 더 자주 발생한다.

부모들은 대개 자신의 아이가 다른 성별이 되고자 하는 욕구를 강하게 보이면 크게 염려한다. 이 증상 때문에 아이에게 생기는 우울증보다 아이가 동성애자가 될지도 모른다는 점을 더 많이 걱정하는 부모도 있다. 그렇지만 성별 불쾌감과 성적 지향 사이의 연관성은 아직 명확하게 밝혀지지 않았다. 자신의 성별을 싫어하는 아이들 중 일부는 자라서 동성애자가 되기도 한다. 하지만 많은 동성애자 성인이 어릴 적에는 젠더 고정관념에 크게 부합하는 아이였다. 그리고 많은 아이들이 어릴 적에 성별 불쾌감을 보이다가도 나이가 든 후에는 이러한 증상을 보이지 않기도 한다.

아이가 자신의 성별을 거부한다고 생각되면 부모는 무엇을 할 수 있을까? 우선, 아이가 우울증이나 불안 장애에 시달리지는 않는지 즉시 확인해야 한다. 행동, 식욕, 학교에 대한 태도나 학업 성취도, 기분 등에 일어나는 작은 변화에도 관심을 기울여야 한다. 우울증이 의심된다면 소아과 의사나 심리 상담사, 사회복지사의 도움을 얻어야 한다. 그다음으로는, 아이가 생물학적 성별과 젠더 고정관념 사이의 차이를 인식하도록 도와야 한다. 아이들에게 생물학적 성별과 상관없이 자신이 원하는 대로 옷을 입을 수 있고, 자신이 원하는 장난감을 가지고 놀 수 있고, 자신이 원하는 사람과 친구가 될 수 있다는 사실을 알려 주어야 한다. 성 주체성 장애가 여자아이보다 남자아이에게서 더 자주 발견되는 이유도 여기에서 찾을 수 있다. 여자아이들은 남자아이들에 비해 더 자유로이 다른 성별의 특성을 드러내도록 허용되기 때문이다. 부모는 아이가 보이는 다양성을 수용해야만 한다. 만약 자신이 무엇을 하든 부모에게 받아들여진다고 느끼고 스스로 자연스럽다고 느끼는 방식으로 자신을 표현할 자유를 가진다면, 아이가 우울증에 걸릴 가능성은 훨씬 더 낮아질 것이다. 아이가 젠더라는 상자 안에 깔끔하게 들어맞는 것보다 건강하게 자라는 것이 더 중요하다.

일찍 시작하라

현실에도 분명 자신이 속한 젠더 고정관념에 자연스럽게 들어맞는 아이들이 있다. 어떤 여자아이들은 조용하고, 소극적이고, 다른 사람을 잘 보살피고, 섬세하다. 어떤 남자아이들은 기운이 넘치고, 시끄럽고, 공격적이고, 운동을 좋아한다. 그런 아이들에게 인생은 약간 더 쉬운 방향으로 흘러갈 것이다. 세상이 그런 아이들에게 맞게 재단되어 있기 때문이다. 하지만 다른 모든 아이들(세상에는 다른 모든 아이들이 훨씬 더 많다)은 젠더 고정관념에 부합하는 특성과 그렇지 않은 특성을 모두 가지고 있을 것이다. 내 첫째 딸 마야는 자신의 분홍색 방과 반짝이는 머리띠를 사랑한다. 또한 수학, 도구를 이용해 건물 쌓기, 아빠와 보트쇼에 가기를 좋아한다. 마야는 마야 나름대로 훌륭하다. 대부분의 아이들이 그렇다. 같은 젠더라 하더라도 한 상자에 깔끔하게 들어맞지 않는다. 내 조카는 섬세한 남자아이의 훌륭한 사례다. 책 읽기와 그림 그리기를 좋아하면서 한편으로 레고와 장난감 총도 좋아한다. 정말 멋진 아이다.

부모들에게 이 한 가지는 꼭 강조하고 싶다. 아이의 생애 초기에 남자아이와 여자아이에 관한 고정관념에 덜 집중하기를 바란다. 잠시 기다렸다가 아이에게 고유한 자질이 어떻게 나타나는지 본 다음 그것들을 키워 주기 바란다. 달리 말해, 아기 때부터 중성색(나는 개인적으로 연두색을 좋아한다)으로 꾸민 방, 장난감 트럭과 기차들, 동물 인형, 바비 인형 등을 골고루 제공하기를 권한다. 또한 아이와 가까이 다가가 대화하기, 꼭 껴안기, 미소 짓기, 거친 신체 놀이 하기, 숫자에 대해 이야기하기, 과학 전시 설명하기 등의 상호 활동도 많이 하기를 권한다. 아기 방 앞에서 자신이 가진 젠더 고정관념과 그에 따라 내린 추정들을 미리 점검해 보기 바란다. 이를 통해 아이들을 있는 그대로의 모습으로 대할 수 있을 것이다. 아이들은 부모가 사랑하는 것들의 일부를 사랑하면서 한편으로 자신만의 고유한 특질을 폭넓게 키워 나갈 것이다. 자신을 한계 짓는 분홍색 상자 또한 파란색 상자에 호락호락 들어가려 하지 않을 것이다.

요점 정리: 꼭 하고 싶은 이야기

- 많은 부모가 자신의 의도와 관계없이 아들과 딸을 서로 다르게 대한다. 이는 미묘한 방식으로 이루어질 때가 많다. 가령 아이와의 대화에서 숫자를 쓰는 빈도나 아이에게 할당하는 집안일의 종류에서 차이를 보이는 식이다.

- 많은 부모가 아이들에게 같은 젠더의 장난감을 가지고 노는 것을 권장하고 다른 젠더의 장난감을 가지고 노는 것은 무시하거나 그러지 못하게 막는다. 놀이 방식을 젠더에 따라 미묘하게 통제하는 부모의 태도는 아이들을 고정관념에 완벽히 들어맞는 장난감만 가지고 놀게끔 유도한다.

- 부모 역시 아이를 젠더 고정관념에서 벗어나 다양한 범위의 활동에 참여시킬 때 훨씬 더 큰 만족감을 얻는다. 딸을 둔 아빠는 바비 드림하우스의 세계에 갇히지 말아야 하고 아들을 둔 엄마는 어린이 야구단의 세계를 벗어날 수 있어야 한다.

- 아이를 젠더 고정관념에 따라 양육하는 것이 어떤 아이들에게는 효과가 있을 수도 있지만 대부분의 아이에게는 그다지 큰 효과가 없을 것이다. 대부분의 아이는 어떤 면에서는 자신의 젠더 고정관념에 들어맞지만 어떤 면에서는 들어맞지 않는다. 그러므로 아이마다 고유하게 가진 특질을 반영하여 아이를 키워야 한다.

9
뜻하지 않게 아이의
미래에 영향을 미치다

만약 누군가가 젠더 고정관념 없이 아이를 키울 때 어떤 부분이 가장 어려운지 묻는다면 나는 바로 아이들 그 자체라고 대답할 것이다. 앞에서 말했듯이 아이들은 우리가 '남자아이들'과 '여자아이들'이라는 단어를 사용할 때마다 그에 집착한다. 아이들은 고정관념에 부합하는 방식으로 사고하는 경향이 있고 자신이 속한 그룹 특성에 맞추고자 하는 욕구가 강하다. 이는 아이들이 자신만의 엄격한(그리고 대개는 비논리적인) 젠더 규칙들을 만들고 집행하는 주역이라는 뜻이다. 고정관념에서 벗어나 아이들을 키울 때 어려운 부분이 또 있다. 그것은 앞서의 아이들 그 자체보다 더 바로잡기 힘들다. 부모 자신들에게서 비롯되며 거의 대부분 뜻하지 않은 것이기 때문이다.

앞에서 설명했듯이 우리는 누구나 자신의 행동에 영향을 미치는 자신만의 젠더 고정관념을 가지고 있으며, 심지어 그것을 믿지 않을 때조차도 그것의 영향을 벗어나기가 힘들다. 결국 우리는 고정관념에 사로잡힌 문화 안에서 자라고, 영향을 받고, 젠더 표준의 압박으로부터 자유롭지 않다. 우리가 가지고 있는 젠더 고정관념은 알아차리기 힘들 정도로 미묘할지도 모른다. 비록 부모가 의도하지 않고 겉으로 표현하지 않는다 해도 젠더 고정관념은 아이들에게 영향을 미칠 수 있다. 아이들은 부모의 신체 언어와 생각을 읽어 내는 데 천부적인 재능이 있기 때문이다. 이 장에서 나는 의도하지 않은 무언의 젠더 고정관념과 그에 따른 기대가 어떻게 바로 그 고정관념을 강화하는 방식으로 아이들에게 영향을 미칠 수 있는지 설명할 것이다. 그런 다음 젠더 고정관념이 아이들에게 입히는 정서적 피해를 설명하고, 우리가 뜻하지 않게 젠더 고정관념을 이용하는 일을 최소화할 수 있는 방법을 소개할 것이다.

교실 안의 피그말리온 효과·

1963년, 샌프란시스코에 있는 초등학교 교장 레노어 제이컵슨은 하버드 대학교 사회심리학 교수 로버트 로젠탈이 학술지『아메리칸 사이언티스트』에 발표한 논문을 읽었다. 로젠탈은 연구자의 기대가 연구 결과에 어떻게 영향을 미칠 수 있는지를 조사하는 분야의

· 타인의 기대나 관심에 부응하기 위해 노력하여 능률이 오르거나 긍정적인 결과를 얻게 되는 현상.

전문가였다. 로젠탈은 자신의 논문을 거의 망치게 된 이유를 찾다가 이 주제에 관심을 가지게 됐다. 그는 의도치 않게 실험 참여자들을 연구자 자신의 예측에 부합하게 행동하도록 유도해 왔다는 사실을 (너무 늦게) 깨달았다. 결코 고의가 아니었지만 말이다. 그는 실험이 어떻게 흘러가야 하는지에 대한 자신의 기대가 자신이 기대한 바로 그 행동들을 이끌어 낸 것이 분명하다는 사실을 경험을 통해 어렵게 배웠다.

이후 로젠탈은 연구자들이 실험에 앞서 참여자들과 그들이 놓인 조건을 '몰라야' 한다고 강력히 주장했다. 연구자들의 기대가 연구 결과에 영향을 미치지 않도록 말이다. 오늘날 이것은 조사 연구에서 필수 요건이 되었다. 논문 「심리학 실험의 사회심리학에 대한 연구」에서 로젠탈은 교사들도 학생들로부터 자신이 기대한 행동들을 이끌어 내고 있을지 모른다고 조심스럽게 의견을 밝혔다.[1] 이 논문을 읽자마자 흥미가 생긴 레노어 제이컵슨은 그 즉시 로젠탈에게 편지를 썼다. 그때부터 두 사람은 편지를 주고받기 시작했다. 제이컵슨은 로젠탈에게 도움을 주겠다고 제안했고 그 후 한 가지 연구 아이디어가 탄생했다. 1년 후, 로젠탈은 샌프란시스코로 가서 제이컵슨을 만났고 두 사람은 실험의 세부 사항을 논의했다(이 실험은 이후로 여러 번 반복됐다). 두 사람이 진행한 공동 연구의 결과는 1968년 『피그말리온 효과Pygmalion in the Classroom』라는 책으로 출간됐다.[2]

제이컵슨이 근무하는 초등학교로 간 로젠탈은 학년 초에 전교생을 대상으로 아이큐 테스트를 실시했다. 교사들에게는 '하버드 변화적성 테스트Harvard Test of Inflected Aptitude'를 실시했다고 알린 뒤, 테스트 결과는 공개하지 않았다. 테스트 명칭이 굉장히 그럴듯하게 들리지만 사실 실험을 위해 지어낸 것이었다. 로젠탈과 제이컵슨은 교사들에게 테스트 결과 학생 중 20%의 성적이 매우 뛰어나기 때문에 해당 학년 동안 그들의 지적 능력이 놀랍게 성장할 것이라고 말했다. 그리고 해당 학생들을 '유망주'라고 이름 붙였다. 하지만 20%의 유망주들은 사실 다른 학생들보다 높은 점수를 받지 않았고 그냥 무작위로 뽑힌 학생들이었다.

교사들은 평소와 다를 바 없이 아이들을 가르치며 한 학년을 보냈다. 로젠탈과 제이컵슨은 8개월 후에 교사들과 함께 다시 한 번 전교생을 대상으로 아이큐 테스트를 실시했다. 자신이 가르치는 학생 중 일부가 성공할 가능성이 특별히 높다고 믿고 있는 바로 그 교사들이었다. 두 번째 테스트 결과는 어땠을까? 1학년과 2학년 학생 중에서 '유망주'들은 첫 번째 테스트 결과와 비교해 아이큐가 높아진 정도가 다른 학생들의 2배였다. 학년 말이 되자 교사들은 유망주들이 다른 아이들보다 똑똑하고, 재미있고, 호감 가고, 다정하고, 성공할 가능성이 더 높다고 평가했다. 기억하는가? 이 아이들은 다른 아이들과 전혀 다르지 않은 상태로 새 학년을 시작했다. 하지만 교사들은 이들의 지적 능력이 성장할 가능성이 가장 높다고 믿었다. 의도하지 않았지만 교사들은 자신이 기대한 바로 그 행동을 아이들에게서 이끌어 낸 것이다.

집 안의 피그말리온 효과

당신이 기대하는 바로 그 행동을 이끌어 내는 효과는 교실 안에서만 일어나지 않는다. 부모도 교사와 똑같이 아이들을 대한다. 기대가 편파적이지 않다면 괜찮겠지만 대개 부모의 기대는 아이의 젠더에 따라 달라진다. 수학을 다시 예로 들어 보면, 여러 연구에서 부모가 여자아이보다 남자아이가 더 수학에 타고난 재능이 있다고 생각한다는 사실을 밝혀냈다. 만약 여자아이가 수학을 잘하면 많은 부모는 타고난 재능이 아니라 노력 덕분이라고 추정한다. 일반적으로, 딸을 둔 엄마들은 딸의 수학 능력을 과소평가하고 아들을 둔 엄마들은 아들의 수학 능력을 과대평가하는 경향이 있다. 부모가 낮은 기대를 보이면 여자아이들은 점점 자신의 수학 능력에 대한 자신감을 잃게 되고, 수학이 그다지 유용하지 않다고 생각하기 시작하고, 고등학교 수학 수업을 더 적게 신청하게 된다. 이런 현상을 두고 부모가 아이의 실제 능력에 맞추어 행동하는 것뿐이라고 생각할지도 모르겠지만 결코 그렇지 않다. 아이는 자신의 실제 성적보다도 부모의 믿음과 기대에 따라 스스로 얼마큼 해낼 수 있는지를 가늠한다. 다시 말해, 수학에 대한 내 딸의 자신감은 딸이 실제로 수학 시험에서 얻는 성적보다 딸의 수학 능력에 대한 나의 믿음에 더 크게 좌우된다는 뜻이다. 부모의 영향력은 실로 엄청나지 않은가.

아이들은 부모의 기대에 따라 행동하고 수행한다. 부모가 높은 기대를 가지고 있으면 아이들은 그 기대에 부응하기 위해 더 열심히 노력한다. 부모의 기대를 받는 아이들은 자신이 그 임무를 성공적으로 해낼 수 있을 뿐만 아니라 더 나아지고 우수해질 수 있다고 믿는다. 한편, 부모가 낮은 기대를 가지고 있으면 아이들은 그 임무가 어렵다고 추정하고, 자신이 많이 성취하지 못할 것이라고 믿기 때문에 그다지 열심히 노력하지 않는다. 이는 낮은 성과를 이끌어 내고 그럼으로써 결국 그런 결과를 처음 촉발한 바로 그 낮은 기대를 확정하고 만다.

많은 경우, 아이에 대한 부모의 기대는 부모가 의식하지도 못하는 젠더 고정관념의 조종을 받는다. 부모의 어린 시절부터 존재해 왔기 때문에 매우 뿌리가 깊은 고정관념 말이다. 살면서 그것과 모순되는 사례들을 많이 접한다 해도 부모의 내면에 숨은 고정관념은 쉽게 흔들리지 않는다. 예를 들어, 나는 여자아이들은 수학을 잘하지 못한다고 생각하며 자랐다. 나는 젠더 고정관념을 믿지 않지만 젠더 고정관념에서 완전히 벗어나지는 못한 것이 분명하다. 여전히 나는 스스로 수학에 강하지 않다고 말한다. 통계학을 부전공으로 해서 박사 학위가 있는데도 말이다. 나는 젠더 고정관념을 믿지 않는 데다 젠더 고정관념이 틀렸음을 입증할 증거도 가지고 있지만, 고정관념은 내 머릿속에 여전히 뿌리 깊게 박혀 있다. 마야가 어렸을 때 나는 마야가 수학을 뛰어나게 잘할 것이라고 기대하지 않았다. 나는 그저 내가 수학을 좋아하지 않았기 때문에 마야도 수학을 좋아하지 않을 것이라고 생각했다.

나는 젠더 고정관념을 아이에게 대물림할까 봐 걱정이 돼서, 마야가 유치원에 다닐 때 마야와 수학과 연관된 이야기를 많이 나눴다. 우리는 가령 내가 마야에게 건포도를 주면 마야가 몇 개의 건포도를 가지게 되는지 세는 식의 기초적인 덧셈을 했고, 숫자에 대해 이야기했다. 또한 마야는 수학을 재미있고 구체적인 활동으로 훌륭하게 탈바꿈시키는 몬테소리 유치원에 다녔다. 이유가 뭐든 간에, 마야는 현재 수학을 사랑하고 수학에 매우 재능이 뛰어나다. 그래서 나의 기대는 바뀌었다. 이렇게 되기까지 나는 스스로 편견을 인식하고 그것을 의식적으로 바꾸기 위해 부단히 노력해야 했다. 알다시피 일단 무언가가 머릿속에 박히면 그것은 행동으로 표출된다. 주의를 기울이고 혼신의 노력을 하지 않으면 머릿속에 박힌 것을 없애기는 정말로 어렵다. 의도하지 않고 표출된 부모의 고정관념과 기대가 아이에게 정확히 어떻게 영향을 미칠까? 그 영향을 알아내기 위해 먼저 부모의 뿌리 깊은 태도가 비언어적 신호를 통해 얼마나 미묘하게 아이에게 영향을 미치는지 살펴보려 한다. 그런 다음 그러한 부모의 태도가 겉으로 드러나는 양육 행동에 어떤 방식으로 뜻하지 않게 영향을 미칠 수 있는지 설명할 것이다.

부모의 젠더 고정관념이 모습을 드러낼 때

젠더 고정관념은 아주 미묘하고 거의 통제가 불가능한 방식으로 표출된다. 젠더 고정관념을 드러내는 태도는 일산화탄소와 비슷하다고 생각하면 이해하기가 쉽다. 무색무취의 상태로 집 안에 스며들어 아무도 모르게 모든 사람을 중독시키기 때문이다. 심리학자들은 이러한 태도를 가리켜 '암묵적 태도implicit attitude'라고 부른다. 훨씬 더 쉽게 감지하고 변화시킬 수 있는 '명시적 태도explicit attitude'와 반대되는 것이다. 우리는 모두 암묵적 태도를 가지고 있다. 심지어 젠더 고정관념에 대한 책을 출간한 페미니스트 심리학자들조차 그러하다(흠, 내 얘기다).

우리의 뇌에 의도치 않게 젠더 고정관념이 깊숙이 박힌 이유는 우리가 젠더 고정관념에 사로잡힌 문화에 몸담고 있기 때문이다. 일단 대중매체에 노출되면 영향을 받지 않을 수 없다. 특히 남자 과학자와 여자 교사가 나오는 영화와 텔레비전 프로그램들만 본다면 말이다. 그 안에서 남자들은 싸우거나 여자를 건드리고, 여자들은 청소를 하거나 운다. 어떤 것을 충분히 오래 보면 뇌는 그에 관련한 신경 연결을 생성하고 강화한다. 막을 수 없다. 중요한 사실은, 당신이 암묵적인 젠더 고정관념에 동의하지 않는다 하더라도 당신의 뇌는 그것에 매달린다는 점이다.

당신이 진심으로 남자와 여자는 똑같다고 믿는다 해도, 당신의 뇌는 고정관념들에 매달려 그것을 놓지 않으려 한다. 마치 걸음마기 아기가 낡아 버린 담요에 대한 애착을 끊지 못하는 것과 비슷하다.

이처럼 숨겨지고 의도치 않은 고정관념들은 일반적으로 신체 언어의 비언어적 신호로 전달된다. 이는 포커 게임에서의 '텔tell'과 크

> **한 걸음 더**
>
> 고등학교의 물리 수업 시간을 상상해 보자. 그 과목에서 최고 성적인 A학점을 받은 학생은 AP° 물리학 시험을 준비하고 있다. 삼각법 수업에서도 A학점을 받은 이 학생은 세계적으로 유명한 '힉스 보손 입자의 발견'을 열심히 공부해 왔으며 앞으로 천체물리학자 밑에서 인턴으로 일할까 고민하고 있다. 물리 교사는 이 학생이 대학교 장학금을 받을 수 있도록 추천서를 써줬다. 이제 이 이야기를 다시 써 보자. 이 학생을 어떻게 묘사했는가? 당신이 다시 쓴 이야기 속에서 이 학생은 어떤 대명사로 지칭되었는가? '그'인가 '그녀'인가? 내가 한 번도 학생의 성별을 언급하지 않았다는 사실에 주목하기 바란다. 솔직하게 말하건대, 처음 이 이야기를 들었을 때 나는 머릿속으로 여자아이가 아닌 남자아이를 그렸다.

게 다르지 않다. 텔은 상대가 좋은 패를 들었는지 나쁜 패를 들었는지 짐작하게 하는 비언어적 신호를 말한다. 영화 「007 카지노 로얄^{Casino Royale}」에서 주인공 제임스 본드는 포커 게임을 하던 중 상대가 허세를 부릴 때마다 눈을 씰룩거린다는 것을 알아챘다. 사람들은 이러한 신호를 의도적으로 내보내지 않는다. 다만 스스로 통제하기 어려운 것 뿐이다.

고정관념도 마찬가지다. 아이들이 고정관념에 부합하게 행동할

● Advanced Placemend, 고등학생이 자신의 능력을 감안해 대학 과정을 고등학교에서 미리 선택해서 들을 수 있는 제도.

때 부모들은 미소를 짓고 자주 고개를 끄덕이고 아이와 눈을 더 많이 맞춘다. 부모는 편안한 자세로 아이 쪽으로 몸을 기울인다. 아이들은 자기 안의 제임스 본드와 소통하면서 신체 언어상의 변화를 민감하게 알아차린다. 심지어 아이들은 짧은 동영상에 등장하는 낯선 사람들의 행동에서도 비언어적 신호를 감지할 수 있다. 아이들은 이러한 신호들을 이용하여 자신만의 고정관념을 형성한다.[3] 인정을 표현하는 신체 언어는 아이들에게 인정받은 그 행동을 더 많이 하게 만든다. 만약 아들이 바비 인형을 가지고 놀고 있다면 당신은 어떤 신체 언어를 사용할 것 같은가? 아마 굳은 얼굴로 눈길을 돌릴 것이다. 그러면 당신의 아들은 미묘한 변화를 알아차리고 자신의 행동을 조정할 것이다.

당신은 아이들이 정말로 미묘한 비언어적 신호를 알아차릴 수 있는지 의문을 품을지도 모른다. 아이들은 그럴 수 있고, 그렇게 한다. 심지어 말도 비언어적 신호를 알아차릴 수 있다. '영리한 한스' 이야기는 심리학사 책에 자주 등장하는 사례다. 영리한 한스는 1900년대 초반에 살았던 말인데, 수학 문제를 풀 수 있다고 해서 유명해졌다. 한스의 주인이 "100을 4로 나누면 얼마지?"라고 물으면 한스는 발굽으로 바닥을 25번 톡톡 두드렸다. 장관을 연출한 한스는 이후 독일 전역을 돌며 주인이 내는 수학 문제를 모두 풀어서 사람들을 열광시켰다.

영리한 한스에게 쏟아진 대중의 관심이 엄청났기 때문에 말이 정말로 연산 능력을 가지고 있는지 면밀한 조사가 이루어졌다. 그 결과, 한스가 정답에 근접할 때 한스의 주인이 자기도 모르게 한스에게 비언어적 신호를 보냈다는 사실이 밝혀졌다. 한스의 주인은 한스가 숫자를 발굽으로 톡톡 두드릴 때 미소를 짓거나 한스에게 몸을 기울였고, 영리한 한스는 이러한 신호를 읽고서 답을 알아냈던 것이다.

심지어 한스에 대한 주장을 뒤집는 것이 목표였던 조사관조차도 한스에게 질문을 던지면서 무의식적으로 한스에게 신호를 보냈다. 한스가 수학 문제를 틀린 경우는 질문자가 정답을 모르거나 한스가 눈가리개를 했을 때뿐이었다.[4] 아무리 영리하다 해도 말조차도 그러하다니, 어른들이 무의식적으로 표현하는 비언어적 신호를 아이들이 알아차리는 것은 전혀 놀랄 일이 아니다.

부모의 믿음이 아이의 행동으로

때로 부모가 보이는 미묘한 고정관념과 믿음은 아이의 행동에 더 확실한 방법으로(하지만 이것도 의도하지 않은 것이다) 영향을 미칠 수 있다. 고정관념은 더 분명한 양육 행동으로 드러날 수도 있다. 1987년 미시건 대학교의 심리학 교수 재클린 에클스와 동료들은 '아동기와 이후Childhood and Beyond'라는 연구 프로젝트를 시작했다. 1,000명에 달하는 아이들과 그 가족을 초등학교 1학년 때부터 고등학교 졸업 때까지(그리고 성인기에 이르기까지) 추적 조사하는 연구였다. 연구자들은 무엇이 십 대들에게 특정한 활동을 선택하도록 만드는지 알아내고자 했다. 시간이 흐르면서, 연구자들은 여자아이들이 고등학교 때 수학과 과학에서 멀어지는 이유에 특히 관심을 가지게 됐다. 그리고 이들은 부모가 아이에게 직접적으로 영향을 미친다는 사실을 알아냈다. 부모의 믿음은 부모 자신의 행동에 영향을 미쳤고, 부모의 행동은 아이의 동기와 이후의 행동에 영향을 미쳤다.[5]

이 과정이 각각 어떤 의미가 있는지 분석해 보자. 부모는 아이의 능력에 대해 특정한 믿음을 가지고 있다. 앞에서 소개한 연구에서처럼 "당신의 아이는 수학을 얼마나 잘합니까?"라고 질문받는다면 당신은 어떻게 대답하겠는가? 또한 읽기, 음악, 운동에 대해서는 어떻게 말하겠는가? "다른 아이들과 비교했을 때 당신의 아이는 수학에 얼마나 많은 선천적 능력이나 재능을 가지고 있습니까?"라고 질문받는다면 어떻게 대답하겠는가? 읽기, 음악, 운동에 대해 같은 질문을 받는다면 어떻게 대답하겠는가? "당신의 아이가 수학을 잘하는 것이 당신에게 얼마나 중요합니까?"라는 질문에는 어떻게 대답하겠는가? 또한 더 개인적이고 직접적으로 "당신은 아이가 수학 공부하는 것을 도와주는 자신의 능력에 어느 정도 자신감을 느낍니까?"라는 질문을 받으면 어떻게 대답하겠는가? 안타깝게도, 부모의 태도에는 젠더 고정관념이 반영되어 있다. 부모들은 여자아이는 읽기와 음악을 더 잘하고 남자아이는 수학과 운동을 더 잘한다고 생각한다.

부모가 아이가 어떤 활동을 얼마나 잘한다고 생각하는지, 또 그 활동이 아이에게 얼마나 중요하다고 생각하는지에 따라 아이를 대하는 부모의 태도는 달라진다. 아이가 어떤 유형의 활동을 잘한다고 생각하고 아이가 그것을 잘하는 것이 매우 중요하다고 생각하는 부모의 태도는 어떻게 다를까? 첫째로, 그들은 몸소 해당 활동을 시범할 가능성이 더 높다. 때로 이는 의도적이기도 하지만 실은 그렇지 않을 때가 더 많다. 당신은 소파에 앉아서 소설책을 즐기는 것으로 독서를 시범한다. 화창한 토요일 오후에 조깅을 하거나 자전거를 타는 것으로 운동을 시범한다. 수학 게임을 하면서 수학을 시범한다. 악기를 연주하거나 라디오를 트는 것으로 음악을 시범한다.

둘째로, 그들은 수학 게임 세트, 책, 악기, 운동기구처럼 해당 활동에 필요한 물품을 제공할 가능성 또한 더 높다. 당신의 일상생활을 떠올려 보라. 당신은 아이가 보는 앞에서 책을 읽거나 숫자 퍼즐을 즐기는가? 당신의 집 곳곳에 공, 책, 수학 게임 세트, 퍼즐이 놓여 있는가? 부모는 자신이 중요하다고 생각하는 활동을 위한 물품을 아이에게 더 많이 제공하는 경향이 강하다. 앞서 소개한 연구에서 남자아이들은 여자아이들보다 운동기구를 훨씬 더 많이 제공받았다. 당신의 딸은 이런저런 공, 자전거, 줄넘기, 라켓을 가지고 있는가? 수학 게임 세트나 수학 문제집은 어떤가? 당신의 아들에게 책은 얼마나 많은가? 당신의 아들은 그림을 그리거나 음악을 연주할 기회가 많은가?

셋째로, 그들은 공공연하게 아이를 격려할 가능성이 높고 아이가 하는 활동에 함께 참여할 가능성도 높다. 당신이 예상하듯, 남자아이들에게는 수학과 운동이 더 장려됐고 여자아이들에게는 음악과 독서가 더 장려됐다. 당신의 일상을 다시 떠올려 보기 바란다. 당신은 이번 주에 아이와 운동을 하거나, 아이를 콘서트에 데려가거나, 아이에게 책을 읽어 주거나, 수학 문제를 함께 풀었는가? 나는 아이들과 지낼 때 어떤 면에서는 고정관념에 따라 행동하고 어떤 면에서는 그러지 않는다. 앞에서 말했듯이, 내 딸 마야는 수학을 좋아해서 내게 자주 대수학 문제를 내 달라고 조른다. 내가 x값을 찾아야하는 방정식을 만들어 주면 마야가 휴대용 칠판에다 그것을 풀곤한다. 하지만 마야가 마당에서 소프트볼을 하자고 하면 나는 5분도채 안 되어 그만두고 만다. 나는 마야의 수학 능력, 음악 능력, 독서능력이 마야의 운동 능력보다 더 뛰어나다고 생각하고, 연구자들이 예측한 대로 마야가 잘하는 활동들을 함께해 줄 때가 더 많다. 참 아이러니한 일이 아닐 수 없다. 나는 마야가 이미 뛰어나게 잘하는 활동들을 함께하는 데 더 많은 시간을 보내는 것이다. 실은 마야가 취약한 분야를 보충하는 데 더 많은 시간을 쓰는 것이 좋을 텐데 말이다. 하지만 대부분의 부모처럼 나도 시간과 관심을 아이의 확실한 강점에 쏟아붓는다.

연구자들은 부모들(그리고 교사들도 마찬가지다)이 고정관념에 부합하는 행동을 장려할 때 실제로 평소와 다르게 행동한다는 사실을 발견했다. 부모들은 아이의 행동이 고정관념에 부합할 때 더 가까이 다가가고, 아이와 더 많은 상호작용을 하고, 그 주제에 대해 더 많은 정보를 공유하며 아이에게 집중했다. 또한 아이에게 더 어려운 질문들을 던지면서 정답을 맞힐 수 있는 기회를 더 많이 제공했다. 더 확실하게 격려하고 더 실질적인 조언을 했다.

정말로 중요한 점이 여기에 있다. 부모의 행동은 아이가 스스로 가진 능력에 대해 어떻게 생각하는지에 영향을 미친다.

● 아이가 어떤 활동을 남들보다 더 잘한다고 믿으면, 부모는 그 활동을 더 격려하고 그에 더 관심을 기울인다. 그 결과 아이는 자신의 실제 능력과는 상관없이 그 활동을 더 잘하고 즐기게 된다.

● 부모는 아이가 잘한다고 생각하는 활동을 더 격려하고, 더 자주 몸소 시범을 보이고, 그 활동에 관련된 물품을 더 많이 제공한다. 그러면 해당 활동과 관련된 아이의 기술은 더 향상된다. 어떤 활동이든 연습을 많이 하면 결국 완벽하게 익힐 수 있기 때문이다.

● 당연히 아이는 그 활동을 이전보다 훨씬 더 좋아하기 시작하고 자신이 그 활동을 잘한다고 인식하기 시작한다.

이 과정이 왜 중요할까? 어떤 활동을 즐기고 그것을 잘한다고 느끼면 아이들은 그것을 계속할 가능성이 높아지고 실력이 지속적으로 향상될 것이다. 예를 들어, 독서를 하도록 격려받은 아이는 독서를 더 즐기기 시작할 것이고 자신이 독서를 잘한다고 생각하게 될 것이다. 그리고 더 자주 책을 읽을 것이다. 책을 더 자주 읽는 것은 독서력을 높일 수 있는 가장 좋은 방법이다. 이러한 과정의 연쇄는 고등학교에서 수학 과목을 신청할 때쯤이면 정말로 중요해진다. 수학에 더 자신감을 느끼는 아이들은(학습 초기에 엄마의 믿음에 의

해 시작되었을 가능성이 많다) 고등수학 과목을 신청할 가능성이
더 높다.

 칭찬은 이상하다

격려와 칭찬을 혼동하지 말아야 한다. 아이들은 손쉽게 칭찬을 듣
고 싶어 하지 않는다. 아이들은 칭찬받을 자격이 되었을 때 칭찬받
기를 원한다. 칭찬을 아무렇게나 가볍게 던지지 말아야 한다. "훌륭
해! 정말 잘하고 있구나." 같은 말은 손쉬운 칭찬이다. 한편, "정말로
열심히 노력하고 있구나! 넌 이 문제를 해결할 수 있을 거야. 끝까지
포기하지 마. 네가 자랑스럽구나." 같은 말은 격려다. 이 둘 사이에
는 미묘하지만 아주 중요한 차이가 있다. 쉬운 과제가 주어졌을 때
부모가 칭찬을 하면 아이는 부모가 자신에게 낮은 기대를 가지고
있다고 생각한다. 그리고 이는 아이의 자신감을 떨어뜨린다. 만약
마야가 기초 덧셈 문제를 맞혔다고 칭찬한다면("4 더하기 6은 얼마
지? 10이라고? 훌륭해!") 마야는 내게 눈을 부라릴 것이다. 아이들
은 교사가 쉬운 과제를 해낸 아이를 칭찬하는 것을 들으면 그 아이
가 해당 과제에서 낮은 능력을 가졌다고 생각한다. 도움을 요청하
지도 않았는데 어른이 자신을 도와주면 아이들은 스스로 무능하다
고 생각하고 화, 걱정, 실망, 고통, 불안을 느낀다. 자신감이 떨어지
고, 자신의 성취에 대한 자부심이 줄어들고, 만족감도 덜해진다.(때

로 아이를 키우는 일이 얼마나 힘든지 생각하다 보면 아득해진다! 아이의 기운을 북돋기 위해 칭찬 한마디 했을 뿐인데 아이가 그 말에 이토록 크게 흔들리다니.)

손쉬운 칭찬을 건네는 대신, 아이에게 큰 기대를 가지고 있다고 말하자. 그런 다음 만약 아이가 좋지 않은 성과를 보인다면 건설적인 비판을 해 주자. 건설적인 비판(비난과는 다르다)은 당신이 아이에게 큰 기대를 가지고 있고, 아이가 그 기대를 충족할 능력이 있다고 생각한다는 사실을 보여 준다. 만약 아들이 글쓰기 숙제를 하고 있는데 결과물이 썩 훌륭하지 않다면, 아이가 더 잘할 수 없다고 섣부르게 단정 짓지 말고 아이에게 더 잘할 수 있다고 말해 주자. 그리고 아이가 더 나은 글을 쓰기 위해 개선해야 할 지점을 구체적으로 짚어 주자. 예컨대, "주제문을 맨 앞에 쓰는 건 어떨까?" 혹은 "이 부분은 조금 더 자세히 서술할 수 있을 것 같은데."와 같이 말이다. 이때 지적하는 내용은 구체적이어야 하고 나아질 수 있는 방법에 초점을 맞춰야 한다. 건설적인 비판은 아이들이 자신의 능력을 믿고 더 향상시킬 수 있게 도와주는 일종의 격려다. 건설적인 비판을 받은 아이들은 당장에는 고통스러워 보이는 활동이라도 포기하지 않고 끝까지 해낼 수 있게 된다.

또한 이는 부모가 자신의 고정관념과 어떻게 싸워야 하는지를 보여 준다. 초등학교에 다니는 딸이 간단한 수학 문제를 풀거나 운동신경을 적절히 발휘했다고 칭찬하거나, 초등학생 아들이 쉬운 글을 끝까지 읽거나 기초적인 문장을 잘 적었다고 쉽게 칭찬하지 말기 바란다. 칭찬 대신 격려와 건설적인 비판을 하자. 아이들이 주어진 일들을 뛰어나게 해낼 수 있다고 가정하자. 당신은 그러지 못했다 하더라도 말이다.

은근한 기대가 미치는 영향

아이들을 은근히 압박하는 부모의 태도(인정을 뜻하는 고개 끄덕임, 더 열렬한 격려, 꼭 필요하지는 않지만 재밌어 보여서 구입한 책 등)는 시간이 지나면서 아이들에게 중대한 방식으로 영향을 미친다. 부모나 교사나 대중매체가 거창한 말을 전하지 않고 아이들을 한쪽 방향으로 살짝 미는 것만으로도 매우 큰 영향을 미칠 수 있다.

나는 미국 남부의 시골에서 태어난 덕분에 시냇가에서 매끄럽고 반짝이는 조약돌을 찾으며 유년기를 보냈다. 그런 조약돌이 물수제비를 뜨기에 가장 좋았기 때문이다. 나는 흐르는 물이 얼마나 대단한 힘을 가졌는지 생각할 때마다 경이로움을 느꼈다. 충분한 시간만 주어진다면 거친 바위도 매끄럽게 만들 수 있는 힘 말이다. 조용한 시냇물도 충분한 시간과 압력만 있으면 주변의 단단한 것을 변화시킬 수 있다. 아이들은 시냇가에 있는 바위와 같고, 어린 시절은 시간과 압력으로 꽉 차 있다.

양육의 힘은 찰나에 있다. 그 찰나는 대개 부모가 자신이 '양육을 하고 있다'는 사실을 의식하지 않는 순간일 때가 많다. 내 생각에는 바로 그 점 때문에 양육이 힘든 것 같다. 만약 아이들이 부모가 편안하고 느긋한 때에 다가와서 초롱초롱한 눈으로 "엄마, 아빠, 행복하고 생산적인 삶을 살려면 뭐가 중요한지 알려 주세요."라고 한다면 별로 어려울 게 없을 것이다. 그러고 나서 아이는 부모가 전해 주는 주옥같은 지혜를 그대로 흡수한다. 부모가 주체를 못 할 때나, 이유 없이 가족에게 딱딱거렸을 때나, 고속도로에서 앞에 끼어드는 차에 대고 고함을 쳤을 때나, 십 대 딸아이 앞에서 청바지를 입고서 뚱뚱해 보이는 것 같다고 불평했을 때는 싹 잊어버리고 말이다. 얼마나 멋진가.

당신이 '양육자 상태'일 때만 아이가 관심을 기울이고 당신의 좋지 않은 특징들이 불쑥 튀어나올 때는 관심을 끈다면, 양육은 훨씬 수월해질 것이다. 아이가 배우지 않았으면 하는 욕설이나 버릇 같은 당신의 특징을 흉내 낼 때만큼 이 점이 확실히 드러나는 때도 없다. 그레이스가 마야에게 이렇게 소리 질렀을 때 나는 배꼽을 잡았다. "장난해?"(내가 가끔 쓰는 말이다.) 하지만 마야가 작은 좌절에도 울음을 터뜨리는 것(이것도 내가 가끔 하는 행동이다)을 보고는 마냥 웃을 수가 없었다. 아이들은 부모의 모든 면에 주의를 집중한다. 좋은 것이든 나쁜 것이든, 의도한 것이든 우연히 드러낸 것이든 상관없이 말이다.

극심한 스트레스에 시달릴 때, 즉 심리학자들이 "인지 과부하에 걸렸다."라고 표현하는 상태에 있을 때는 우리 내면의 암묵적 고정관념들이 밖으로 드러날 가능성이 높다. 저녁 차리기, 아이들 숙제

봐주기, 배관공에게 막힌 배수구를 뚫어 달라고 전화하기, 불만을 품은 동료가 보낸 이메일에 답장하기. 이 모든 일을 동시에 해야 한다면 극심한 스트레스를 받을 수밖에 없다. 바로 이때 고정관념을 이겨 낼 힘은 가장 약해진다. 그러므로 당신이 스트레스에 시달릴 때 딸이 수학 숙제를 가져오거나 아들이 학교에서 괴롭힘을 당한 일을 털어놓는다면, 그동안 품어 온 고정관념이 당신의 반응에 영향을 미칠 가능성이 가장 높아진다. 당신은 아들의 걱정을 무시하거나 슬퍼하는 아들에게 눈을 부라릴지도 모른다. 혹은 쉬운 수학 문제를 풀었다고 딸을 무턱대고 칭찬하거나 딸이 이미 이해하고 있는 수학 문제의 풀이 과정에 과도하게 끼어들지도 모른다. 부모의 삶에서 스트레스 상황을 완전히 제거하기는 불가능하기 때문에, 아이들은 예상치 못한 순간에 부모가 드러내는 젠더 고정관념에 지속적으로 영향을 받을 것이다. 그러므로 아이를 제대로 양육하기 위해서는 무엇보다 부모 스스로가 변화해야 한다.

🚂 고정관념에는 정서적 대가가 따른다

젠더 고정관념은 아이들에게 정서적 피해를 끼친다. 자신의 고유성에 맞는 모습이 아니라 자신이 속한 문화가 요구하는 보편적인 모습(이것이 바로 젠더 고정관념이다)에 자신을 맞추는 일은 결코 수월하지 않다.

　젠더 고정관념이 아이들 정서에 미치는 영향을 몇 가지 사례로 살펴보자. 양육은 ('엄마의 직감'을 동원해서) 엄마들이 가장 잘하는 일이라고 생각하는 남자아이들이 그대로 성인이 되면 '돌봄' 행위의 많은 부분을 아내에게 떠넘기는 경향이 있다. 그들은 아빠가 되어도 한밤중에 아기에게 젖병을 물리거나 아이의 까진 무릎을 호하고 불어 주지 않는다. 따뜻하고 다정한 일은 엄마의 몫이라고 생각한다. 자기가 어렸을 때 까진 무릎을 호 하고 불어 주던 사람이 엄마였기 때문이다. 젠더 고정관념의 결과로 아빠들은 양육의 즐거움 중 많은 부분을 놓치고 만다. 그런 아빠들은 당장 몸은 더 편할지 모르지만 자신의 아기와 안정적인 애착 관계를 맺지 못하기 쉽다. 새벽 두 시의 전쟁을 온몸으로 치러 낸 아빠들과 달라지는 것이다. 그들의 아이는 위로가 필요할 때 아빠에게 달려와 안길 가능성이 낮고, 한밤중에 악몽을 꾸고 나서 아빠를 소리쳐 부를 가능성도 낮다.[6]

　중요한 점은, '엄마'의 일이라고 생각하는 것들을 회피한 아빠들은 결국 그러지 않은 아빠들보다 양육에 만족감을 덜 느끼게 된다는 것이다. 이 사실을 보여 주는 연구 결과들을 봐도 전혀 놀랍지 않다. 아이가 슬프거나 겁에 질렸을 때 내가 안아 주면 아이의 세계가 다시 안정되는 것이 느껴진다. 부모로서 아이들의 정서적 욕구를 충분히 충족해 줬다는 것을 알게 되는, 영혼이 고양되는 이러한 순간들은 수면 부족과 더러운 기저귀와 콧물 범벅으로 점철됐던 순간들을 버틸 만하게 만들어 준다. 물론 엄마의 일을 회피한 아빠들도 자신의 아이들을 사랑하고 아이들도 아빠를 사랑할 것이다. 하지만 젠더 고정관념을 버릴 때 느낄 수 있을 만큼의 충만한 만족감을 느끼지는 못할 것이다. 이는 내가 남자아이들에게 인형을 가지고 놀라고 반드시 권하는 이유, 그리고 남자아이가 인형을 가지고 놀 때 부모가 불만을 표하는 말이나 몸짓을 하지 말아야 하는 이유이기도 하다. 보살피고 돌보는 법을 아는 남자아이들은 훗날 양육에서 깊은 기쁨을 찾을 수 있는 아빠가 될 것이다.

정서적 피해의 또 다른 사례는 여자아이들에게 초점이 맞춰져 있다. 여자아이이기 때문에 부응해야 하는 고정관념 조합이 몇 가지 있다. 그중에서도 정서적으로 심각하게 피해를 주는 것이 '여자는 예쁘고 말라야 한다'는 고정관념이다. 젠더 고정관념을 믿는 여자아이들, 특히 여자는 항상 예뻐야 한다고 믿는 여자아이들은 중학교에 입학하기 전에 우울증을 겪을 가능성이 더 높다.[7] 이 고정관념은 실현하기 힘든 이상이며, 여자아이들이 정서적으로 힘든 청소년기에 진입하면 더욱 그러하다.

여자아이들이 여자는 예쁘고 말라야 한다는 고정관념을 믿을수록 자신의 신체를 바라보는 신체상은 더 부정적으로 변한다.[8] 다시 말해, 젠더 고정관념을 믿는 여자아이는 자신의 신체가 자신이나 다른 여자아이들이 원하는 신체와 완전히 다르다고 생각할 가능성이 높다. 이는 미국 청소년기 여자아이들의 절반이 어떤 형태로든 다이어트를 하는 이유이기도 하다. 심지어 만 8세부터 다이어트를 시작하는 아이들도 있다.[9] 그렇기 때문에 나는 집에 바비 인형과 브라츠 인형을 두지 않는다. 내 아이들은 현실적인 신체를 가진 인형들을 많이 가지고 있다. 여자아이들이 바비 인형을 가지고 놀다 보면 이전보다 부정적인 신체상을 가지게 된다.[10] 여자의 외모에 대한 젠더 고정관념이 아이의 놀이 시간을 점령해서는 안 된다.

또한 여자는 예쁘고 말라야 한다는 고정관념을 믿는 여자아이들은 예쁘다는 것이 똑똑하다는 것과 양립할 수 있다는 사실을 알지 못한다. 컬럼비아 대학교 바너드 칼리지의 교육학 교수 리 앤 벨은 재능 있는 초등학교 3~6학년 여학생들을 인터뷰했다. 인터뷰에 응한 여자아이들은 자신의 지능을 중요하게 생각하지 않는다고 말했다. 예뻐 보이고 싶기 때문이라고 했다. 또한 자신이 자랑을 많이 하거나 경쟁심이 강한 것처럼 보이기를 원하지 않는다고도 말했다.[11] 고정관념에 따른 이들의 이상형은 예쁜 외모를 가지고 예쁘게 행동하지만 지나치게 똑똑하지는 않은 여자아이였다. 힘든 길이다.

여기에서 주목해야 할 점이 있다. 젠더 고정관념이 흑인 여자아이들의 정서에는 백인 여자아이들의 정서에만큼 크게 영향을 미치지 않았다는 것이다. 그룹으로서 흑인 여자아이들은 자존감이 더 높고, 우울증에 덜 걸리고, 더 나은 신체상을 가지고 있고, 자기통제를 더 잘한다. 이렇게 된 데에는 흑인 여자아이 엄마들의 영향이 가장 크다. 여러 연구들을 보면, 흑인 여자아이들은 백인 여자아이들보다 엄마와 더 긍정적인 관계를 맺고 있다는 사실을 알 수 있다. 흑인 엄마들은 딸에게 독립성을 더 강력하게 북돋는다(백인 엄마들은 아들에게 독립성을 강조하는 경우가 더 많다). 엄마가 독립성을 키워 주

면 여자아이들은 자기 자신을 더 좋아하고 자신감을 가진 채로 성장한다.[12]

아기방에서부터 고정관념 확인하기

그렇다면 부모들은 무엇을 해야 할까? 첫째, 부모는 자신이 가진 고정관념부터 알아차려야 한다.

● 아이의 능력과 관심사에 대한 당신의 태도는 아이의 진짜 능력을 반영하고 있는가? 그 사실을 어떻게 아는가?

● 태아 초음파 사진을 보자마자 특정한 기대를 가지기 시작했는가?

● 남자아이는 어때야 하고 여자아이는 어때야 하며 이 둘 사이에는 선천적으로 어떤 차이들이 존재하는지에 대한 자신의 생각을 점검해 보자.

둘째, 부모는 어떤 기량과 능력을 아이의 삶에서 우선순위에 둘지 결정해야 한다. 다음과 같이 말이다.

● 수학, 과학, 독해 능력은 아이가 공부를 잘할 수 있도록 도와준다.

● 신체 활동은 아이가 건강한 삶을 살 수 있도록 도와준다.

● 돌봄 능력, 공감 능력, 다른 사람의 관점을 수용하는 능력은 아

이가 평생 동안 의미 있는 관계들을 맺을 수 있도록 도와준다.

단, 어떤 기량과 능력도 젠더와 연관 짓지 말아야 한다는 점을 명심하기 바란다.

목록의 나머지는 당신에게 달려 있다. 아이에게 어떤 기량과 능력을 키워 주고 싶은지 스스로 알았다면 다음 단계로 넘어가 보자. 당신은 아이에게 키워 주고 싶은 기량과 능력에 연관된 행동을 스스로 시범하고 있는가? 당신은 아이에게 그러한 것들을 권장하고 있는가? 아이가 그러한 기량을 키우는 데 필요한 물품을 제공하고 있는가? 아이에게 그러한 것들을 추구할 기회를 주고 있는가?

셋째, 부모는 아이가 고정관념에 부합하거나 부합하지 않는 행동을 할 때마다 다음 사실을 확인해야 한다.

● 당신은 딸이 장난감 자동차를 가지고 놀 때보다 인형을 가지고 놀거나 공주처럼 행동할 때 더 찬성하는 듯한 표정이나 말을 하는가?

● 당신은 아들이 인형을 가지고 놀 때보다 바깥에서 거칠게 놀 때 더 찬성하는 듯한 표정이나 말을 하는가?

이것들은 승인을 은근하게 드러내는 신호다. 미소나 고개 끄덕임 같은 것이 여기에 해당한다. 부모 스스로 비언어적 신호를 의식하자. 또한 아이의 행동이 부모의 무의식적 기대를 어떻게 확정하는지 혹은 그러지 않는지도 꾸준히 의식하자.

요점 정리: 꼭 하고 싶은 이야기

- 부모로서 우리가 가진 기대는 우리가 아이들에게 기대하는 바로 그 행동을 이끌어 낸다. 부모의 기대는 아이의 젠더에 따라 달라질 때가 많다.

- 아이들은 무의식적으로 찬성이나 반대를 표현하는 부모의 비언어적 신호를 감지하고 그것에 맞추어 자신의 행동을 수정한다. 아이들은 부모의 부드러운 미소가 무엇을 뜻하는지 알고 있고 그것을 찌푸린 표정보다 훨씬 더 좋아한다.

- 자신의 아이가 어떤 것에 뛰어나다고 추정하면, 부모는 아이가 그것을 훨씬 더 잘하게 만든다. 아이를 격려하고, 관련 기술을 몸소 시범하고, 기량을 향상할 기회를 더 많이 제공한다. 만약 아들이나 딸이 어떤 것을 잘한다고 추정한다면 당신은 아이가 그것을 더 잘하도록 만들 가능성이 매우 높다. 그럴 의도가 없다고 하더라도 말이다.

- 우리는 뿌리 깊이 숨은 고정관념들을 바꿔야만 한다. 누구나 고정관념을 가지고 있다. 그러므로 우리가 할 수 있는 최선은 그 고정관념이 양육 방식에 배어 나오지 않도록 유의하는 것이다. 그러지 않으면 아이들의 정서에 엄청난 피해를 입힐 수도 있다.

10
고정관념의 기습

당신이 내가 이 책에서 주장한 일들을 모두 실천했다고 치자. 당신은 일상에서 사용하는 언어와 양육과 관련하여 내리는 결정에서 젠더 고정관념을 이용하는 빈도를 줄였다. 그리고 아이가 태어났을 때부터 집에 다양한 장난감을 구비해 놓았다. 아이가 단지 딸이라는 이유만으로 어떤 것을 좋아하리라고 넘겨짚지도 않았다. 아이의 놀이 시간과 생일 파티에 남자아이들과 여자아이들을 두루 초대했다. 아이가 젠더 고정관념에서 비롯된 말을 하는 걸 들을 때마다 바로잡아 줬다. 고등학생이 된 딸에게 AP 미적분학 수업을 들으라고 장려했고 딸에게 그 수업에서 좋은 성적을 받으리라 기대한다고 반복해서 말했다. 무엇보다, 당신은 딸이 걸음마기 아기일 때부터 숫자와 기초 수학과 관련된 말을 많이 했다.

당신의 딸은 AP 미적분학 수업을 신청해서 잘 따라갔고 A학점을 받았다. 우선, 축하한다! 여자아이들이 대개 피하는 고등수학 수업을 딸이 듣게 한 것만으로도 당신은 이미 많은 것을 이루었다. 이제 딸은 대학용 AP 학점을 따기 위해(이는 대학에서 수강해야 하는 수업이 한 과목 줄어든다는 뜻이다) AP 미적분학 표준 시험에 응시한다. 딸이 시험장에 앉아 있다. 주변에는 여자아이들보다 남자아이들이 더 많다. 남자 교사가 시험지를 나눠 주고 칠판에 시험 시간을 적는다. 그런데 당신이 여자아이들도 남자아이들과 똑같이 수학을 잘한다고 딸에게 누누이 일러 줬다고 할지라도, 딸은 여자와 수학에 대한 젠더 고정관념을 어디선가 들어서 알고 있다. 딸은 이 고정관념을 믿지는 않지만 알고는 있다. 당신이 아이를 동굴에서 키우지 않는 한 알 수밖에 없다. AP 시험은 표준 양식을 따르기 때문에 아이들은 수학 문제를 풀기 전에 시험지 겉장에 이름, 학년, 학교, 민족, 성별을 표시해야만 한다. 그리고 이때 가장 교활한 젠더 고정관념이 작동하기 시작한다.

시험지 겉장의 성별 항목에서 '여자'에 동그라미를 칠 때, 딸의 두뇌는 아주 짧은 순간 자신의 젠더에 대해 생각해야만 한다. 이때 여자들이 수학을 못한다는 젠더 고정관념이 무의식적으로 활성화된다. 딸이 그 고정관념을 믿지 않는 것은 둘째치고 그것이 틀렸다는 사실을 몸소 증명하고 있음에도 불구하고 말이다. 조금 후에 논의할 이유들 때문에, 딸은 시험을 치기 전 자신의 젠더에 대해 잠깐 생각한 것만으로도 원래 가진 실력에 비해 시험을 못 보게 된다. 시험을 망친 것은 아니지만 간발의 차이로 AP 학점을 따지 못하게 된다(AP 학점을 따기 위해 학생들은 시험에서 일정 비율 이상 정답을 맞혀야 한다).

실제로 전국 AP 미적분학 표준 시험을 분석한 결과 만약 시험이 시작될 때가 아니라 끝날 때 응시자의 성별을 표기하도록 했다면 한 해에 5,000명에 달하는 여학생이 추가로 AP 학점을 딸 수 있는 점수를 받았을 것이라고 한다.[1] 여자아이들이 젠더에 대한 생각을 시험이 끝날 때까지 미뤄 놓기만 해도 성적을 높일 수가 있는 것이다.

이러한 영향을 '고정관념 위협stereotype threat'이라고 부른다. 고정관념 위협은 부모가 젠더 고정관념을 아이에게 대물림하지 않았더라도, 고정관념이 세상에 존재하는 것만으로도 아이들에게 어떻게 영향을 미칠 수 있는지 보여 준다. 이 장에서는 '고정관념 위협'이 무엇인지, 아이가 그 고정관념을 믿지 않는다고 해도 어떻게 고정관념이 아이들에게 영향을 미칠 수 있는지, 그리고 부모가 어떻게 고정관념의 부정적 영향으로부터 아이를 보호할 수 있는지 이야기하겠다.

'고정관념 위협'이란?

특정 그룹에 대해 부정적인 고정관념이 존재하면, 그 그룹에 속한 사람들은 자신이 부정적인 고정관념에 부합할까 봐 걱정한다. 그들은 다른 사람들의 좋지 않은 선입견이 사실임을 확인해 주고 싶어 하지 않는다. 이는 당신이 상상할 수 있는 그 어떤 그룹에도 해당된다. 우리는 누구나 자신이 속한 그룹과 관련하여 부정적인 고정관념을 가지고 있다. 여자와 수학에 관한 고정관념일 수도 있고, 남자와 독서에 관한 고정관념일 수도 있고, 60세 백인 남성과 덩크슛 넣기에 관한 고정관념일 수도 있다. 가난한 가정 출신 아이들과 아이큐 테스트에 관한 고정관념일 수도 있고, 노인들과 기억력에 관한 고정관념일 수도 있다. 또 백인 남성과 수학에 관한 고정관념일 수도 있다. 수학 능력에 한해 백인 남성을 아시아 남성과 비교한다면 말이다. 모든 과목에서 A학점을 받은 대학생들도 부정적인 고정관념의 대상이 될 수 있다. 만약 그들이 공립인 주립 대학교에 다니고 있고 아이비리그 대학생들과 비교된다면 말이다. 아이비리그의 우수한 여성 수학 전공자들이 대상이 될 수도 있다. 같은 학교의 남성 수학 전공자들과 비교된다면 말이다.

누구나 '고정관념 위협'의 순간을 경험한다. 세부 사항은 저마다 다르겠지만 그 순간에 느끼는 감정은 같다. 어떤 방 안으로 들어가거나 어떤 상황에 처했을 때 우리는 이렇게 생각한다. '오, 맙소사! 내가 여기에서 유일한 ○○이야.(빈칸에 남자/라틴계 남자/미국 남부 지방 사람/부모/사십 대 등 당신의 꼬리표를 채워 보라.) 분위기를 망쳐서 망신을 당하는 일은 없어야 할 텐데.' 개인적으로 나는 최근 '과학의 새로운 연구들What's New in Science?'이라는 제목의 대중 토론회에 토론자로 참여했을 때 고정관념 위협을 경험했다. 토론자로 나(심리학자), 화학자, 물리학자, 지질학자가 참여했다. 나는 내가 그중 유일한 '사회과학자'라는 사실을 확실히 의식하고 있었다. 우리의 역할은 다른 토론자들이 연구 결과를 발표하는 것을 들은 다음

후속 질문을 하는 것이었다. 나는 속으로 생각했다. '멍청한 질문을 하지 말아야 할 텐데.'

내 남편은 그레이스가 아기일 때 밖에 데리고 나갔다가 기저귀를 갈아야 했던 경험을 아직도 생생히 기억한다. 남편은 기저귀를 갈 때 같은 공간 안에 있던 모든 엄마들이 자신을 응시하는 느낌이었다면서, 자기가 제대로 하는지 못하는지 확인하려는 것 같았다고 했다. 다른 엄마들이 실제로 확인하려 했는지 아닌지는 중요하지 않다. 남편은 자신이 유능한 아빠로서 뭔가 증명해야 한다고 느낀 것이다. 내가 토론회에서 내 '과학 능력'을 증명해야 한다고 느꼈던 것과 마찬가지로 말이다. 나도 남편도 남자는 유능한 부모가 될 수 없다거나 심리학자는 자연과학을 다룰 수 없다는 따위의 부정적인 고정관념을 믿지 않았다. 하지만 우리의 행위가 이러한 부정적인 고정관념들에 부합할까 봐 걱정했다. 바로 이 걱정의 순간(아주 짧은 순간이라 하더라도)에 고정관념은 위협으로 작용한다. 왜일까? 순간적인 걱정 탓에 나는 토론에서 더듬거리며 질문할 수 있고 내 남편 크리스는 서투르게 기저귀를 갈 수 있기 때문이다. 지금껏 능숙하게 해 온 일인데도 말이다.

1995년에 스탠퍼드 대학교의 심리학 교수 클로드 스틸은 동료 연구자 조슈아 애런슨과 함께, 자신이 속한 그룹에 대한 부정적인 고정관념을 확정할 위험에 처하는 상황을 설명하기 위해 '고정관념 위협'이라는 용어를 만들었다. 이러한 상황은 매우 역설적이다. 그룹에 대한 부정적인 고정관념을 자신이 확정할지도 모른다는 걱정 때문에 바로 그 고정관념을 스스로 확정하는 위험에 처하기 때문이다.[2] 1995년 이후로 수백 건의 연구가 사람들은 (대개 무의식적으로) 자신이 부정적인 고정관념에 부합할까 봐 걱정한다는 사실을 증명했다. 이러한 걱정은 사람들이 바로 그 고정관념과 관련된 일을 잘 해내지 못하도록 방해할 수 있다. 어떤 고정관념에 대한 무의식적인 생각을 촉발할 수 있는 상황은 그 상황에 처한 개인의 수행 능력을 저하시킬 수 있다. 그리고 안타깝게도 이는 개인이 걱정하는 바로 그 고정관념을 확정하는 데 일조한다. 단도직입적으로 말하겠다. 고정관념은 정말 골칫거리다.

'고정관념 위협'에 대해 더 알아보기

'고정관념 위협'은 심리학과 교육학 분야의 특정적인 연구 주제다. 지난 20년 동안 이 주제에 관해 수백 건의 연구가 시행됐다. 그중 대부분은 매우 간단한 데다 교육 이외의 분야에도 적용할 수 있는 연구다. 이 주제에 대해 더 알고 싶다면 클로드 스틸의 『고정관념은 어떻게 세상을 위협하는가 Whistling Vivaldi: How Stereotypes Affect Us』를 읽어 보기를 추천한다. 스틸은 이러한 현상을 밝히는 탁월한 연구자인 데다 훌륭한 작가이기도 하다. 그는 이 책의 첫머리에서 인종 분리 정책을 시행하던 시대에 시카고에서 흑인 아이로 살아야 했던 자신의 경험을 들려준다.[3] 고정관념 위협과 관련하여 인터넷 사이트 www.reducingstereotypethreat.org도 추천하고 싶다. 이 사이트를 직접 만든 연구자들은 공익을 위해 고정관념 위협에 대한 최신 연구를 한 곳에 모아 놓는 훌륭한 작업을 하고 있다.

'고정관념 위협'이 작동하는 방식

고정관념 위협의 가장 나쁜 점은 그것이 자신의 수행 능력에 가장 신경 쓰는 사람들에게 영향을 미친다는 데 있다. 학교에서 좋은 성적을 받고 싶어 하는 학생들이 고정관념 위협의 대표적인 예다. 당신의 아이가 뭔가를 더 잘하고 싶어 할수록 아이는 고정관념 위협에 더 취약해진다. 이는 뭔가를 잘하는 것에 가장 신경을 많이 쓰는 사람들이 부정적인 고정관념과 일치하지 않으려는 압력을 가장 많이 받기 때문이다. 고정관념 위협은 꼭 아이가 매일 접하는 상황에만 국한되지 않는다. 당신의 딸은 평소에는 수학 시험을 망치는 것에 대해 거의 생각하지 않을지도 모른다. 하지만 어떤 상황이 이러한 걱정을 촉발해서 결국 아이의 수학 성적을 떨어뜨릴 수 있다. 아이는 이러한 과정을 전혀 의식하지 못하는데도 말이다.

정확히 어떤 일이 벌어지는지 분석해 보자. 고정관념 위협은 알맞은(혹은 알맞지 않은) 상황이 주어지면 누구에게라도 영향을 미칠 수 있다. 예를 들어, 여자아이들의 수학 능력, 리더십, 운동 과제에 대해 수많은 연구가 시행되었다. 그런데 이러한 요소들은 남자아이들에게도 영향을 미친다. 여자아이들보다 학업 면에서 열등하다고 '고정관념이 형성돼' 있는 초등학교 남자아이들에게 특히 더 그러하다.[4]

만 8세인 당신의 아들이 교실에 앉아서 이제 막 표준 시험을 보려 한다고 상상해 보자(당신에게 딸만 있다면 그 아이가 수학이나 체육 수업을 듣고 있다고 상상해 보자). 당신의 아들은 남자아이들은 학교에서 말썽쟁이인 데다 여자아이들보다 낮은 성적을 받기 마련이라고 알고 있다.(이 책의 앞부분에서 말했듯이 아이들은 초등학교에 입학할 무렵인 만 5세경에 젠더 고정관념을 알게 된다. 학업 수행 능력이 중요해지기 시작하는 바로 그때, 고정관념에 대한 정보가 영향을 미치기 시작하는 것이다.) 당신의 아들은 이 고정관념이 사실이 아니라는 것을 알고 있지만, 많은 사람들이 이 고정관념을 믿고 있다는 것 또한 알고 있다.

상황의 어떤 면이 당신의 아들에게 자신의 성별, 고정관념이나 시험에 대해 생각할 것을 촉발한다. 이는 다양하고도 일상적인 방식으로 일어날 수 있다.

1. 당신의 아들이 시험지 겉장을 펼치고 자신의 성별에 동그라미를 친다.

2. 교사가 선의에서 당신의 아들에게 남자 형제나 여자 형제가 있느냐고 묻거나(성별에 대한 생각을 촉발한다) 운동을 좋아하는지 좋아하지 않는지(남자아이 고정관념에 대한 생각을 촉발한다) 묻는다.

3. 교사가 시험이 시작되기 전에 시간을 때우기 위해 당신의 아들에게 야구방망이를 들고 있는 남자아이 밑그림을 주고서 자리에 앉아 색칠을 하라고 한다.

4. 당신의 아들은 시험장에서 유일한 남자아이다.

5. 시험 감독관이 여자 교사다.

6. 당신의 아들은 시험이 학업 능력을 측정하는 수단이라는 얘기를 듣는다.

이러한 경우의수들은 실제로 학생에게 '고정관념 위협'을 촉발하는 조사 연구에서 사용되고 있다.

지금까지 실제 교실에서 목격한 것 중에서 가장 좋지 않은 사례는 내가 초등학교 4학년 교실을 관찰할 때 일어났다. 그 당시 나는 민족 정체성에 대한 연구를 진행하고 있었기 때문에 이는 뜻밖의 사례였다. 교사가 수학 수업을 하던 중 학생들을 칠판 앞으로 불러내어 수학 문제를 풀게 했다. 학생들을 불러내는 순서는 단순해서, 여학생-남학생-여학생-남학생 순으로 문제를 풀 차례가 왔다. 교사가 "이제 여학생 차례예요."라고 말하면 여학생이 앞으로 나가 반 친구들 앞에서 수학 문제를 풀어야 했다. 성별에 대한 생각을 촉발하는 일에 있어서 미묘함이라고는 티끌만큼도 없었다. 아마도 이 방법은 여학생이 수학 문제를 빠르고 정확하게 풀도록 돕는 최악의 방법일 것이다.

당신의 아들은 부정적인 고정관념이 촉발된 후 자신이 그 고정관념에 부합할까 봐 걱정하기 시작한다. 당신의 아들은 자신이 남자아이라는 이유만으로 여자아이들보다 학업 성적이 뒤처지고 싶어 하지 않는다. 부정적 고정관념에 부합하고 싶지 않기 때문에 아이는 불안을 느낄 가능성이 높다. 스트레스 호르몬인 코르티솔 분비가 증가하고 생리적 각성도가 전반적으로 높아질지도 모른다. 이러한 걱정은 비록 작을지라도 아이의 작업 기억° 기능을 떨어뜨리기에 충분하다. 다시 말해, 아이가 시험을 보면서 지문을 읽거나 독해 문제에 답하는 데 좀 더 어려움을 겪을 수 있다는 뜻이다. 자신의 수행 능력에 대한 아이의 기대는 낮아지고 '이 시험은 정말로 어려워.' 처럼 의욕을 꺾는 생각이 떠오르기 시작할지도 모른다. 중요한 점은 이러한 상황에서도 아이는 자신에게 무슨 일이 벌어지고 있는지 전혀 모를 수 있다는 것이다.

이 과정은 더러운 배에 비유할 수 있다. 호수 물이 끈적끈적한 데다 녹조가 끼어 있고 선체 밑에 따개비도 한두 개 붙어 있다고 치자. 이러한 요소들이 배가 제대로 작동하는 데 중대한 장애물로 작용하지는 않는다. 오히려 사소한 일에 속한다. 배는 그 상태로 물살을 헤치며 앞으로 나아간다. 하지만 녹조가 물의 저항력을 높여서 전속력으로 달릴 수 없게 만든다. 효율성을 떨어뜨려서 시간이 더 들고 연

● 정보를 일시적으로 기억하여 인지적 과정을 계획하고 수행하는, 즉 작업을 수행하는 기억.

료 사용도 늘게 만드는 것이다. 바로 이것이 고정관념 위협이 하는 일이다. 고정관념 위협은 효율성과 수행 능력에 방해가 된다. 아이는 무슨 일이 벌어지고 있는지 새까맣게 모를 것이고 고정관념 위협이 끼치는 영향도 엄청나게 크지는 않을 것이다. 하지만 이러한 영향은 거듭될 수 있고 그 결과 수행 능력 저하로 이어질 수도 있다.

4단계: 수행 능력에 차질이 생긴다

이전 단계의 정신적 부담 때문에 당신 아들의 수행 능력에는 차질이 생기고 아이는 표준 시험에서 제대로 실력 발휘를 못 한다. 아이가 공부한 내용을 잊어버린 것도 아니고, 시험에 신경 쓰지 않은 것도 아니고, '여자의 일'이라는 생각에 게으름을 피운 것도 결코 아니다. 아이는 충분히 신경을 쓰고 있고, 좋은 성적을 받고 싶어 하고, 시험을 괜찮게 봤다. 다만 상황이 달랐다면 해낼 수 있었을 것에 비해 잘하지 못했을 뿐이다. 생각해 보라. 만약 스트레스 호르몬이 온몸을 고동쳐 흐르고, 초조함이 느껴지고, 작업 기억 기능이 떨어지고, 잘할 수 없다는 생각이 자꾸 든다면 최고의 기량을 발휘하기가 어려울 것이다. 까다로운 몇 문제를 틀리거나, 소수점을 잘못 찍는다든지 하는 몇 가지 실수를 하거나, 문제 푸는 속도가 느려질 것이다. 이런 유형의 일들이 단순히 아이가 시험 전에 자신의 성별을 명시해야 하기 때문에 일어날 수 있다.

# 눈에 보이는 영향들

어떤 상황이 아이에게 성별이나 고정관념에 대해 생각하도록 만드는 것만으로도 고정관념 위협이 발동하여 아이가 중요한 시험을 평소에 비해 조금 못 볼 수도 있다. 만약 이런 일이 한 번만 일어난다면 별문제가 안 될 것이다. 하지만 일반적으로 이런 일은 훨씬 더 자주 일어난다. 시간이 흐르면서 이런 일은 어떤 영향으로 나타날까?

일단 수행 능력이 저하될 것이다. 이것은 큰 문제다. 수행 능력 저하는 부정적인 고정관념이 존재하는 어떠한 상황에서든 일어날 수 있다. 아이가 자신과 다른 성별에 유리하게 고정관념이 형성되어 있는 과목의 수업을 들을 때일 수도 있고, 자신의 그룹에 '알맞은' 고정관념과 어긋나는 놀이나 공연을 할 때일 수도 있다. 자신이 잘한다고 고정관념이 형성되어 있는 과목일지라도 다른 그룹이 더 잘할 수 있다는 이야기를 들으면(가령 수학 시간에 백인 남자아이들이 아시아 남자아이들에게 비교당한다면) 수행 능력이 저하될 수도 있다.

의도한 것보다 실력 발휘를 못 하면 아이들은 실패를 자기 탓으로 돌릴 수 있다. 이를 '내부 귀인internal attribution'이라고 부른다. 예를 들어, 어떤 여자아이는 수학 과목에서 기대했던 것보다 낮은 점수를 받고 나서 이렇게 중얼거릴지도 모른다. "나는 수학에 소질이 없나 봐." 하지만 시시한 성과에 대해 스스로를 탓하는 일은 전혀 달갑지 않다. 자신이 멍청하다고 생각하고 싶어 하는 사람은 없기 때문에 차라리 다른 것을 탓하고 싶어 한다. 그렇기 때문에 고정관념 위협은 '자기 불구화self-handicapping'●로 이어지기 쉽다. 시시한 성과의 원인을 자신의 낮은 능력보다는 공부를 게을리하거나 연습이 부족한 점에서 찾는 편이 훨씬 더 낫다고 느낀다. 실제로 많은 사람이 이렇게 한다. 고정관념 위협이 작동하면 사람들은 연습을 덜 하거나 공부를 덜 하거나 시험 스트레스가 너무 크다고 주장할지도 모른다. 이들은 고정관념보다 선수를 쳐서 자기 자신을 불리하게 만든다. 자신을 탓하는 것을 피하기 위해 시시한 성과에 대해 스스로 핑곗거리를 마련한다. 문제는 공부를 덜 하고 연습을 덜 함으로써 미래의 실패를 자처한다는 점이다.

자기 자신을 탓하는 것을 피할 수 있는 비결은 또 있다. 바로 시험 자체를 탓하는 것이다. 이제 막 고정관념 위협을 경험한 아이들은 시험이 까다로웠다거나 공평하지 않았다거나 자신의 실력을 제대로 측정하지 않았다고 주장할지도 모른다. "나는 수학을 잘해. 하지만 이번 시험에는 몽땅 기하학만 나왔어. 그건 수학도 아냐. 너무 불공평해!" 하는 식이다. 이는 미래에 비슷한 시험을 치르고자 하는 동기를 약화시킬 수 있다. 불공평하거나 불합리하다고 생각되는 무언가를 잘해야겠다고 동기부여를 하기는 쉽지 않다.

시간이 흐르면서 고정관념 위협에 대한 대처 전략은 학생들을 소진시키기 시작한다. 낮은 성과가 반복됨에 따라 자기 자신 말고 탓

● 실패의 구실을 만들기 위해 최대한의 노력을 다하지 않거나, 일을 하기 전에 안 좋은 결과가 나올 것을 대비해 미리 구실을 마련하는 것.

할 대상을 찾으려 애쓰고, 잘하고자 하는 초조함을 되풀이해서 겪다 보면 폐해가 발생하기 시작한다. 고정관념 위협의 마지막 영향으로, 아이는 스스로 해당 상황에서 아예 물러나면서 이렇게 말하게 된다. "할 만큼 했어." 그러고는 특정 과목을 포기해 버린다. 여자아이들은 "누가 수학을 신경 써? 난 신경 안 써."라고 말하기 시작한다. 잊지 말기 바란다. 이들이 처음에 수학을 신경 썼기 때문에 '고정관념 위협'에 취약할 수밖에 없었다는 사실을 말이다. 어떤 남자아이는 이렇게 말할지도 모른다. "독후감 쓰기에서 나쁜 점수를 받았어도 상관없어. 최소한 축구 경기는 잘했으니까." 아이들은 자아존중감을 자신의 수행 능력으로부터 분리하기 시작한다. 이는 결국 해당 분야를 완전히 거부하는 것으로 이어진다. 당신의 딸은 "나는 수학에 소질이 없어."라고 말하며 아예 미적분 수업을 듣지 않을지도 모른다. 아이들은 말 그대로 영원히 자기 자신을 위협 상황으로부터 제거해 버린다. 끝, 이걸로 완전히 끝이다. 아이들은 자아 존중감을 부정적 고정관념과 관련된 분야에서 완전히 분리한다. 일단 분리하고 나면 되돌리기가 정말로 어려워진다.

고정관념 위협은 심지어 아이들이 선택하는 직업 유형에도 영향을 미칠 수 있다. 캐나다 브리티시컬럼비아 대학교의 심리학 교수 폴 데이비스는 고정관념 위협을 작동하기가 얼마나 쉽고 고정관념 위협이 얼마나 깊은 영향을 미칠 수 있는지 알아내기 위해 아주 기발한(하지만 충격적인) 실험을 했다. 논문 연구의 일환으로 그는 캐나다 워털루 대학교에서 미적분학을 두 학기째 듣고 있는 여학생들을 모집했다. 실험에 참여한 여학생 모두 미적분학 과목에서 B학점 이상을 받았고, 자신이 수학을 잘한다고 믿었고, 수학을 잘하는 것이 대단히 중요하다고 생각했다.[5]

데이비스는 우수하고 젊은 여학생들을 두 그룹으로 나누어 광고 두 편씩을 보여 줬다. 텔레비전을 켜면 언제라도 볼 수 있는 평범한 광고였다. 그는 일단 참여자 절반에게 젠더 고정관념에 입각한 광고를 보여 줬다. 첫 번째 광고에는 여드름 치료용 크림을 바르고 효과가 너무 좋아서 기쁨에 찬 나머지 침대 위에서 방방 뛰는 여자가 등장했다. 두 번째 광고에는 새로 나온 브라우니 믹스 제품을 먹어 보고 싶어서 군침을 흘리는 여자가 등장했다. 데이비스는 나머지 절반의 참여자들에게는 젠더 중립적인 광고를 보여 줬다. 하나는 휴대폰 광고였고 다른 하나는 약국 광고였다. 이것이 데이비스가 실험을 위해 실시한 일의 전부였다. 그는 여자들이 수학을 못한다는 식의 말은 입 밖에도 내지 않았다. 또한 "여러분 같은 숙녀들이 미적분학 수업에서 좋은 성적을 받았다니 믿을 수가 없군요. 집에 가서 남자친구에게 샌드위치나 만들어 주세요." 따위의 말도 하지 않았다. 그는 단지 여학생들에게 광고를 보여 줬을 뿐이다. 젠더, 수학, 학업에 대한 고정관념에 대해서는 어떠한 언급도 하지 않았다.

그런 다음 실험에 참여한 모든 학생에게 GRE*의 수리 영역 12문제를 풀게 했다. 대학원 입학시험이기 때문에 당연히 문제는 상당

● Graduate Record Examination, 미국의 대학원 입학 자격시험.

히 어려웠다. 그렇지만 거기 모인 학생들은 똑똑한 학생들이지 않은가. 과연 어떤 일이 벌어졌을까? 여드름 치료용 크림과 브라우니 믹스에 흥분하는 여자가 나오는 광고를 본 여학생들은 그러지 않은 여학생들보다 문제를 더 적게 맞혔다. 모두 대학교 미적분학 수업에서 좋은 성적을 받았고 수학을 사랑하는 학생들이지만 광고를 통해 멍청한(진심이다) 젠더 고정관념이 끼어들어서 이들에게 실수를 유도한 것이다. 이들은 단순히 수학 문제만 더 못 푼 것이 아니었다. GRE의 수리 영역과 언어 영역에서 별도의 문제를 더 풀 수 있는 기회가 주어졌을 때 이들은 수학 문제는 더 적게 풀고 언어 문제는 더 많이 풀었다. 평범한 광고를 보여 주는 단순한 방법으로 젠더 고정관념을 살짝 작동시켰을 뿐인데도 수학을 잘하는 여학생들이 수학으로부터 빠져나와 '여자' 과목으로 향했던 것이다.

데이비드는 후속 연구에서 같은 광고들을 다른 여학생들에게 보여 준 다음 여러 직업을 나열하고 각각의 직업을 얼마큼 선호하는지 등급을 매겨 달라고 했다. 목록에는 엔지니어, 컴퓨터공학자, 회계사 같은 수학 기술이 필요한 직업도 있었고 언론인, 정치학자, 편집자 같은 언어 기술이 필요한 직업도 있었다. 젠더 고정관념에 입각한 광고를 본 여학생들은 젠더 중립적인 광고를 본 여학생들에 비해 수학 문제를 더 적게 맞혔을 뿐 아니라, 언어 기술이 필요한 직업들에 관심을 더 보인 반면 수학 기술을 이용하는 직업들에 관심을 덜 보였다.[6] 이보다 더 간단할 수가 없다. 단지 광고 두 편의 영향으로 여학생들은 이미 수학을 더 못하고, 수학을 예전처럼 열심히 하지 않고, 수학 기술에 기반을 둔 직업들에 흥미롭지 않다는 등급을 매기고 있었다. 그렇다면 젠더 고정관념들을 평생 동안 접했을 때 어떤 일이 벌어질지 한번 상상해 보기 바란다.

부모는 무엇을 할 수 있는가?

솔직히 말하자면, 나는 고정관념 위협에 관한 연구를 접하고 나서 매우 좌절했다. 고정관념 위협은 촉발하기가 매우 쉽지만 그 영향은 너무나 광범위하고 심각하다. 게다가 아무 때나 벌어지기 때문에 매번 부모가 개입할 수도 없다. 이 모든 요소 때문에 나는 약간 무력감을 느꼈다. 앞에서 나는 젠더 고정관념으로부터 아이들을 보호하는 일을 집 안 전체를 리졸로 소독하는 일로 비유한 적이 있다. 약간의 은유를 섞는다면, 아이들은 사방에서 자신을 향해 날아드는 고정관념의 공격으로부터 스스로를 방어할 수 있어야 한다. 부모가 아이 스스로 고정관념 위협의 영향을 이겨 낼 수 있도록 도와주면 아이는 자신의 잠재력을 최대한 발휘할 수 있을 것이다.

다행히도 아이들이 '고정관념 위협'에 덜 취약해지도록 돕는 데 효과적인 기술이 몇 가지 있다. 부모가 현실을 외면한 채로 그저 자기 아이가 자신이 속한 그룹에 관련된 부정적인 고정관념을 의식하지 못하기만을 바라는 것으로는 아무런 도움도 줄 수 없다. 잊지 말기 바란다. 당신의 아이는 이미 수많은 고정관념을 알고 있다. 나 역시 남자아이들과 여자아이들에 대한 부정적인 고정관념이 존재하지 않기를 바란다. 하지만 그것은 이미 존재하고 있고, 당신의 아이가 학교에서 시험을 볼 만큼 컸다면 아이도 이미 고정관념에 대해 알고 있을 것이다. 심지어 아주 어린 아이들조차 이미 고정관념 위협을 촉발하는 환경에서 시험을 보고 있다. 그렇기 때문에 현실을 똑바로 보고 문제를 해결하는 편이 낫다. 다음에 제시하는 여덟 가지 조언은 당신의 아이를 고정관념 위협으로부터 보호하는 데 도움이 될 것이다. 모두 여러 조사 연구에 의해 효과적이라고 증명된 방법이어서 어떤 상황에서든, 심지어 고정관념 위협이 존재하지 않는 상황에서도 모든 아이들에게 도움이 된다. 특히나 고정관념이 곳곳에 지뢰처럼 숨어 있는 분야를 헤쳐 나가는 아이에게는 많은 도움이 될 것이다.

1. 젠더를 덜 강조하자. 아이에게 젠더 이외의 조건에서 스스로에 대해 생각해 보라고 권하자. 고정관념 위협에 대한 취약성을 효과적으로 줄일 수 있는 방법이 두 가지 있다. 첫 번째 방법은 아이가 자신을 복잡하고 다면적인 존재로 여기도록 북돋는 것이다. 아이에게 자아 개념 지도를 만들어 보게 하자. 지도를 만드는 방법은 다음과 같다. 먼저 빈 종이 한가운데에 자신을 나타내는 원 하나를 그린다. 그런 다음 중심원에서 뻗어 나온 작은 원을 최대한 많이 그리고 아이에게 작은 원 각각에 '똑똑한, 재밌는, 친절한, 축구를 잘하는, 텔레비전 만화「네모바지 스폰지밥SpongeBob SquarePants」을 좋아하는, 브로콜리를 싫어하는, 달리기가 빠른, 학교생활을 잘하는, 간지럼을

잘 타는' 등 자신을 나타내는 단어를 적어 보게 한다. 젠더를 포함하지 않고서 자신을 묘사할 수 있다면 어떤 표현이라도 좋다. 목표는 당신의 아이를 특별하게 만드는 고유하고 구체적인 자질들로 빈 종이를 채우는 것이다. 고정관념과 연관되지 않은 특질들에 집중하다 보면 고정관념이 휘두르는 힘도 약해진다. 두 번째 방법은 젠더 고정관념과 관련되지 않은 사회적 정체성들에 집중하는 것이다. 가령 당신의 아이가 젠더 고정관념과 관련된 과목의 시험을 볼 예정이라면, 시험 당일 아침에 아이에게 '초등학교 3학년인 것, 학교나 학급의 일원인 것, 가족을 대표하는 것'을 일깨움으로써 아이를 시험에 대비시킬 수 있다. 젠더로부터 중심을 이동시키는 것이다.

2. 과제를 재설정하자. 아이가 (시험을 잘 못 보면 자신이 낮은 수학 능력을 가졌다고 확정된다는 식으로) 시험을 자신의 진짜 실력을 측정하는 수단으로 생각하면 고정관념 위협에 더 취약해진다. 그러므로 하나의 시험이 모든 능력을 평가할 수는 없다고 아이에게 설명해 주기 바란다. 한 번의 시험은 그날 특정한 문제들을 얼마나 잘 푸는지만 측정할 수 있을 뿐이라고 말이다. 또한 아이에게 시험이 공평하다는 사실을 알려 주기 바란다. 시험의 공평성을 확신하는 것은 아이가 시험에 대한 긴장을 푸는 데 매우 효과적이다.

3. 고정관념 위협에 대해 아이와 이야기를 나누자. 시험을 볼 때 불안하고 초조할지 모르지만 그것은 다른 사람들도 모두 경험하는 정상적인 감정이라고 아이에게 가르쳐 주자. 남자아이들이 여자아이들만큼 학교 성적이 좋지 않다는 고정관념(혹은 다른 고정관념을

예로 들어도 된다)이 존재하기 때문에, 어떤 남자아이들은 그것이 틀렸다는 것을 증명하기 위해 자신이 월등히 시험을 잘 봐야 한다는 부담을 느낀다. 한 번의 시험이 모든 능력을 완벽하게 측정할 수 없으니 시험에 너무 부담을 갖지 말라고 아이를 안심시키자.

4. 아이에게 자기 가치 확인self-affirmation을 독려하자. 아이에게 자신에게 중요한 가치, 기량, 특성에 대해 생각해 보라고 한 다음 왜 그것들이 중요한지에 대해 짧은 글을 써 보게 하자. '나는 가족에게 친절하게 대하는 것이 중요하다고 생각한다. 왜냐하면…….' '나는 열심히 노력하는 것이 중요하다고 생각한다. 왜냐하면…….'과 같은 형식이면 된다. 교실 안에서 자신이 중시하는 가치를 써 본 학생들(평소라면 고정관념에 사로잡혔을)은 그러지 않은 학생들보다 평균 점수가 3분의 1이나 더 높았다.[7] 성적표에서 차이를 직접 눈으로 확인할 수 있었다.

5. 높은 기준을 제시하자. 그리고 아이가 높은 기준을 충족할 수 있다는 확신을 심어 주자. 9장에서 얘기했듯이 아이들에게 건설적인 비판을 하는 것은 매우 중요하다. 이를 통해 아이는 부모가 자신이 노력하고 있는 일을 잘 해내리라고 기대한다는 사실을 알게 된다. 이유 없이 머리를 쓰다듬는 걸 좋아하는 사람은 아무도 없다. 아이들은 자신이 무언가를 잘 해내고 나면 스스로 안다. 무언가를 별로 잘하지 못했을 때도 마찬가지다. 이유 없이 생색내기를 좋아하는 사람은 없다. 아이들도 마찬가지다. 그러므로 아이가 어떤 일을 평균 이하로 수행할 때에는 아이가 더 나아질 수 있도록 건설적인 비

판을 한 다음, 아이가 실제로 더 나아질 것이라고 기대하자. 이는 아이의 능력에 대한 부모의 믿음을 보여 주는 강력한 메시지로, 무의미한 칭찬보다 훨씬 더 강한 힘을 발휘한다.

6. 유능한 역할 모델을 제시하자. 부정적인 젠더 고정관념이 존재하는 분야에서 성공한 남자들과 여자들을 알려 주자. 당신이 개인적으로 아는 사람도 좋고 텔레비전, 영화, 책에서 본 사람들을 예로 들어도 좋다. 실존 인물이든 가상 인물이든 상관없다. 여자아이에게 수학을 뛰어나게 잘하는 여자들을, 남자아이에게 글을 잘 쓰는 남자들을 소개하자. 부정적인 고정관념을 딛고 뛰어난 성취를 이룬 남자들과 여자들이 등장하는 짧은 이야기를 아이들에게 읽히자. 그리고 아이가 시험을 볼 때 이처럼 유능한 사람들을 떠올려 보라고 권장하자.

7. 불안에 대안이 되는 설명을 제시하자. 고정관념 위협이 수행 능력을 떨어뜨리는 주된 이유는 위협으로 인한 불안 때문에 현재 하고 있는 과제에 집중할 수 없기 때문이다. 수행 능력을 높일 수 있는 방법 중 하나는 아이가 불안을 잘 해명할 수 있도록 돕는 것이다. 가령, 한 연구에서는 중학생들을 대상으로 초등학교에서 중학교로 올라오는 것이 얼마나 힘든 일인지, 그리고 얼마나 많은 학생들이 낯선 교실 안에서 불안과 걱정에 시달리는지를 가르쳤다. 연구자들은 이것이 정상적이고 일시적인 현상이며 시간이 지나면 나아질 것이라고 강조했다. 그 결과 학생들은 더 이상 고정관념 위협에 취약해지지 않았다. 어떤 아이들에게는 그들이 느끼는 불안이 수행 능

력을 높여 줄 것이라고, 다시 말해서 이로운 불안이라고 가르쳤다. 그 아이들 또한 고정관념 위협으로부터 안전할 수 있었다.

8. 지능은 타고난 재능보다는 노력에서 나온다는 사실을 가르치자. 사람들은 지능에 대해 두 가지 관점을 가지고 있다. 어떤 사람들은 지능이 고정되어 있으며 절대 변하지 않는다고 생각한다. 태어날 때부터 누군가는 지능이 높고 누군가는 지능이 낮다는 것이다. 만약 당신이 지능이 높게 태어났다면, 만세! 당신은 학교에서 좋은 성적을 거둘 것이다. 다른 모두의 불운을 생각하면 미안하지만 말이다. 반면에, 어떤 사람들은 지능이 노력, 공부, 학업에 열중하는 태도에 의해 발달될 수 있다고 생각한다. 그들은 지능이 운동을 하면 더 강해지는 '근육'과 같다고 생각한다. 지능이 근육과 같다고 생각하는 아이들은 고정관념 위협으로부터 보호된다. 그런 아이들은 자신이 나쁜 성적을 받을 수 있지만 계속 노력하면 나아질 수 있다고 생각한다. 한 번의 시험이 아이들이 가진 능력을 처음부터 끝까지 전부 보여 주지는 못한다. 그러므로 아이에게 '똑똑한 것'보다 노력이 훨씬 더 중요하다고 가르친다. 이게 다가 아니다. 지능을 고정된 수치로 생각하면 고정관념 위협 문제를 악화시킬 수도 있다. 지능이 고정돼 있다고 생각하는 아이들은 고정관념의 부정적인 영향에 더욱더 취약해진다.

덧붙이자면, 문화적인 면에서 볼 때 미국의 아이들, 부모들, 교사들은 대개 지능을 타고난 것으로 여기는 경향이 있다. 그래서 다른 사람들을 '똑똑한 사람'과 '그리 똑똑하지 않은 사람'으로 설명하곤 한다. 반면 중국의 아이들, 부모들, 교사들은 지능이 변화 가능하며 공부와 노력으로 지능을 발달시킬 수 있다고 생각한다. 어떤 교육 연구자들은 이러한 기본 인식의 차이 때문에 중국 학생들이 미국 학생들보다 학교에서 훨씬 높은 점수를 받는다고 설명한다. 노력의 가치를 믿는 학생들은 열심히 노력하고, 동기를 잃지 않고, 어려운 문제를 포기하지 않고 끝까지 푼다.

요점 정리: 꼭 하고 싶은 이야기

- 아이 스스로 부정적인 고정관념에 부합할까 봐 걱정하기 시작하는 순간, 현재 하고 있는 과제의 수행 능력은 떨어지기 시작한다. 이를 '고정관념 위협'이라고 부른다. 다시 말해, 고정관념의 존재만으로도 아이들의 수행 능력은 위협받는다.

- 모든 아이(그리고 어른)은 특정한 상황에서 고정관념에 취약하다. 자신의 젠더, 젠더와 관련된 고정관념들, 혹은 시험을 자신의 능력을 평가하는 도구로 보는 시각 등에 대해 생각하도록 촉발하는 상황은 불안, 작업 기억 기능의 저하, 스트레스, 부정적인 내면 대화('나는 이걸 할 수 없어.' 같은 생각) 등을 야기할 수 있다. 불필요한 정신적 부담은 수행 능력을 눈에 띌 정도로 크게 떨어뜨린다.

- 시간이 흐르면서 아이들은 고정관념 위협을 피하려고 애쓴다. 그리하여 부정적인 고정관념과 관련된 과목들에서 빠져나와 더 '적당한' 과목 쪽으로 향한다. 많은 여성이 스스로 수학에 소질이 없다고 말하고, 많은 남성이 재미를 위한 독서를 하지 못하는 이유가 여기에 있다. 또한 부정적인 고정관념을 피하기 위해 아이들은 다시 젠더 고정관념에 입각해 전형적인 진로를 선택할 수도 있다.

- 아이를 고정관념 위협으로부터 보호하기 위해 부모가 할 수 있는 일은 많다. 하지만 그렇게 하기에 앞서 부모 스스로 문제를 직시하고 해결책을 고심해야만 한다. 아이들이 고정관념을 의식하지 않을 것이라고 어림짐작하고 그냥 내버려 둬서는 안 된다.

11
서로 다르지만 동등하게?
오래된 문제의 재등장

나는 마지막 장을 위해 이 주제를 아껴 두었다. 나를 가장 놀라게 하고 또 가장 좌절하게 만드는 주제이기 때문이다. 이 주제는 여러 연구가 우리에게 알려 주는 것과 교육정책 입안자들이 결정하는 것 사이에 커다란 괴리가 존재한다는 사실을 여실히 보여 준다. 미국의 공교육 제도 안에서 어떠한 변화의 흐름이 급속히 퍼져 나가고 있는지를 알고 나면 당신도 크게 충격을 받을 것이다. 그 흐름이 무엇이고, 아이들에게 어떠한 영향을 끼치는지 설명하기에 앞서 간단한 퀴즈를 함께 풀어 보자.

다음 인용문들은 몇 년도에 나온 발언일까?

● 여자들은 따라 하기를 더 좋아한다. 여자들은 자신이 왜 그렇게 행동하는지도 모르면서 기꺼이 그렇게 행동한다. / 남자아이들은 수학을 더 독창적으로 탐구한다. / 여자아이들은 과학의 추상

적 개념과 실험에 관심이 없다.

● 여자아이들은 모든 것이 쉽고 일상적인 언어로 개념화되어 있고 구체적인 사항이 풍부하게 제시되어 있는 것을 선호한다. / 남자들은 반복적이고 일상적인 암기식 과제에는 별로 흥미를 느끼지 못하는 반면, 어떤 것에 대해 다른 차원의 이해를 할 수 있게 도와주는 창의적이고 직접적인 과제를 선호한다. (중략) 여자아이들에게 과학실에서 실험을 하게 해 보라. 그들은 지시를 잘 따르고 전체 과정을 차근차근 밟아 나갈 것이다. 그렇지만 눈앞에서 무슨 일이 일어나고 있는지는 이해조차 못 할 수도 있다. 하지만 정답은 이미 알고 있다.

이들 인용문에 담긴 정서는 똑같다. 여자아이들은 지시는 잘 따르지만 추상적인 개념은 이해하지 못한다는 것이다. 자신이 무엇을 하는지 정확히 알지 못한 채로 그저 학습에 필요한 단계만 밟아 나갈 수 있다는 것이다.

혹시 이들 인용문이 20세기 초반에 나온 것이라고 추측했다면, 당신은 절반만 맞혔다. 첫 번째 발언들은 1910년경에 나왔다. 그 당시에 미국에서는 여자아이들이 가정생활 기술만을 가르치는 학교 대신 정규 고등학교에 다녀야 하는지를 놓고 논쟁이 한창이었다.[1] 같은 시기, 여자아이들은 미래의 아내이자 어머니로 여겨졌기 때문에 그들에게 과학과 수학은 가르칠 필요가 없는, 심지어 해롭기까지 한 과목이었다. 그 당시의 저명한 사상가, 가령 하버드 의과대학의 에드워드 클라크 같은 사람은 여자아이들은 한정된 양의 에너지를 가지고 있기 때문에 혈류가 뇌로 분산되면 난소가 말 그대로 말라붙어 버릴 것이라고 생각했다. 그는 여자가 교육을 너무 많이 받으면 아이를 낳을 능력을 잃게 되고 혹여 아이를 낳는다고 하더라도 지나치게 현학적으로 구느라 아이를 제대로 키우지 못할 것이라고 염려했다.

두 번째 발언들은 2006년에 나온 것이다. 그렇다, 2006년이다. 내가 페이스북 계정을 만들고, 인스턴트 메시지 보내는 법을 배우고, 아이를 낳고 공부하는 두 가지 일을 동시에 기적적으로 해낸 바로 그해다. 그렇다면 이 발언들은 아무 영향력도 없는 거리의 돌팔이가 한 말일까? 아니다. 위스콘신주의 교육감이 한 말이다.[2]

그렇다면 두 번째 인용문이 전체 맥락을 무시하고 일부만 따온 것이고 공개 석상에서 한 말은 아니라고 생각할지도 모른다. 안타깝게도 그렇지 않다. 다음 인용문은 여러 사람이 내뱉은 발언을 옮겨 적은 것으로, 두 번째 인용문에 비견할 만큼 주옥같은 내용을 담고 있다. 2010년 'A.N.A 외 대 브레킨리지 카운티 교육청의 소송 사건'[•]에서 중학교 수학 교사들과 과학 교사들이(공교롭게도 모두 남자였다) 법정에서 한 진술을 기록한 녹취록에서 인용했다.[3]

● 남자아이들은 고차원의 사고 과정을 수행할 수 있습니다. 어

[•] 2008년 켄터키주 브레킨리지 중학교의 성별 분리 수업 방침에 불복해 A. N. A., S. E. A., J. J. N., K. A. S., Z. H. S., S. L. 등이 평등한 교육 환경 제공을 요구하며 제기한 소송.

려운 문제를 제시한다면 남자아이들은 맞붙어 도전할 수 있습니다. 성서에도 나와 있듯이 '철은 철을 날카롭게 하는' 법이니까요. 그렇게 우리의 정신은 일보 전진하고 서로를 날카롭게 합니다.

● 일반적으로 남자아이들은 추상적인 사고를 잘합니다. 반면, 여자아이들은 똑같은 수학 개념을 이해하기 위해서 대부분의 경우 직접적인 예시와 설명을 필요로 합니다.

● 저는 남학생들과 복습 게임을 많이 합니다. 자리에서 일어서서 움직일 수 있게 말이지요. 반면 여학생들은 제가 문제를 내면 자리에 앉아 답을 적는 방식을 더 선호합니다.

● 남자아이들은 여자아이들보다 수학을 더 잘합니다. 남자아이들의 신체는 매일 테스토스테론 분비의 급증을 경험하기 때문입니다. 반면 여자아이들은 수학 이론을 그다지 잘 이해하지 못합니다. 에스트로겐 분비가 급증하는 한 달 중 며칠만 제외하고 말이지요.

이것이 미국 공교육 제도 안에서 급속히 퍼져 나가고 있는 흐름이다. 남자아이와 여자아이에 대해 이런 식으로 설명하는 것 말이다. 학교 교사와 교육공무원의 이들 발언은 특히 공립학교 학생들을 1910년에 그랬던 것처럼 남학생만 있는 학급이나 여학생만 있는 학급으로 분리하는 일을 정당화하기 위해 이용되고 있다. 주된 논거는 뇌 구조의 차이 때문에 남자아이와 여자아이는 서로 다르게 학습하므로 서로 다른 교실에서 가르쳐야 한다는 것이다. 현재 미국에서는 단일 성별로만 이루어진 학급이 급격하게 늘어나고 있다. 남자아이와 여자아이의 능력에 대한 잘못된 시각에 근거한 조치다. 이런 발언들을 줄줄이 읽고 나면 저절로 두통약을 찾게 된다.

후퇴 이후의 퇴보

2001년 미국에서는 초중등 교육법 Elementary and Secondary Education Act이 개정되었다. 개정된 법률은 '아동 낙오 방지법 No Child Left Behind, NCLB'으로 널리 알려져 있기도 하다. 이 법이 통과되고 나서 미국 공립학교들의 운영 방식에 중대한 변화가 생겼다. 공교육이 더 '혁신적'으로 변화해야 한다는 압박을 받으면서, 공립학교에서는 단일 성별 학교와 학급 구성이 허용됐다. 공립학교에서 성별 분리를 금지하던 이전의 기준을 뒤엎으면서 교육정책에 중대한 변화가 생긴 것이다.

현재 얼마나 많은 학교들이 단일 성별 학교로 운영되고 있는지 정확히 추적하기는 힘들다. 전미 교육 선택권 협회 National Association for Choice in Education (이전 명칭은 '공교육에서의 단일 성별 학교를 위한 전미 협회'였다)가 미국의 단일 성별 공립학교들을 추적 조사한 것에 따르면, 2011년 기준으로 미국 40개 주의 공립학교 중 500곳 이상이 성별에 따라 분리 운영되고 있었다.[4] 하지만 전미 교육 선택권 협회는 이 수치를 더 이상 공개하지 않겠다고 선언했다. 부분적으로는 미국 시민 자유 연맹이 해당 공립학교들을 상대로 헌법에서 보장한 성차별 금지 원칙을 위반했다고 계속 소송을 제기했기 때문이다. 그런데 사실 이 수치는 최근 교육정책을 움직이고 있는 변화의 흐름을 과소평가하는 것처럼 보인다. 앞에서 얘기한 거리언 인스티튜트는 연수를 받으러 온 교사들에게 선천적 젠더 차이에 대한 고정관념을 주입하고 남자아이와 여자아이에게 극단적으로 다른 교육 방식을 적용하라고 권고한다. 지금껏 거리언 인스티튜트에서만도 2천 개가 넘는 학군의 5만 명이 넘는 교사들이 연수를 받았다. 이제는 공립학교의 성별 분리 정책(남자아이와 여자아이의 뇌 구조상의 선천적 차이 때문에 합리화된)이 대세가 됐다고 말해도 과언이 아니다.

남자아이와 여자아이가 서로 다른 방식으로 학습한다는, 그렇기 때문에 따로따로 교육을 받아야 한다는 추정은 일단은 교육의 질을 향상시키고자 하는 선의에서 비롯된 것처럼 보인다. 언론 매체들이 반복적으로 상기시키듯이, 미국 학생들의 학업 성취도는 거의 모든 국가의 학생에 비해 뒤처져 있다. 30개국 고등학생들의 수학 성취도 지수를 비교한 결과, 미국 학생들은 23개국의 학생들보다 낮은 순위를 기록했다.[5] 미국 학생들은 학년이 올라갈수록 다른 국가의 또래들보다 점점 더 뒤처졌다. 초등학교 4학년일 때는 미국 학생들의 경쟁력이 가장 높지만 중학교 2학년이 되면 다른 국가 학생들과 차이가 크게 벌어졌고, 고등학교에 입학하면서 맨 밑바닥을 차지했다.

당연히 교사들과 학교 행정 관료들은 좌절감을 느끼고 낮은 학업 성취도에 대해 어디에서든 해결책을 찾으려 했다. 정중하게 요청한다고 해서 정부 지원금을 많이 받을 수 있는 것이 아니기 때문에 이들은 단순한(즉 저렴한) 해결책을 찾아야만 했다. 그리하여 다음과 같은, 겉보기에 논리적인 해답처럼 보이는 사고방식에 의지하게 됐다. '남자아이와 여자아이는 학교에서 서로 다르게 행동한다. 그러므로 학습 방식도 선천적으로 서로 다를 것이다. 남자아이들은 수학 과목을 더 잘하고 여자아이들은 읽기 과목을 더 잘한다. 그러므로 이들은 뇌의 신경 회로가 서로 다르게 구성돼 있는 것이 분명하다.(이러한 사고방식 덕분에 『화성에서 온 남자 금성에서 온 여자』가 엄청난 베스트셀러에 오르기도 했다.) 만약 남자아이들과 여자아이들 각각에게 걸맞게 교수 방식을 차별화한다면 양쪽의 성취도가 고루 향상될 것이다.' 이런 식으로 사고가 흘러간 듯하다. 게다가 연수 기관 운영과 연구협의회 개최를 통해 단일 성별 학교의 중요성을 강조함으로써 떼돈을 버는 사람들은 교사들에게 매우 약소한 수수료를 받고서 남자아이와 여자아이의 '두뇌 기반' 차이에 대해 열심히 가르친다. 문제는 낮은 학업 성취도인데 애꿎은 젠더를 해결책으로 내미는 셈이다.

　미국 전역의 학교 현장에서 어떤 일들이 벌어지고 있는지 완전히 이해하기 위해서는 변화의 흐름을 자세히 들여다볼 필요가 있다. 이번 마지막 장에서 나는 단일 성별 공립학교를 지지하는 주장 중 일부를 소개하고, 이들 학교에서 현재 시행하고 있는 특정 교육 지침 중 일부에 대해 이야기할 것이다. 그런 다음 단일 성별 학교가 학업 성취도 면에서 효과적인지 아닌지, 그리고 왜 이를 정확히 알기가 쉽지 않은지에 대해서 따져 볼 것이다. 또한 단일 성별 공립학교에 다니는 아이들에게서 나타나는 결과에 대해서도 논할 것이다. 마지막으로 학부모들이 자신이 속한 학군에서 실천할 수 있는 실제적인 방안들을 제시할 것이다.

🤖 단일 성별 학교를 지지하는 논거

앞에서 말했듯이, 단일 성별 공립학교를 지지하는 주요한 논거 중 하나는 남자아이와 여자아이의 뇌 구조가 선천적으로 다르고, 그렇기 때문에 따로따로 교육을 받아야 한다는 것이다. 내가 이 책을 통해 이와 같은 주장의 잘못된 점들을 조금이나마 제대로 밝혔기를 희망한다. 남자아이와 여자아이를 서로 다르게 교육하는 일을 정당화하기 위해 이용되는 젠더에 관한 근거 없는 믿음들을 여기서 굳이 하나하나 반복하지는 않겠다. 다만 한 가지만 다시 강조하겠다. 남녀의 뇌들보에 선천적으로 차이가 있다는 주장이 널리 알려져 있지만, 그 주장은 두 건의 메타 분석에 의해 정면으로 반박됐고 결국 '근거 없는 믿음'으로 밝혀졌다.

젠더에 관한 근거 없는 믿음 중 많은 부분을 이미 5장부터 7장에 걸쳐 충분히 다뤘다. 근거 없는 믿음들을 다루는 데 그렇게 많은 분량을 할애한 이유는 그것들이 교육정책을 수립하는 데 이용되고 있기 때문이다. 핵심 논점에 대한 이해를 돕기 위해, 남자아이와 여자아이를 다른 교실에 배정해야 한다는 입장에 이용되는 주장을 자세히 살펴보겠다.

남자아이와 여자아이를 분리해야 한다는 주장에 자주 이용되는 한 가지 차이, 즉, 둘을 서로 다른 교실에 배치해야 하는 한 가지 이유는 여자아이가 남자아이에 비해 선천적으로 감각 수용도가 높다는 것이다. 가장 유명한 레너드 색스를 포함해서, 남녀의 두뇌 기반 차이를 지지하는 사람들은 여자아이는 남자아이에 비해 청각과 시각이 매우 예민하기 때문에 여자아이와 수업할 때 교실은 더 어두워야 하고 교사들은 더 부드러운 목소리로 가르쳐야 한다고 말한다. 남자아이에게는 큰 목소리로 수업을 해야 하지만 여자아이의 연약한 귀에는 그 소리가 지나칠 수 있다는 것이다. 그들은 여학생을 가르칠 때는 어둑한 교실에 앉아서 소곤거리며 수업을 하라고 권장하고 남학생을 가르칠 때는 환한 교실에 서서 고함을 치라고 권장한다. 진짜다.[6] 만약 내가 어둑하고 고요한 교실 안에 있는 여학생이라면 수학 시간이 낮잠 시간으로 바뀌고 말 것 같다.

이러한 주장과 관련하여 연구는 어떠한 사실을 보여 줄까? 첫째로, 이 주제와 관련된 모든 연구를 살펴보면 13건의 실험 중 5건의 실험에서 여자 신생아들은 남자 신생아들보다 청각이 더 예민한 것으로 나타났다. 나머지 8건의 실험에서는 여자 신생아들과 남자 신생아들의 청각 능력 사이에 차이가 전혀 발견되지 않았다.[7] 둘째로, 차이가 발견되었다 하더라도 미미한 수준이어서 표준적인 청각 기능과는 전혀 관련이 없었다. 어느 정도의 차이인지 가늠할 수 있도록 예를 들어 보겠다. 트럭 한 대가 후진하면서 빵빵거리며 경적을 울릴 때 이 소리의 진동수는 1,000헤르츠이다. 그 상황에서 여자들은 남자들보다 약 1데시벨 더 잘 들을 수 있다. 이 정도 차이는 수업 중에 일반적으로 일어나는 대화 수준(대개 약 60데시벨이다)에서는 거의 의미가 없다. 또한 이 정도 차이는 사람들이 청각역치* 수준에서 감지할 수 있는 정도를 가리키는 것이지, 일상적인 소음 수준에 얼마나 민감한지를 가리키는 것이 아니다. 청각 인지 전문가이자 오스틴 텍사스 대학교의 명예교수 데니스 맥패든은 다음과 같이 말했다. "이러한 주장은 터무니없는 말에 가깝다. (중략) 청각 능력상의 작은 성별 차이를 근거로 단일 성별 학교를 지지한다는 것은 바보 같은 짓에 지나지 않는다."[8] 펜실베이니아 대학교의 언어학 교수 마크 리버먼 또한 이러한 주장은 "가당찮다."라고 말했다.[9]

신경과학자들이 이 연구에 대한 자의적 해석들에 대해 엄중하게 경고하는데도 불구하고, 많은 사람이 '생물학적 차이' 때문에 남자아이와 여자아이는 서로 다른 교실에서 완전히 다른 교수 전략에 따라 교육받아야 한다고 주장한다. 하지만 5장에서 설명했듯이, 남자아이와 여자아이의 특징을 나타낸 분포곡선 대부분이 많이 겹치고, 심지어 타당하다고 인정되는 젠더 차이들도 매우 작은 효과 크기에 근거하고 있다. 다시 한 번 강조하지만, 남자아이 그룹이 여자

● 가장 작은 소리를 들을 수 있는 한계.

아이 그룹과 다른 정도보다 남자아이가 다른 남자아이와, 여자아이가 다른 여자아이와 다른 정도가 더 크다.

단지 젠더에만 근거하여 아이들을 나누고 이들을 남자아이나 여자아이에 대한 고정관념에 따라 가르치는 것은 모든 다양성을 간과하는 일이다. 남자아이와 여자아이를 분리해야 한다는 주장에 자주 이용되는 또 한 가지 근거는 남자아이의 활동 수준이 여자아이의 활동 수준보다 높다는 것이다.(4장에서 설명한 것처럼, 남자아이와 여자아이의 활동 수준 차이는 유아기 때 작은 차이로 시작했다가 나이를 먹고 주변에 의해 강화되면서 더 커진다.) 어떤 사람들은 남자아이에게는 의자와 책상을 주지 말고 하루 내내 공을 던지면서 여기저기 돌아다니게 내버려 두라고 권고한다. 반면, 여자아이들은 책상 앞에 조용히 앉아 있어야 한다. 실제로 남자아이와 여자아이의 활동 수준이 다르다고 하더라도 그 차이는 매우 작다. 또한 이러한 주장은 현실의 남자아이와 여자아이 대부분이 가상의 '평균' 남자아이나 여자아이와 다르다는 점을 간과하고 있다.

만약 학교에서 모든 학생의 활동 수준을 평가한 다음 아이들을 '활기찬 교실'과 '차분한 교실'로 나눈다면 이야기는 달라질 것이다. 혹은 모든 학생의 청각 민감도를 검사한 다음 아이들을 '고함치는 반'과 '속삭이는 반'으로 나눈다면 어떨까. 다시 말해, 어떤 특성에 따라 아이들에게 다른 유형의 교수 방식이 필요하다고 주장한다면, 젠더가 아니라 실제 아이들 개개인의 특성에 근거하여 반을 나누어야 할 것이다. 그렇게 하면 최소한 젠더 고정관념 차이가 아니라 실제 차이들에 근거해서 교실이 나뉠 것이다.

성별에 따라 아이들의 교실을 분리해야 한다는 주장의 또 다른 근거는 남자아이와 여자아이의 선호도와 관심사가 서로 다르다는 것이다. 어떤 단일 성별 공립학교에서는 남자아이들은 사냥을 하거나 레이싱 카를 타러 간다고 할 때 세상에서 가장 가 보고 싶은 곳에 대해 글을 쓰고, 여자아이들은 자신이 꿈꾸는 웨딩드레스나 이상적인 생일 파티에 대해 글을 쓴다. 또 다른 학교에서는 여자아이들은 『에마Emma』를 읽고 남자아이들은 『허클베리 핀Huck Finn』을 읽는다. 남자아이들에게는 사냥 비유를 이용해 수업을 하고 여자아이들에게는 설거지 비유를 이용해 수업을 하는 학교도 있고, 남자아이들에게는 자전거를 예로 들어 퀴즈를 내고 여자아이들에게는 팔찌를 예로 들어 퀴즈를 내는 학교도 있다.[10] 이런 학교들은 교육이 아이들의 관심사를 충족해 줘야 하는데, 관심사는 젠더에 따라 서로 다르기 때문에 교실 역시 젠더에 따라 달라야 한다고 생각한다.

내 아이는 요즘 텔레비전 만화 「네모바지 스폰지밥」과 인터넷 게임 '웹킨즈Webkinz'에 완전히 빠져 있다. 그리고 아이가 학교에 가는 이유 중 일부는 관심사를 확장하는 데 있다. 나는 학교가 아홉 살짜리 딸의 수시로 변하는 관심사를 모두 충족해 주기를 바라지 않는다. 그렇게 다 받아 주면 아이는 하루 종일 만화에 대해서만 떠들고, 지겨워지면 책을 집어 던지고, 교사의 말을 자르고 방귀 얘기를 날릴 것이다. 이는 부모가 아이에게 치킨 너깃이나 마카로니와 치즈만 먹이는 것과 비슷하다. 물론 아이들은 이것들을 좋아한다. 그렇지만 양육자의 임무 중 하나는 여러 영양소가 든 음식을 골고루 제공하고 아이의 미각을 확장해 주는 것이다. 아이가 어른이 된 후 적당한 미각을 가지고 다양한 채소를 구별할 수 있도록 말이다. 학교 또한 아이들의 입맛만을 충족해서는 안 된다. 학교는 아이들이 지적 감식안을 확장할 수 있도록 도와야 한다. 다시 말해, 남자아이들이 여자 주인공이 나오는 책을 읽고 여자아이들이 마크 트웨인의 작품을 읽어야 한다는 뜻이다.

젠더에 따라 아이들을 분리해야 한다는 주장의 또 다른 근거는 남자아이들이 때로 여자아이들을 성희롱이나 성추행을 하거나 교사들이 학생들을 성차별적으로 대할지 모른다는 것이다. 이는 페미니스트들의 논거다. 그들은 학교 안에 성차별주의가 존재하기 때문에 그로부터 아이들을 보호해야 한다고 주장한다. 실제로 학교 안에서는 성추행이 일어나곤 한다. 연구에 따르면, 여자 중학생과 고등학생 중 90% 이상이 남학생에게 성희롱이나 성추행을 당한 적이 있다고 한다.[11] 교사들 또한 때로 한쪽 젠더를 향해 편견을 보인다. 남자아이는 폭력을 휘두르면 곤란한 상황에 처하지만 여자아이는 같은 폭력을 저지르고도 묵인될 때가 많다. 하지만 미국 남녀공학 학교교육 협의회 회장 리베카 비글러는 이렇게 말한다. "학교 안의 '성차별주의'를 해결하려면, 교실에서 '성별'이 아니라 '차별주의'를 없애야 한다. 부당함을 바로잡아야만 한다. 다른 젠더가 존재하지 않는 척하면서 문제를 무시하기만 해서는 안 된다."[12]

단일 성별 학교는 효과적인가?

단일 성별 학교를 위한 논거들이 대개 엉터리^{bogus}(이는 과학 용어다!)에 불과하더라도 그들 학교의 교육 방식이 효과를 거둘 가능성은 여전히 존재한다. 많은 사람이 단일 성별 학교의 효과성을 평가하기 위해 노력했고 그 결과 참조할 만한 연구도 많이 발표되었다. 문제는 단일 성별 학교가 아이들의 학업에 도움이 되는지 아니면 해를 끼치는지 평가하는 일 자체가 매우 어렵다는 점이다. 무작위로 어떤 아이들은 단일 성별 학교에 입학시키고 어떤 아이들은 남녀공학에 입학시켜 비교할 수가 없기 때문이다. 아이, 부모, 학교들에 의한 선택 효과$^{selection effects}$가 물을 흐리는 것이다. 다시 말해, 단일 성별 학교에 다니는 아이들, 부모들과 남녀공학에 다니는 아이들, 부모들 사이에는 기존에 이미 많은 차이가 존재하기 때문에 둘을 서로 단순 비교하기가 쉽지 않다.

가령, 애초부터 단일 성별 학교에 다니고 싶어 한 아이들은 좋아하는 학교에 들어가면 대부분 만족스러운 학교생활을 할 것이다. 그런 아이들이 남녀공학에 가게 된다면 불만족스러운 학교생활을 할 것이다. 이는 젠더 자체와 아무 관계가 없다. 아이들에게 자신이 다닐 학교를 직접 선택하게 했을 때 아이들이 성공할 가능성이 더 높아지는 것은 당연하다.

● 선호도가 동등한 여러 가지 중에 하나를 고르고 나면 그것을 더 좋아하게 되는 현상.

자신의 아이를 단일 성별 학교에 보내는 부모들 또한 다른 부모들과 다르다. 첫째로, 그들은 단일 성별 교육의 효과성을 신뢰한다. 우리는 앞에서 부모의 믿음이 아이의 성과에 얼마나 큰 영향을 미치는지 살펴봤다(8장과 9장을 참조하라).

둘째로, 아이를 단일 성별 학교에 보내기 위해 부모는 학교를 물색하고, 입학 지원서를 작성하고, 통학 교통편을 조정한다.(게다가 사립학교라면 학비를 낸다.) 아이가 그 학교에 계속 다니려면 좋은 성적을 유지해야 하기 때문에 부모는 아이의 숙제를 돕고, 학교에 찾아가서 학교 일에 관여한다. 이렇게 하자면 부모의 자원과 관여가 크게 뒷받침돼야 한다. 아이의 교육에 깊숙이 관여하고 재정적 자원과 지적 자원이 풍부한 부모를 둔 아이들은 학업 면에서 성공할 수밖에 없다. 어느 학교를 가든 말이다.

셋째로, 부모는 아이를 단일 성별 학교에 보내고 나면 그 선택에 헌신한다. 앞에서 말했듯이, 사람들은 일단 한 가지를 선택하고 그 선택을 믿으면 오직 자신의 믿음에 들어맞는 정보만을 찾고 기억하고, 다른 정보들은 잘못 기억하는 경향이 있다(4장, 8장, 9장을 참조하라). 그와 마찬가지로 이들 부모는 자신의 아이가 다니는 단일 성별 학교를 긍정적으로 해석하게 될 것이다.

마지막으로, 단일 성별 학교는 어떤 유형의 아이를 받아들일지 선택할 수 있다. 이들 학교는 학생 선발 기준이 매우 까다로운 경우가 많다. 연구 결과, 단일 성별 학교들이 추첨 제도를 이용하여 무작위로 학생을 뽑았다고 주장할 때조차도 합격한 학생들은 불합격한 학생들보다 더 높은 성적으로 학교생활을 시작했다.[13] 주로 학업 성취도가 최상위인 학생들을 받아서 가르치기 시작하면 학교 체제가 매우 효과적으로 보일 수밖에 없다.(비슷한 예는 사립학교들에도 적용된다.) 또한 공립이든 사립이든, 단일 성별 학교는 학업 성취도가 낮은 학생들을 재량에 따라 퇴학시킬 수 있다. 일반 공립학교는 이 방법을 사용할 수 없기 때문에 단일 성별 학교들의 학업 성취도가 상대적으로 높을 수밖에 없다.(나는 학업 성취도가 낮은 말썽쟁이 학생들을 몰래 걷어차기 좋아하는 공립학교 교사들을 많이 알고 있다.)

이러한 선택 편향selection bias은 단일 성별 학교에 입학하여 다니는 아이들의 구성이 남녀공학에 다니는 아이들의 구성과 애초부터 다르다는 사실을 의미한다. 학교생활을 시작도 하기 전부터 말이다. 게다가 일단 학기가 시작하고 나면 단일 성별 학교는 별도의 학습을 많이 시킨다. 교육 전문가들은 이 방법이 어떤 학생에게든 유리하다고 말한다. 예를 들어, 공립학교는 남녀공학에서 단일 성별 학교로 전환하고 나면 학업 성취도를 더욱 강조한다. 즉 학생들에게 더 많은 숙제를 내고, 총 수업 시수를 늘리고, 담임교사와 멘토를 추가 고용하고, 학생들에게 교복을 착용하게 하고, 동기부여 강사와 역할 모델들을 초청한다.

교사들 또한 이처럼 특별한 '혁신' 학교에 다니는 학생들에게 높은 기대를 가진다. 자신의 아이를 위해 선택을 내린 부모들처럼, 교사들 또한 단일 성별 학교의 효과를 신뢰하기 때문에 해당 학교에서 학생들을 가르치기로 선택한 것이다. 기대는 모든 것에 영향을 미친다. 한 가지 예를 들자면, 연구자들은 흑인 학생들에게 주력하는 한 학교에서 단일 성별 학급의 교사들이 남녀공학 학급의 교사들보다 학생들에게 더 높은 점수를 줬다는 사실을 발견했다. 학생들의 표준 시험 점수가 전혀 다르지 않았음에도 말이다.[14] 교사들은 단일 성별 학급의 아이들이 더 높은 점수를 받지 않았음에도 불구하고 그들에게 더 높은 등급을 매겼다. 고의가 아닌 것은 분명하지만, 이는 학교의 효과성에 대한 연구들이 단일 성별 학교 그 자체가 아니라 교사들의 기대를 측정하고 있다는 사실을 의미한다. 여러 면에서, 단일 성별 학교는 플라세보와 같은 방식으로 작동한다. 모두가 기대하는 바로 그 행동들을 이끌어 내는 '교육계의 속임약'인 셈이다.

단일 성별 교육에 도움이 되는 요소들을 모두 고려해 봤을 때, 단일 성별 학교가 압도적으로 효과적이지 않다는 사실은 매우 놀랍다. (애초에 이러한 학교들을 허용한 바로 그 부서인) 미국 교육부는 단일 성별 학교와 남녀공학 학교의 효과성을 비교 분석한 후 연구 결과가 '애매하다'는 결론을 내렸다. 기본적으로, 기존의 연구 중 35%는 단일 성별 학교가 유익하다고 결론을 내렸지만 53%는 두 유형의 학교 사이에 차이점을 발견하지 못했다.[15] 다시 한 번 말하지만, 단일 성별 학교의 학생들이 슈퍼스타가 될 수밖에 없는 수많은 이유를 고려한다면 이는 놀라운 결과라고 하지 않을 수 없다. 단일 성별 학교를 강하게 지지하는 로즈메리 샐로몬은 단일 성별 학교의 효과성에 대한 연구 결과가 "잠정적"인 것으로, "최종 결론을 내릴 만큼 충분히 비중 있지는 않다."라고 말했다. 또한 "결정적인 증거가 거의 없다."라고도 말했다.[16] 단일 성별 학교를 평가하기 위해 캐나다에서 실시한 (아이러니하게도 '단일 성별 학교 교육 ─ 최종 보고서'라는 이름의) 대형 프로젝트는 단일 성별 학교의 효과성에 대한 연구들이 "결정적이지 않다."라고 밝혔다.[17]

다행히 다른 연구들은 좀 더 깊이 파고들었다.[18] 주의 깊게 살펴보면, 단일 성별 학교의 효과성은 교육의 질과 동급생의 높은 학업 수준에서 비롯되는 듯하다. 연구자들은 학생 선발 조건이 까다로운 단일 성별 학교와, 비슷한 수준으로 까다롭게 입학생을 선발하고 비슷한 수준으로 학업 성취도를 강조하는 남녀공학 매그닛 스쿨*을 비교했다. 두 학교 학생들의 학업 성취도는 똑같았다. 학구열이 높은 학교에서 학습 동기가 강하고 똑똑한 아이들과 함께 공부하는 것은 어느 학교의 어느 학생에게라도 공부를 잘 할 수 있는 핵심 열쇠로 작용한다. 단일 성별 학교가 훌륭해 보인다면 그것은 해당 학교의 까다로운 입학 조건, 똑똑한 학생들, 학구열 때문이다. 젠더는 아무 상관이 없다.

● 다른 지역 학생들을 유치하기 위해 일부 교과목에 한해 특수반을 운영하는 대도시 학교.

학습과 관련된 진짜 과학

우리는 학습과 관련된 과학에 대해 많이 알고 있다. 그런데 아이들이 학습하는 데 도움이 되는 것이 무엇이고 아이들의 학습 환경을 최적화하기 위해 우리가 할 수 있는 일은 무엇일까? 다음의 항목 어디에도 젠더에 근거한 설명이 들어 있지 않다는 점을 주목하기 바란다. 이 항목들을 이용하여 당신은 아이가 공부를 더 잘하고 제대로 학습하도록 도울 수 있다. 또한 아이의 교사가 최상의 학습 전략을 사용하고 있는지도 확인해 보기 바란다.

1. 아이들에게는 서로 연관된 개념들을 함께 제시하자. 서로 연관 지어야 할 개념들(가령 사진과 그것의 이름표)은 나란히 제시하자. 이러한 방식을 통해 두뇌는 이 개념들을 동시에 처리할 수 있다. 또한 어떤 사건을 묘사할 때 그 사건에 대한 설명을 동시에 해 주자. 몇 분, 몇 시간, 혹은 며칠 후가 아니라 말이다.

2. 새로운 개념을 처음으로 소개할 때마다 아이들에게 먼저 그 개념에 대한 그림을 상상해 보게 하자. 그런 다음 아이들이 새로 배운 개념을 구체적으로 조작해 보거나 그 개념이 시간이 흐름에 따라 어떻게 기능하는지 직접 관찰할 기회를 제공해 주자. 이를 인지 – 운동 경험 perceptual-motor experience 이라고 부른다. 이 경험은 정확성이 요구되는 상황에서 특히 중요하다. 가령 공간적 위치를 찾기 위해 방향을 알아내야 할 때처럼 말이다. 이 방법은 칠판에 공식을 적어서 수학을 가르치는 것보다 훨씬 효과적이다. 예를 들어, 분수 개념을 가르칠 때 종이에 써서 가르치는 것보다 아이에게 파이를 몇 조각으로 잘라 보라고 하는 것이 효과적이다. 누구든 직접 조작해 보는 것이 추상적인 공식을 외우는 것보다 더 쉽다.

3. 아이들에게 정보를 제공할 때 최대한 많은 감각을 동원하여 다양한 방식을 이용해야 아이들이 정보를 더 잘 기억한다. 컴퓨터와 강의를 병행하여 설명과 사진 자료를 함께 제공하고, 아이들이 청각, 시각, 촉각을 모두 이용할

수 있게 하자. 중요한 점은 상황을 너무 어수선하게 만들지 않는 것이다. 주의를 분산시키는 불필요한 요소들은 일견 멋져 보일지는 몰라도 학습에 방해가 될 수 있다.

4. 새로운 지식에 대해 정기적으로 시험을 보는 것은 실제로 학습에 도움이 된다(이는 표준 시험을 자주 보는 것과는 다르다). 또한 시험을 보고 나서는 문제를 제대로 풀었는지 확인하고 짚어 주어야 한다. 아이들 스스로 무엇을 이해하지 못했는지 확인할 수 있도록 말이다. 이는 학습을 위한 지침으로 기능하고, 학생들이 자신에게 알맞은 공부 속도를 찾도록 도와주고, 배운 것을 잊어버리지 않게 해 준다. 또한 아이들에게는 새롭게 배운 내용에 대해 반복적으로 시험을 볼 것이라는 사실을 알려 줘야 한다. 가장 좋은 유형의 시험은 글쓰기나 자유 회상이다. 주어진 문항에서 정답을 골라야 하는 객관식 시험은 별 효과가 없다.

5. 학습 사이사이에 일정한 간격을 두는 것이 좋다. 학습 시간표가 꽉 차 있어서는 안 된다. 윌리엄스 대학의 인지심리학자 네이트 코넬은 학습과 공부 과정에서 간격을 두는 방식의 중요성을 여러 번 증명했다. 한 실험 연구에서 코넬은 일부 학생들에게는 플래시카드 한 무더기를 일주일 동안 공부하게 하고, 다른 학생들에게는 하루 동안 벼락치기로 공부하게 했다(모두 학창 시절의 추억이 떠오를 것이다). 학습에 간격을 둔 학생들은 벼락치기로 공부한 학생들보다 30% 더 좋은 성적을 받았다. 그리고 이 방법은 학습자의 90%에게 효과가 있었다.[19]

6. 아이들에게는 한 가지 책을 반복해서 읽게 하는 것보다 개요를 짜고, 정보를 조합하고, 지식을 통합하도록 격려하는 것이 좋다. 학습자가 적극적으로 지식에 관여하면 수동적으로 받아들이기만 할 때보다 장기 기억력이 좋아진다. 책 한 장章을 읽은 후 그 장의 개요를 써 보는 것은 수동적인 학습을 능동적인 학습으로 바꿔 주기에 좋은 방법이다. 아이가 공부를 하면서 스스로를 시험해 보고 새로 배운 것을 자신만의 언어로 다시 써 보게 하는 것 또한 학

습에 크게 도움이 된다.

7. 아이들은 새로운 정보를 배우기 위해 많은 사례를 필요로 한다. 그중에서도 이야기 형태로 된 자료는 대단히 좋다. 다른 유형의 자료보다 읽고, 이해하고, 기억하기가 쉽기 때문이다. 이야기에는 상상해 볼 수 있는 인물들이 나오고, 정보를 적용해 볼 수 있는 구성이 있으며, 이야기에 나오는 인물의 감정과 행동은 아이들이 개인적으로 그 이야기에 공감하도록 도와준다. 아이의 관심을 사로잡는 것은 학습 과정에서 매우 중요하다. 추상적인 개념들을 가르칠 때는 아이들에게 구체적 사례를 다양하게 제시하기 바란다.

8. 아이들이 가장 관심을 가지는 것과 학습을 연계할 수 있다면 가장 효과적이다. 가령, 학생들에게 자신이 살고 있는 도시의 환경오염 문제를 해결할 수 있는 방법을 찾아보라고 하면 학생들은 과학적 원리를 좀 더 구체적으로, 흥미롭게 이해할 수 있을 것이다. 실제적인 문제를 해결하도록 계획된 활동을 통해 아이들은 과학적 지식과 일반적 문제 해결 전략을 동시에 배울 수 있다.

9. 아이들에게 어떤 지식에 대해 자세한 설명을 요구하는 방법도 좋다. 아이들에게는 '왜, 어떻게, 만약 ~한다면, 만약 ~하지 않는다면' 같은 식의 질문을 던져야 한다. 이러한 질문은 학습자가 단순히 빈칸을 채우면 되는 '누가, 무엇이, 어디에서, 언제' 같은 식의 피상적인 질문보다 훨씬 더 효과적이다. 아이들에게 깊이 있는 질문을 던지는 것만으로도 아이들이 지식을 더 잘 배우는 데 도움이 된다.

이 방법들 외에도 집과 학교에서 아이의 학업을 향상시킬 수 있는 방법은 많다. 이에 대해 자세히 알아보기 바란다. 여기서 제안한 것 중 많은 부분은 멤피스 대학교의 연구 계획 '직장과 가정에서의 평생 학습 Lifelong Learning at Work and Home'에서 인용했다. 더 많은 정보를 원한다면 웹사이트 http://psyc.memphis.edu/learning을 방문해 보기 바란다.[*] 다시 한 번 말하지만 한 가지 명백한 점은, 학습에 대한 수많은 연구 가운데 젠더가 문제가 된 연구는 하나도 없다는 것이다.

밑져야 본전?

좋다. 그러니까 단일 성별 공립학교가 모든 교육 문제를 완전히 해결하지는 못한다. 하지만 어떤 사람은 공립학교들이 선택권을 제공할 권리가 있고 선택을 할 수 있다는 것 자체가 좋지 않냐고 주장할 수 있다. 해를 끼치지 않는 한, 단일 성별 공립학교가 남녀공학 옆에 존재하는 것이 왜 문제가 되느냐는 말이다. 그런데 실험에 의거한 확실한 증거들은 단일 성별 공립학교가 아이들에게 해를 끼친다고 말한다. 인지적인 면과 사회적인 면 모두에서 말이다.

모든 유형의 분리 교육은, 특히 고정관념에 부합하도록 설계된 교육은 아이들을 바로 그 고정관념에 들어맞는 모습으로 만든다. 이미 6장에서 많은 분량을 할애하여 어떻게 우리의 경험이 우리의 두뇌에 영향을 미치는지 살펴봤다. 이에 관련된 연구는 모두 우리가 젠더 고정관념 차이에 근거하여 남자아이들과 여자아이들에게 완전히 다른 교육을 제공한다면 실제 두 그룹의 두뇌에 차이가 생긴다는 사실을 증명했다. 여자아이들은 시공간을 다루는 과제에 흥미를 느끼지 않고 언어와 관련된 과제를 선호한다고 생각하는 과학 교사가 있다고 상상해 보자. 이 교사는 여학생을 대상으로 수업 계획을 세울 때 각설탕과 이쑤시개를 이용하여 분자모형을 만들어 보는 활동을 넣는 대신 그냥 분자에 대해 말로 설명해 줄 것이다. 젠더 고정관념에 따른 이러한 경험들이 충분히 쌓이다 보면 진짜 차이가 생

● 이 웹사이트는 현재 운영이 중단되었다.

겨난다. 이 책의 앞부분에서 소개한 연구에 따르면, 형태를 조립하는 법을 연습한 여자아이들은 남자아이들과 대등한 공간 능력을 가지게 되었다. 하지만 여자아이들이 이러한 기술을 연습할 기회를 얻지 못한다면, 이와 관련된 신경세포는 아동기 내내 '안 쓰면 사라지는' 일종의 가지치기를 겪는다. 잘못된 분리 정책과 서로 다른 유형의 교수 방식 때문에, 처음에는 고정관념에 불과했던 것이 현실로 나타나는 것이다.

또한 단일 성별 학교는 10장에서 설명한 고정관념 위협의 온상이다. 수많은 연구를 통해 고정관념과 관련된 과제에서 아이들의 수행 능력을 떨어뜨리는 한 가지 방법은 아이들에게 자신의 젠더에 관해 생각하게 만드는 것이라는 사실이 명확하고 일관되게 증명되었다. 아이들이 종일 자신의 젠더가 가장 중요하다고 느끼게 만드는 가장 효과적인 방법은 무엇일까? 바로 젠더에 근거하여 전체 수업 시간을 구성하는 것이다. 아이들을 단일 성별 학급으로 분리하는 방법은 젠더에 대한 생각을 감소시키기는커녕 오히려 모든 것을 젠더에 의존하게 만든다. 단일 성별 학급은 지속적인 고정관념 위협 아래에서 공부하는 것이 어떠한지를 여실히 보여 주는 교과서다.

젠더에 따라 분리 운영되는 학교는 교육의 사회적 측면에도 해를 끼친다. 1997년에 캘리포니아주 주지사 피트 윌슨은 각각 남자 학교와 여자 학교로 분리된 단일 성별 '아카데미'(한 학교에 속한 여러 학교들을 이렇게 지칭하기도 한다) 여섯 곳을 설립했다. 이 프로젝트는 50만 달러의 주 보조금을 받아 운용됐다. 이들 학교는 단일 성별로 구성됐을 뿐만 아니라 학생들에게 별도의 컴퓨터와 현장학습 기회를 제공했고, 학급 규모는 더 축소했다. 문제는 (포드 재단의 기금을 받은) 외부 인사들이 이들 학교에 와서 실제로 프로젝트가 어떻게 진행되고 있는지 평가할 때 드러났다.

그들은 젠더 분리 정책이 실제로는 '남자아이들과 여자아이들을 서로 적대시하게 만들고 젠더 고정관념들을 강화했다는 사실'을 발견했다.[20] 그들이 남자아이들과 여자아이들을 한자리에 모을 때마다 여자아이들을 향해 성희롱에 가까운 말을 한다거나 여자아이들의 의사에 반해 신체 접촉을 한다거나 하는 성추행이 벌어졌다. 이 프로젝트가 원래 의도대로 잘 굴러가지 않는 것이 명백했기 때문에 아카데미 중 다섯 곳은 3년도 못 돼 문을 닫아야 했다. 다른 연구 결과들도 비슷한 경향을 보여 준다. 남자아이들로만 이루어진 학급에서는 아이들이 소란스럽게 굴고, 몸싸움을 더 자주 벌이고, 약자를 더 많이 괴롭혔다.

단일 성별 학급은 고정관념에 따른 행동을 조장할 뿐만 아니라 남자아이들과 여자아이들 사이의 차이를 강조하는 메시지를 강력하게 전달한다. 학교는 아이들에게 젠더 분리 정책에 대해 뭐라고 설명하겠는가? 남자아이와 여자아이는 완전히 다르기 때문에 다른 교실에서 지내야 한다고 말할 것이다. 하지만 이것은 사실이 아니다. 만약 남자아이들에게 학급에서 남자아이들이 여자아이들에게 뒤처지고 있고 그렇기 때문에 서로 다른 교실에서 수업을 받아야 한다고 가르친다면 이는 맞는 말인가? 아니다. 모든 남자아이가 모든 여자아이보다 읽기 과목에서 뒤처지는가? 당연히 아니다. 하지만 남자아이들과 여자아이들을 다른 교실로 분리하는 것은 모든 남자아이가 모든 여자아이와 다르다는 전제를 함축하고 있다. 이것이 단일 성별 학급이 아이들에게 전하는 메시지다.

더 심각한 문제는 아이들을 젠더에 따라 물리적으로 분리하면 실제로 아이들 사이에 고정관념이 형성된다는 점이다. 한 그룹이 다른 그룹과 따로 공부하고 노는 환경에서 자라는 아이들은 고정관념과 편견을 형성하게 된다. 어떤 아이들이 몸무게에 따라서 아이들을 분리하는 학교에 다닌다고 상상해 보자. 과체중 아이들과 정상 체중 아이들은 각각 자신과 비슷한 몸무게의 아이들만 들어갈 수 있는 교실, 심지어 학교에 다니고 있다. 어떤 사람은 과체중 아이들은 다른 또래들에게 낙인찍힐 때가 많기 때문에 비슷한 과체중 아이들하고만 같은 교실에 배치하는 방법을 써서 괴롭힘으로부터 보호해야 한다고 주장할지도 모른다. 같은 이유로 말라깽이 학교와 뚱뚱이 학교를 만들 수도 있다. 좋은 생각 같은가? 몸무게 분리 정책을 이용한 교육제도 안에서 아이들이 몸무게에 대해 가지는 고정관념과 편견은 어떤 식으로 변할까? 장담하건대, 말라깽이 아이들은 뚱뚱이 아이들을 좋아하지 않을 것이고 뚱뚱이 아이들도 말라깽이 아이들을 좋아하지 않을 것이다. 분리 정책은 고정관념을 없애지 않는다. 오히려 키운다.

분리 정책을 시행하는 것이 이번이 처음은 아니다. 미국 역사상 오랫동안, 인종 분리 정책은 국가정책의 표준이었다. 그리고 지금,

사람들은 그때와 똑같은 이유들을 들면서 젠더에 따른 분리 정책을 옹호하고 있다. "우리는 그저 서로 너무 다르다. 아이들을 보호하기 위해서다. 서로에 대한 적대감이 너무 크기 때문에 절대 해결되지 않을 것이다." 그렇지만 1954년에 미국 대법원은 분리 정책이 결코 서로를 동등하게 만들 수 없고, 분리는 항상 더 많은 고정관념을 야기하며, 다양한 세상은 다양한 교실을 필요로 한다고 판결했다.

클레어몬트 매케나 대학의 심리학 명예교수 다이앤 핼펀은 미국 심리학회 회장을 지냈다. 핼펀은 교육과 관련된 여러 쟁점에 대해 국회에서 발언해 달라는 요청을 받기도 했다. 또한 『인지능력에서의 성별 차이Sex Differences in Cognitive Abilities』라는 교과서(현재까지 개정4판이 나왔다)를 저술했다. 최근에는 새로운 단일 성별 공립학교들의 적법성에 의문을 제기한 여러 법정 소송에 전문가 증인으로 나서기도 했다. 핼펀은 연구 결과 단일 성별 교육이 타당하지 않다고 단호하게 주장하면서, 단일 성별 교육이 교육 문제를 감소시키기는커녕 오히려 악화시킨다는 사실을 깨달을 것을 촉구했다. 다음은 법정에서 그녀가 한 진술이다.

우리 학생들은 환경오염, 빈곤, 인종차별, 테러 등의 전 세계적 문제들이 산적한 세상 속으로 걸어 들어가고 있습니다. 일부 문제만 호명해도 이 정도지요. 우리는 교육제도의 깊은 나락으로 추락하고 있는 학생들을 도와서 고등학교 졸업 비율, 문해력 수준, 비판적 사고력을 높여야만 합니다. 학교가 직면해야만 하는 중대한 문제들이 많이 있습니다만, 단일 성별 교육이 고장 난 곳을 고칠 수 있다는 증거는 어디에도 없습니다. (중략) 우리 학생들은 일상생활과 학습 환경 안에서 더 많은 다양성을 경험해야 합니다. 여학생과 남학생이 함께 공부하고 서로를 통해 새로운 것을 배우는 일을 포함해서 말입니다. 이들이 서로 협력해 나가도록 준비시키는 데 어떤 다른 방법이 있을 수 있겠습니까?[21]

아멘.

 ## 부모는 무엇을 할 수 있을까?

당신이 이 책을 처음부터 끝까지 읽고, 젠더 고정관념에 근거한 교육정책이 얼마나 잘못됐는지 알고, 나처럼 약간 분개하기를 바란다. 또한 당신의 친구가 남자아이와 여자아이의 학습 방식이 서로 다르다고 이야기하면 이 책을 읽고 새로 알게 된 사실들을 알려 주기 바란다. 딸을 둔 부모들은 교육자들이 여자아이는 추상적인 개념을 배울 수 없다고 생각한다는 사실에 분노하기를 바란다. 어떤 학교에서는 연약한 여학생들이 지나치게 스트레스를 받는다는 이유로 시간 제한을 둔 시험을 치를 수 없다고 추정한다는 사실에 분노하기를 바란다.(이들은 어떻게 여학생들이 대학 입학시험을 치를 수 있다고 생각하는지 모르겠다.) 아들을 둔 부모들은 교육자들이 남자아이는 너무 충동적이고 통제할 수가 없어서 수업 시간에 자리에 앉혀 놓을 수 없다고 생각한다는 사실에 분노하기를 바란다. 교사는 남학생에게 미소를 지으면 안 되는데, 그 이유는 남학생이 미소를 보고 교사를 만만하게 여길 가능성이 있기 때문이라는 주장에 당신이 분노하기를 바란다.

이런 현상이 당신이 살고 있는 학군에 영향을 미친다면 직접 행동을 취하기 바란다. 당장은 아니더라도 지금과 같은 흐름이 지속된다면 앞으로 몇 년 안에 그렇게 될 가능성이 높다. 그러니 각자의 상황에 맞추어서 행동하기 바란다. 만약 아이가 남녀공학에 다니고 있는데 그 학교가 단일 성별 학교로 전환하고자 한다는 소식이 들린다면(실제로 내 아이들의 학군에서 벌어지고 있는 일이다), 다음의 몇 가지 조치를 취할 수 있을 것이다.

1. 교육감 앞으로 이메일을 보내서 각급 학교의 앞으로의 계획을 물어보자. 교육 행정가들은 학부모로부터 직접적인 의견을 더 자주 들어야 한다. 교육감이 직접 대응하지 않을지도 모른다(학군이 얼마나 크냐에 따라 상황은 달라진다). 어쨌든 당신이 보내는 이메일은 누군가에게 전달될 것이다. 답장을 받지 못했다면, 다시 보내자.

2. 학교 관계자들에게 『분홍색 뇌, 파란색 뇌』나 이 책을 추천하자. 남자아이와 여자아이가 서로 다르게 학습한다는 사실을 보여 주는 과학적 주장들을 조사해 보라고 권고하자. 그들이 그런 주장에는 과학이 존재하지 않는다는 사실을 깨달을 수 있도록 말이다.

3. 학교 관계자들에게 단일 성별 공립학교에 관한 미국 시민 자유

연맹의 웹페이지 www.aclu.org/womens-rights/sex-segregated
-schools-separate-and-unequal을 소개하자. 많은 단일 성별 공
립학교가 현재 제소를 당한 상태다. 적법성이 문제되고 있기 때문
이다.

만약 아이가 다니고 있는 공립학교가 형편없고 그 대안으로 상당
히 괜찮은 단일 성별 학교가 존재한다면 다음 조치를 취하기 바란다.

1. 아이를 단일 성별 학교에 등록시키기 전에, 그곳에서의 학교
생활이 불만스럽다면 다시 원래의 학교로 아이가 돌아갈 수 있는
지 여부를 확인하자. 단일 성별 학교는 홍보 책자에서 보면 좋아 보
일지 모르지만 실상은 젠더 고정관념의 온상이다. 여학생만 다니는
일부 학교는 학생들에게 고등수학을 가르치지 않는다. 하지만 해당
학교는 그 사실을 학교 홈페이지에 정확하게 안내하고 있지 않다.

2. 학교 이외에 아이가 접하는 세상에는 젠더 다양성이 존재할 수
있도록 노력하자. 아이를 혼성 운동경기와 과외활동에 등록시키고
성별이 다른 아이들과 한데 어울릴 수 있는 휴가를 아이와 함께 떠
나자. 그리고 성별에 관계없이 성공적인 역할 모델들을 아이에게
소개해 주자.

3. 단일 성별 학교 교육의 단점들에 대해 아이에게 분명하게 이야
기하자. 학교 때문에 젠더 고정관념이 어떻게 커질 수 있는지, 그리
고 고정관념 위협이 아이의 학업 성취도에 어떤 영향을 미칠 수 있
는지 설명해 주자. 오히려 정면으로 부딪쳐 보면 문제들의 영향이
줄어들 수 있다.

만약 남자아이와 여자아이가 태어날 때부터 서로 다르게 만들어져 있고 그렇기 때문에 서로 다른 교육 전략이 필요하다고 생각한다면…… 이 책의 첫 장으로 돌아가서 처음부터 다시 시작하기 바란다.

요점 정리: 꼭 하고 싶은 이야기

- 미국에서는 단일 성별 공립학교가 생기는 흐름이 확산되고 있다. 남자아이와 여자아이가 학습하는 방식이 서로 다르기 때문에 둘을 따로 가르쳐야 한다는 잘못된 추정에서 기인한 것이다.

- 단일 성별 학교 중 대부분은 젠더 고정관념(가령 여자아이는 추상적 개념들을 배울 수 없고 남자아이는 서로 경쟁할 때만 배울 수 있다는 생각)에 근거하여 학생들을 가르친다. 이들 학교는 남자아이와 여자아이 사이에 자연적으로 겹치는 부분을 간과하고 있다. 모든 남자아이가 똑같은 방식으로 학습하지 않고 모든 여자아이 역시 똑같은 방식으로 학습하지 않는다.

- 단일 성별 학교는 학생들의 학업 성취도를 높이는 데 효과가 없을 뿐만 아니라 그들이 반대하는 바로 그 고정관념 안으로 아이들을 집어넣을 수 있다. 게다가 단일 성별 학교에서 교육을 받는 것은 (특히 그 학교가 고정관념에 따른 교수법에 기초하고 있을 때) 젠더 고정관념에 대한 아이들의 믿음을 강화하기만 한다.

- 단일 성별 학교의 증가는 현재 미국 내에서 대세로 자리 잡고 있기 때문에 당신이 살고 있는 학군에까지 영향을 끼칠 가능성도 높다. 문제가 보이면 적극적으로 조치를 취하자. 부모는 교육정책이 수립되는 방식에 적극적으로 관여해야 한다. 단, 조치를 취할 때는 고정관념이 아닌 진짜 과학에 근거해야 한다.

에필로그

고정관념을 버리고
전투를 시작하라

한 사람의 부모로서 젠더에 대한 우리 문화의 집착을 생각할 때면 좌절감을 느끼지 않기가 힘들다. 발달심리학자들은 아이들과 그들의 젠더에 대해 많은 사실을 알고 있다. 남자아이와 여자아이 사이에 선천적인 차이는 몇 가지 안 되고, 그중 대부분은 아주 작은 차이에 불과하다는 사실도 잘 알고 있다. 젠더 고정관념은 아주 일찍부터, 아기가 세상에 나오는 그 순간부터 힘을 발휘하기 시작하며, 결코 저절로 사라지지 않는다. 또한 부모는 의도하지 않더라도 무의식적으로 아이들을 고정관념에 들어맞는 방식으로 키우고, 아이들은 부모가 고정관념과 열심히 싸우고 있을 때조차도 스스로 자신을 고정관념에 들어맞게 만든다. 고정관념은 아이들의 타고난 잠재력을 제한한다. 똑똑하고 수학을 좋아하는 여자아이가 수학을 멀리하고 문학 수업을 선택하게 된다. 섬세하고 다정한 남자아이가 자신의 타고난 감성을 숨기고 거칠게 행동하게 된다. 강인하고 운동을 잘하는 여자아이가 결국 다이어트를 하고 자신의 몸에 불만을 느끼게 된다. 남자아이들은 학교에서 고통을 겪으면서도 아무에게도 털어놓지 못한다. 도움을 청하는 것은 스스로가 취약하다는 방증이기 때문이다.

과학은 명백하다. 하지만 고정관념은 대개 생물학을 이기고 우리가 어떤 사람이 될지에 영향을 미친다. 이런 고정관념들과 싸우는 일이 힘들다 하더라도, 어쨌든 계속 열심히 싸우라고 말하고 싶다. 나는 이것이 훌륭한 싸움이며, 궁극적으로 해 볼 만한 가치가 있는 싸움이라고 생각한다. 남성적 특성과 여성적 특성을 둘 다 갖춘 사람들, 단호하고, 독립적이고, 다른 사람을 돌보고, 공감 능력이 뛰어난 사람들은 평생 동안 잘 살아간다. 이들은 더 행복하고, 우울증에 걸릴 가능성이 더 낮고, 만족스러운 직업을 가질 가능성이 더 높다. 또한 이들은 더 행복한 가정생활을 하고, 양육을 더 보람 있게 느끼고, 더 건강한 신체를 가진다. 이는 우리가 아이들에게 갖는 바람이기도 하다.

다른 것은 차치하고라도, 나는 당신이 이 책을 덮고 난 다음 두 가지만은 꼭 실천하기를 바란다. 첫째로, 젠더를 원래 있어야 할 곳으로 보내자. 젠더는 당신의 아이가 가지고 있는 많은 특성 중 하나일 뿐이다. 젠더는 머리 색깔이나 키와 다르지 않다고 생각하자. 나는 키가 매우 좋은 비유라고 생각한다. 나는 키가 160센티미터 정도인데 미국 여자치고는 작은 편이다. 내 키는 생물학적이고, 확실하고, 바꿀 수가 없다. 내 키는 내가 하는 일 중 일부에 영향을 미친다. 가령 나는 비행기의 짐 넣는 칸에 여행 가방을 넣을 때 도움이 필요하다. 하지만 도와줄 사람이 주위에 아무도 없으면 나는 앞좌석에 올라서서 가방을 있는 힘껏 밀어 넣는다. 또한 나는 캐비닛의 맨 꼭대기에서 뭔가를 꺼내려면 발판이 필요하다. 사실 나는 책상 위에 올라가서 필요한 것을 쓱 꺼내는 데 선수다. 내 키는 농구 스타가 될 수 있는 가능성을 낮췄지만 농구를 잘하지 못하게 막지는 못했다.(내가 다닌 고등학교 농구 팀의 스타 선수는 나와 키가 비슷했다.) 당연히 180센티미터가 넘는 사람에 비해서는 더 열심히 노력해야 했지만 말이다.

젠더도 이와 비슷하게 취급해야 한다. 젠더 또한 생물학적이고, 확실하고, 바꿀 수가 없다. 그리고 젠더는 어떤 사람이 어떤 행동을 할 가능성에 영향을 미칠 수도 있다. 만약 여자아이라면 일찍 말을 시작할 가능성이 높다. 만약 남자아이라면 공격적일 가능성이 더 높다. 하지만 어떤 경우에도 변치 않거나 어떤 경우에도 불가능한 일은 아무것도 없다. 나의 키는 나에 대한 모든 것을 결정짓지 않는다. 그저 나라는 사람의 일부일 따름이다. 나의 젠더도 마찬가지다. 그 이상도 이하도 아니다.

둘째로, 부모로서 하는 일들을 조금씩 변화시키자. 온 힘을 쏟아붓지 않아도 된다. 그저 약간만 비틀면 그것으로 충분하다. 이 말은 믿어도 좋다. 나는 혁명가가 아니다. 내게 전투적이라고 말한 사람은 지금껏 아무도 없었다. 하지만 나는 엉큼하고 반항적이다. 그리고 나의 전투는 내가 선택한다.

다음 세 가지는 내가 정기적으로 행하는 양육 방식이다.

1. 나는 젠더 고정관념이 반영된 옷과 장난감을 버리거나 기부한다. 최근에는 "나는 쇼핑을 사랑해요."라고 적힌 셔츠를 기부했다. 그리고 바비 인형, 브라츠 인형, 몬스터 하이 인형은 항상 기부한다. 누군가가 내 아이에게 선물했다고 해서 그 선물이 아이에게 좋지 않은 영향을 미치도록 내버려 두어야 하는 것은 아니다. 장난감과 옷, 그것에 담긴 메시지는 아이들에게 큰 영향을 미친다. 또한 나는 많은 텔레비전 프로그램과 영화를 거부한다. 고정관념의 요소가 많은 프로그램이나 영화가 눈에 띄면 나는 서슴지 않고 말한다. "저건 보면 안 돼. 저 영화가 말하는 메시지가 맘에 들지 않아."

2. 나는 아이들에게 사용하는 언어를 바꾼다. 아이들을 "예쁜 아가씨들"이나 "숙녀들"이라고 부르는 대신 그냥 "아이들"이라고 부른다. 아이들과 다른 사람에 대해 대화할 때도 젠더를 이용하지 않는다. 아이, 부모, 경찰관, 교사, 점원, 의사같이 좀 더 설명적인 이름표를 사용한다. 어렵지 않다. 물론, 아이가 물어보거나 아이에게 꼭 젠더를 알려야 할 필요가 있을 때는 젠더를 언급한다. 하지만 그런 경우는 별로 없다.

3. 나는 아이들이 스스로 습득한 고정관념을 사용하지 못하게 막는다. 아이들이 고정관념에 따른 말을 할 때마다 바로잡아 준다. 가장 중요하게는, 바깥세상에서 잘못된 점이 눈에 띄면 꼭 짚고 넘어간다. 다른 어른들이 고정관념이 담긴 말을 하면, 나는 아이들과 따로 남았을 때 그것에 대해 언급하고 바로잡는다.

당신이 이 책을 읽고 나서 젠더와 관련된 몇 가지 추정은 꼭 버렸으면 한다.

1. 장난감은 오로지 재미만을 위한 것이고 영화와 텔레비전은 그저 의미 없는 오락거리에 불과하다고 치부하지 말자. 이것들은 아이들이 자기 자신과 세상을 보는 관점에 영향을 미친다. 즐기기 위한 목적으로 만들어졌다고 해서 사소하게 여겨서는 안 된다.

2. 대중문화나 마음씨 좋은 할머니에게 당신이 영향력을 행사할 수 없다고 추정하지 말자. 당신은 소음을 뚫고 가장 큰 목소리를 낼 수 있어야 한다.

3. 아이가 무엇을 좋아할지, 무엇을 싫어할지, 무엇을 잘할지, 어떻게 행동할지 등 그 어떤 것도 아이의 젠더에만 근거하여 추정하지 말자. 여건만 주어진다면 개개인은 젠더의 틀에서 벗어나 아주 다양해진다. 아기일 때부터 부모가 열린 마음을 가지고 시작한다면, 아이는 단순한 고정관념에서 벗어나 훨씬 더 흥미로운 모습으로 성장할 수 있을 것이다.

하루가 끝나는 시간, 나는 젠더 고정관념이 아이들에게 미치는 영향을 줄이고자 시도한 일에서 내가 성공했는지 되돌아본다. 쉽게 성공했다고 말하기는 어렵다. 하지만 나는 마야가 가장 좋아하는 과목이 수학이고, 마야가 외모를 가장 중요하게 여기지 않는다는 사실을 알고 있다(마야가 외출할 때 보면 알 수 있다). 마야는 망치 쓰는 법과 아기에게 젖병을 물리는 법을 안다. 마야는 친구들을 괴롭히는 아이들에게 단호하게 맞서고, 슬퍼하는 친구는 위로해 준다.

나는 그레이스의 담임교사가 일전에 이렇게 말한 것을 기억한다. "그레이스가 아주 다양한 장난감을 좋아해서 정말 좋아요." 그레이스는 미니마우스가 그려진 드레스를 입는 걸 좋아한다. 거기에다 소방모까지 쓰면 좋아 죽는다. 그레이스는 몸이 튼튼하고 등산을 좋아한다. 그레이스는 아빠처럼 소방관이 되고 싶다고 말하는 한편, 발톱에 매니큐어 바르는 것도 좋아한다. 그레이스가 가장 좋아하는 장난감은 자동차와 공이다. 특히 분홍색 자동차와 분홍색 공을 좋아한다.

아이가 여자아이 혹은 남자아이라는 사실을 부인하자는 이야기가 아니다. 젠더에 따라 아이를 규정하지 말자는 이야기다. 내 딸들은 각자 고유하고 서로 매우 다르다. 나는 그들 안에서 다양성과 고유성 모두를 발견한다. 그러니 해를 끼치는 고정관념들을 줄이고 이로운 특성들을 강화해 주자는 이야기다. 그리고 아이들의 고유한 강점들이 저마다 빛을 발할 수 있게 해 주자는 이야기다.

이렇게 하기 위해서는 아기가 태어날 때부터 마음을 단단히 먹고 정면을 똑바로 보면서 문제와 맞서 싸워야 한다. 아이에게 분홍색과 파란색으로만 이루어진 세상은 일찍부터 찾아오고, 한번 오면 저절로 순순히 사라지지 않는다. 당신의 가정을 젠더 고정관념 없는 모범 사례로 만드는 것만으로도 훌륭하지만 그것만으로는 충분하지 않다. 주위 사람들에게 젠더 고정관념의 영향에 대해 조금 더 관심을 기울이고 조금 더 분노하라고 권하자. 변화는 그렇게 시작된다.

주

2장

1 Rebecca S. Bigler, "The Role of Classification Skill in Moderating Environmental Influences on Children's Gender Stereotyping: A Study of the Functional Use of Gender in the Classroom," *Child Development* 66 (1995) 1072~87면.

2 Jennifer A. Jewell and Christia Spears Brown, "Relations among Gender Typicality, Peer Relations and Mental Health During Early Adolescence," *Social Development* 23 (2013) 137~56면.

3 Rebecca S. Bigler, Christia Spears Brown and Marc Markell, "When Groups Are Not Created Equal: Effects of Group Status on the Formation of Intergroup Attitudes in Children," *Child Development* 72 (2001) 1151~62면.

4 Christia Spears Brown and Rebecca S. Bigler, "Effects of Minority Status in the Classroom on Children's Intergroup Attitudes," *Journal of Experimental Child Psychology* 83 (2002) 77~110면.

5 Meagan M. Patterson and Rebecca S. Bigler, "Preschool Children' s Attention to Environmental Messages about Groups: Social Categorization and the Origins of Intergroup Bias," *Child Development* 77.4 (2006) 847~60면.

6 Marianne G. Taylor, Marjorie Rhodes and Susan A. Gelman, "Boys Will Be Boys; Cows Will Be Cows: Children's Essentialist Reasoning about Gender Categories and Animal Species," *Child Development* 80 (2009) 461~81면.

7 Lynn S. Liben, Rebecca S. Bigler and Holleen R. Krogh, "Language at Work: Children's Gendered Interpretations of Occupational Titles," *Child Development* 73 (2002) 810~28면.

8 Judy S. DeLoache, Deborah J. Cassidy and C. Jan Carpenter, "The Three Bears Are All Boys: Mothers' Gender Labeling of Neutral Picture Book Characters," *Sex Roles* 17.3-4 (1987) 163~78면.

9 Stuart Oskamp, Karen Kaufman and Lianna Atchison Wolterbeek, "Gender Role Portrayals in Preschool Picture Books," *Journal of Social Behavior and Personality* 11.5 (1996) 27~39면.

10 Carol Lynn Martin and Charles F. Halverson Jr., "The Effects of Sex-typing Schemas on Young Children's Memory," *Child Development* 54.3 (1983) 563~74면.

11 Campbell Leaper, Kristin J. Anderson and Paul Sanders, "Moderators of Gender Effects on Parents' Talk to Their Children: A Meta-analysis," *Developmental Psychology* 34.1 (1998) 3면.

12 Alicia Chang, Catherine M. Sandhofer and Christia S. Brown, "Gender Biases in Early Number Exposure to Preschool-aged Children," *Journal of Language and Social Psychology* 30.4 (2011) 440~50면.

3장

1 Mary Driver Leinbach and Beverly I. Fagot, "Categorical Habituation to Male and Female Faces: Gender Schematic Processing in Infancy," *Infant Behavior and Development* 16 (1993) 317~32면.

2 Ibid.

3 Steven Reicher, "Biography of Henri Tajfel (1919-1982)," *European Association of Social Psychology*, Last modified November 7, 2011. www.easp.eu/activities/own/awards/tajfel.htm.

4 Henri Tajfel and Michael Billic, "Familiarity and Categorization in Intergroup Behavior," *Journal of Experimental Social Psychology* 10 (1974) 159~70면.

5 Jennifer Steinhauer, "Congress Nearing End of Session Where Partisan Input Impeded Output," *New York Times*, Sept. 19, 2012.

6 Daniel Bar-Tal, "Development of Social Categories and Stereotypes in Early Childhood: The Case of 'the Arab' Concept Formation, Stereotype and Attitudes by Jewish Children in Israel," *International Journal of Intercultural Relations* 20 (1996) 341~70면.

7 Susan T. Fiske and Shelley E. Taylor, *Social Cognition*, Boston: Addison-Wesley 1984.

8 Henri Tajfel and Alan L. Wilkes, "Classification and Quantitative Judgment," *British Journal of Psychology* 54 (1963) 101~14면.

9 David J. Kelly, et al., "The Other-Race Effect Develops During Infancy: Evidence of Perceptual Narrowing," *Psychological Science* 18.12 (2007) 1084~89면.

10 Olivier Pascalis, Michelle de Haan and Charles A. Nelson, "Is Face Processing Species-Specific During the First Year Of Life?," *Science* 296.5571 (2002) 1321~23면.

11 Kathryn H. Ganske and Michelle R. Hebl, "Once Upon a Time There

374

was a Math Contest: Gender Stereotyping and Memory," *Teaching of Psychology* 28 (2001) 266~68면.

4장

1 Friedrich Nietzsche, *Human, All Too Human*, Chicago: C. H. Kerr 1908.

2 John Gray, *Men Are from Mars, Women Are from Venus*, New York: HarperCollins 1993.

3 Michael Gurian, *Boys and Girls Learn Differently!*, San Francisco: Jossey-Bass 2000.

4 Kathryn Dindia and Daniel J. Canary, *Sex Differences and Similarities in Communication*, New York: Taylor & Francis 2006.

5 Michael Schredl and Iris Reinhard, "Gender Differences in Nightmare Frequency: Meta-analysis," *Sleep Medicine Reviews* 15 (2011) 115~21면.

6 Janet Shibley Hyde, "The Gender Similarities Hypothesis," *American Psychologist* 60 (2005) 581면.

7 Steven J. Haggbloom, et al., "The 100 Most Eminent Psychologists of the 20th Century," *Review of General Psychology* 6.2 (2002) 139~52면.

8 Robyn Fivush, "Gender and Emotion in Mother-Child Conversations about the Past," *Journal of Narrative & Life History* 4 (1991) 325~41면.

9 Mykol C. Hamilton, David Anderson, Michelle Broaddus and Kate Young, "Gender Stereotyping and Under-Representation of Female Characters in 200 Popular Children's Picture Books: A Twenty-First-Century Update," *Sex Roles* 55 (2006) 757~65면.

10 Warren O. Eaton and Lesley R. Enns, "Sex Differences in Human Motor Activity Level," *Psychological Bulletin* 100 (1986) 19면.

11 Adrian Furnham, Emma Reeves and Salima Budhani, "Parents Think Their Sons Are Brighter Than Their Daughters: Sex Differences in Parental Self-Estimations and Estimations of Their Children's Multiple Intelligences," *The Journal of Genetic Psychology* 163 (2002) 24~39면.

12 Qing Li, "Teachers' Beliefs and Gender Differences in Mathematics: A Review," *Educational Research* 41 (1999) 63~76면.

13 Nicole M. Else-Quest, Janet Shibley Hyde and Marcia C. Linn, "Cross-National Patterns of Gender Differences in Mathematics: A Meta-Analysis," *Psychological Bulletin* 136 (2010) 103면.

14 Janet S. Hyde, Elizabeth Fennema and Susan J. Lamon, "Gender Differences in Mathematics Performance: a Meta-Analysis," *Psychological Bulletin* 107 (1990) 139면.

15 Janet S. Hyde, Sara M. Lindberg, Marcia C. Linn, Amy B. Ellis and Caroline C. Williams, "Gender Similarities Characterize Math Performance," *Science* 321 (2008) 494~95면.

16 Nicole M. Else-Quest, Janet Shibley Hyde and Marcia C. Linn, "Cross-National Patterns of Gender Differences in Mathematics: A Meta-Analysis," *Psychological Bulletin* 136.1 (2010) 103~27면.

17 Campbell Leaper and Tara E. Smith, "A Meta-Analytic Review of Gender Variations in Children's Language Use: Talkativeness, Affiliative Speech and Assertive Speech," *Developmental Psychology* 40 (2004) 993면.

18 Kristen C. Kling, Janet Shibley Hyde, Carolin J. Showers and Brenda N. Buswell, "Gender Differences in Self-Esteem: A Meta-Analysis," *Psychological Bulletin* 125 (1999) 470~500면.

19 Lina A. Ricciardelli and Marita P. McCabe, "Children's Body Image Concerns and Eating Disturbance: A Review of the Literature,"

Clinical Psychology Review 21 (2001) 325~44면.

20 Jill Rierdan, Elissa Koff and Margaret L. Stubbs, "A Longitudinal Analysis of Body Image as a Predictor of the Onset and Persistence of Adolescent Girls' Depression," *The Journal of Early Adolescence* 9.4 (1989) 454~66면.

21 Duane A. Hargreaves and Marika Tiggemann, "Idealized Media Images and Adolescent Body Image: 'Comparing' Boys and Girls," *Body Image* 1 (2004) 351~61면.

22 Benjamin L. Hankin, Lyn Y. Abramson, Terrie E. Moffitt, Phil A. Silva, Rob McGee and Kathryn E. Angell, "Development of Depression from Preadolescence to Young Adulthood: Emerging Gender Differences in a 10-Year Longitudinal Study," *Journal of Abnormal Psychology* 107 (1998) 128면.

23 Benjamin L. Hankin and Lyn Y. Abramson, "Development of Gender Differences in Depression: Description and Possible Explanations," *Annals of Medicine* 31 (1999) 372~79면.

24 Benjamin L. Hankin and Lyn Y. Abramson, "Development of Gender Differences in Depression: An Elaborated Cognitive Vulnerability-Transactional Stress Theory," *Psychological Bulletin* 127 (2001) 773면.

25 Ibid.

26 Hyde, "Gender Similarities."

27 Alexia Cooper and Erica L. Smith, "Homicide Trends in the United States, 1980-2008: Annual Rates for 2009 and 2010," U. S. Department of Justice Bureau of Justice Statistics NCJ 236018 (2011).

28 Noel A. Card, et al, "Direct and Indirect Aggression During Childhood and Adolescence: A Meta-Analytic Review of Gender Differences, Intercorrelations and Relations to Maladjustment," *Child Development* 79.5 (2008) 1185~1229면.

29 Eleanor E. Maccoby, "Gender as a Social Category," *Developmental Psychology* 24 (1988) 755면.

30 Judith A. Hall and Amy G. Halberstadt, "Smiling and Gazing," *The Psychology of Gender: Advances through Meta-Analysis* (1986) 136~58면.

31 Alice H. Eagly and Maureen Crowley, "Gender and Helping Behavior: A Meta-Analytic Review of the Social Psychological Literature," *Psychological Bulletin* 100 (1986) 283~308면.

32 David Tzuriel and Gila Egozi, "Gender Differences in Spatial Ability of Young Children: The Effects of Training and Processing Strategies," *Child Development* 81 (2010) 1417~30면.

33 Melissa S. Terlecki and Nora S. Newcombe, "How Important Is the Digital Divide? The Relation of Computer and Videogame Usage to Gender Differences in Mental Rotation Ability," *Sex Roles* 53 (2005) 433~41면.

5장

1 http://w w w2.rsna.org/timssnet/media/pressreleases/pr_target. cfm?id=634. Retrieved January 21, 2014.

2 Examples of news stories: Health. http://news.health.com/2012/1½6/ alzheimers-may-progress-differently-in-women-men/. Retrieved January 21, 2014; Health Central. http://w w w.healthcentral. com/ alzheimers/c/57548/157760/influences/. Retrieved January 21, 2014; The Morning Show: http://www.necn.com/11/28/12/ Dr-Mallika-MarshallImportant-health-hea/landing_mallika. html?blockID=807039. Retrieved January 21, 2014.

3 Steve Strand, Ian J. Deary and Pauline Smith, "Sex Differences in

Cognitive Abilities Test Scores: A UK National Picture," *British Journal of Educational Psychology* 76 (2006) 463~80면.

4 Janet Shibley Hyde, "The Gender Similarities Hypothesis," *American Psychologist* 60 (2005) 581면.

5 Jacob Cohen, *Statistical Power Analysis for the Behavioral Sciences*, San Diego, CA: Academic Press 1969.

6 Darren W. Campbell and Warren O. Eaton, "Sex Differences in the Activity Level of Infants," *Infant and Child Development* 8 (1999) 1~17면.

7 Janet S. Hyde and Marcia C. Linn, "Gender Differences in Verbal Ability: A Meta-Analysis," *Psychological Bulletin* 104 (1988) 53면.

8 Ann C. Crouter, Susan M. McHale and W. Todd Bartko, "Gender as an Organizing Feature in Parent-Child Relationships," *Journal of Social Issues* 49 (1993) 161~74면.

6장

1 Louann Brizendine, *The Female Brain*, New York: Crown Publishing 2006.

2 Rebecca M. Young and Evan Balaban, "Psychoneuroendoctrinology," *Nature* 443 (2006) 634면.

3 Richard A. Lippa, *Gender, Nature and Nurture*, Florence: Psychology Press 2005; Cordelia Fine, *Delusions of Gender: How Our Minds, Society and Neurosexism Create Difference*, New York: W.W. Norton & Co. 2011.

4 Charles H. Phoenix, Robert W. Goy, Arnold A. Gerall and William C. Young, "Organizing Action of Prenatally Administered Testosterone Propionate on the Tissues Mediating Mating Behavior in the Female

Guinea Pig," *Endocrinology* 65 (1959) 369~82면.

5 Michael Gurian, *Boys and Girls Learn Differently!*, San Francisco: Jossey-Bass 2000.

6 Leonard Sax, *Why Gender Matters: What Parents and Teachers Need to Know about the Emerging Science of Sex Differences*, New York: Three Rivers Press 2007; Simon Baron-Cohen, *Essential Difference: Male and Female Brains and the Truth about Autism*, New York: Basic Books 2004; Louann Brizendine, *The Female Brain*, New York: Crown Publishing 2006.

7 Christine DeLacoste-Utamsing and Ralph L. Holloway, "Sexual Dimorphism in the Human Corpus Callosum," *Science* 216 (1982) 1431~32면.

8 Katherine M. Bishop and Douglas Wahlsten, "Sex Differences in the Human Corpus Callosum: Myth or Reality?," *Neuroscience & Biobehavioral Reviews* 21 (1997) 581~601면; Mikkel Wallentin, "Putative Sex Differences in Verbal Abilities and Language Cortex: A Critical Review," *Brain and Language* 108 (2009) 175~83면.

9 Mikkel Wallentin, "Putative Sex Differences in Verbal Abilities."

10 Iris E. Sommer, André Aleman, Metten Somers, Marco P. Boks and René S. Kahn, "Sex Differences in Handedness, Asymmetry of the Planum Temporale and Functional Language Lateralization," *Brain Research* 1206 (2008) 76~88면.

11 Simon Baron-Cohen, Michael V. Lombardo, Bonnie Auyeung, Emma Ashwin, Bhismadev Chakrabarti and Rebecca Knickmeyer, "Why Are Autism Spectrum Conditions More Prevalent in Males?," *Plos Biology* 9 (2011) 1~10면.

12 Jennifer Connellan, Simon Baron-Cohen, Sally Wheelwright, Anna Batki and Jag Ahluwalia, "Sex Differences in Human Neonatal Social

Perception," *Infant Behavior and Development* 23 (2000) 113~18면.

13 Anne Moir and David Jessel, *Brain Sex*, New York: Dell Publishing 1992.

14 Gurian, *Boys and Girls Learn Differently!*

15 http://itre.cis.upenn.edu/~myl/languagelog/archives/003923.html.

16 David A. Edwards, "Early Androgen Stimulation and Aggressive Behavior in Male and Female Mice," *Physiology & Behavior* 4.3 (1969) 333~38면.

17 Craig M. Bennett, M. B. Miller and G. L. Wolford, "Neural Correlates of Interspecies Perspective Taking in the Post-Mortem Atlantic Salmon: An Argument for Multiple Comparisons Correction," *NeuroImage* 47 (2009) S125면.

18 Lise Eliot, *Pink Brain, Blue Brain*, Boston: Houghton Mifflin Harcourt 2009.

19 Rebecca M. Jordan-Young, *Brain Storm: The Flaws in the Science of Sex Differences*, Cambridge: Harvard University Press 2010.

20 Anna Servin, Anna Nordenstrom, Agne Larsson and Gunilla Bohlin, "Prenatal Androgens and Gender-Typed Behavior: A Study of Girls with Mild and Severe Forms of Congenital Adrenal Hyperplasia," *Developmental Psychology* 39 (2003) 440~49면.

21 Ibid.

22 Geert J. De Vries, "Sex Differences in Adult and Developing Brains," *Endocrinology* 145 (2004) 1063~68면.

23 Melissa Hines, "Gender Development and the Human Brain," *Annual Review of Neuroscience* 34 (2011) 69~88면.

24 Eileen Birch and David Stager, "The Critical Period for Surgical Treatment of Dense Congenital Unilateral Cataract," *Investigative Ophthalmology and Visual Science* 37 (1996) 1532~38면.

25 Joanne Kersh, Beth M. Casey and Jessica Mercer Young, "Research on Spatial Skills and Block Building in Girls and Boys," *Contemporary Perspectives on Mathematics in Early Childhood Education* (2008) 233~51면.

26 Susan L. Andersen, "Trajectories of Brain Development: Point of Vulnerability or Window of Opportunity?," *Neuroscience & Biobehavioral Reviews* 27.1 (2003) 3~18면.

27 Nathan A. Fox, Amie A. Hane and Daniel S. Pine, "Plasticity for Affective Neurocircuitry: How the Environment Affects Gene Expression," *Current Directions in Psychological Science* 16.1 (2007) 1~5면.

7장 ───────────────────────────────────────

1 Dr. Seuss, *The Sneetches and Other Stories*, London: HarperCollins UK 2006.

2 Ibid., 5면.

3 Lisa A. Serbin and Jane M. Connor, "Sex-Typing of Children's Play Preferences and Patterns of Cognitive Performance," *The Journal of Genetic Psychology* 134 (1979) 315~16면.

4 Patricia J. Bauer and Molly J. Coyne, "When the Name Says It All: Preschoolers' Recognition and Use of the Gendered Nature of Common Proper Names," *Social Development* 6 (1997) 271~91면.

5 Marilyn R. Bradbard and Richard C. Endsley, "The Effects of Sex-Typed Labeling on Preschool Children's Information-Seeking and Retention," *Sex Roles* 9 (1983) 247~60면.

6 Raymond Montemayor, "Children's Performance in a Game and Their Attraction to It as a Function of Sex-Typed Labels," *Child Development* (1974) 152~56면.

382

7 Eleanor E. Maccoby, "Gender as a Social Category," *Developmental Psychology* 24 (1988) 755면.

8 Beverly I. Fagot, Mary D. Leinbach and Richard Hagan, "Gender Labeling and the Adoption of Sex-Typed Behaviors," *Developmental Psychology* 22 (1986) 440~43면.

9 Rachael D. Robnett and Joshua E. Susskind, "Who Cares about Being Gentle? The Impact of Social Identity and the Gender of One's Friends on Children's Display of Same-Gender Favoritism," *Sex Roles* 63 (2010) 820~32면.

10 Elliot Aronson, *The Social Animal*, New York: Macmillan 2003.

11 Robin Banerjee and Vicki Lintern, "Boys Will Be Boys: The Effect of Social Evaluation Concerns on Gender-Typing," *Social Development* 9 (2000) 397~408면.

12 Jodi Lipson, "Hostile Hallways: Bullying, Teasing and Sexual Harassment in School," AAUW Educational Foundation, 1111 Sixteenth Street, NW, Washington, DC 20036, 2001.

13 Campbell Leaper and Christia Spears Brown, "Perceived Experiences with Sexism Among Adolescent Girls," *Child Development* 79 (2008) 685~704면.

14 Debbie Chiodo, David A. Wolfe, Claire Crooks, Ray Hughes and Peter Jaffe, "Impact of Sexual Harassment Victimization by Peers on Subsequent Adolescent Victimization and Adjustment: A Longitudinal Study," *Journal of Adolescent Health* 45 (2009) 246~52면.

15 Carol Lynn Martin, "The Role of Cognition in Understanding Gender Effects," *Advances in Child Development and Behavior* 23 (1991) 113~64면.

16 Margaret L. Signorella, Rebecca S. Bigler and Lynn S. Liben, "A Meta-Analysis of Children's Memories for Own-Sex and Other-Sex

Information," *Journal of Applied Developmental Psychology* 18 (1997) 429~45면.

17 Lynn S. Liben and Margaret L. Signorella, "Gender-Schematic Processing in Children: The Role of Initial Interpretations of Stimuli," *Developmental Psychology* 29 (1993) 141면.

18 Erica S. Weisgram and Rebecca S. Bigler, "Girls and Science Careers: The Role of Altruistic Values and Attitudes about Scientific Tasks," *Journal of Applied Developmental Psychology* 27 (2006) 326~48면.

19 Rebecca S. Bigler, Andrea E. Arthur, Julie Milligan Hughes and Meagan M. Patterson, "The Politics of Race and Gender: Children's Perceptions of Discrimination and the US Presidency," *Analyses of Social Issues and Public Policy* 8 (2008) 83~112면.

20 Allison M. Ryan, Margaret H. Gheen and Carol Midgley, "Why Do Some Students Avoid Asking for Help? An Examination of the Interplay Among Students' Academic Efficacy, Teachers' Social-Emotional Role and the Classroom Goal Structure," *Journal of Educational Psychology* 90 (1998) 528~35면.

8장

1 Hugh Lytton and David M. Romney, "Parents' Differential Socialization of Boys and Girls: A Meta-Analysis," *Psychological Bulletin* 109.2 (1991) 267~96면.

2 A. Nash and R. Krawczyk, "Boys' and Girls' Rooms Revisited: The Contents of Boys' and Girls' Rooms in the 1990s," Talk at Conference on Human Development, Pittsburgh, Pennsylvania, 1994.

3 Rex E. Culp, Alicia S. Cook and Patricia C. Housley, "A Comparison of Observed and Reported Adult-Infant Interactions: Effects of Perceived Sex," *Sex Roles* 9.4 (1983) 475~79면.

4 Robyn Fivush, Melissa A. Brotman, Janine P. Buckner and Sherryl H. Goodman, "Gender Differences in Parent-Child Emotion Narratives," *Sex Roles* 42.3-4 (2000) 233~53면.

5 David C. Perry, Jean C. Williard and Louise C. Perry, "Peers' Perceptions of the Consequences That Victimized Children Provide Aggressors," *Child Development* 61 (1990) 1310~25면.

6 Jacquelynne S. Eccles, Carol Freedman-Doan, Pam Frome, Janis Jacobs and Kwang Suk Yoon, "Gender-Role Socialization in the Family: A Longitudinal Approach," Thomas Eckes and Hanns M. Trautner, eds., *The Developmental Social Psychology of Gender*, Mahwah, NJ: Lawrence Erlbaum Associates Publishers 2000, 336~60면.

7 Ibid.

8 Harriet R. Tenenbaum and Campbell Leaper, "Parent-Child Conversations about Science: The Socialization of Gender Inequities?," *Developmental Psychology* 39 (2003) 34~46면.

9 Ruchi Bhanot and Jasna Jovanovic, "Do Parents' Academic Gender Stereotypes Influence Whether They Intrude on Their Children's Homework?," *Sex Roles* 52.9-10 (2005) 597~607면.

10 Alicia Chang, Catherine M. Sandhofer and Christia S. Brown, "Gender Biases in Early Number Exposure to Preschool-Aged Children," *Journal of Language and Social Psychology* 30.4 (2011) 440~50면.

11 Judith H. Langlois and A. Chris Downs, "Mothers, Fathers and Peers as Socialization Agents of Sex-Typed Play Behaviors in Young Children," *Child Development* (1980) 1237~47면.

12 Sheldon Harnick and Mary Rodgers, "William's Doll," Performed by Alan Alda and Marlo Thomas (based on the children's book of the same name) *Free to Be ... You and Me* CD, Arista Records 1972.

13 Yvonne M. Caldera, Aletha C. Huston and Marion O'Brien, "Social Interactions and Play Patterns of Parents and Toddlers with Feminine, Masculine and Neutral Toys," *Child Development* (1989) 70~76면.

9장

1 Robert Rosenthal, "On the Social Psychology of the Psychological Experiment: The Experimenter's Hypothesis as Unintended Determinant of Experimental Results," *American Psychologist* 1s, 268~83면.

2 Robert Rosenthal and Lenore Jacobson, *Pygmalion in the Classroom: Teacher Expectation and Pupils' Intellectual Development*, Austin, TX: Reinhart and Winston 1968.

3 Luigi Castelli, Cristina De Dea and Drew Nesdale, "Learning Social Attitudes: Children's Sensitivity to the Nonverbal Behaviors of Adult Models During Interracial Interactions," *Personality and Social Psychology Bulletin* 34 (2008) 1504~13면.

4 David Hothersall, *History of Psychology*, New York: McGraw-Hill 2004.

5 Jacquelynne S. Eccles, Allan Wigfield, Constance A. Flanagan, Christy Miller, David A. Reuman and Doris Yee, "Self-Concepts, Domain Values and Self-Esteem: Relations and Changes at Early Adolescence," *Journal of Personality* 57 (1989) 283~310면.

6 Yvonne M. Caldera, "Paternal Involvement and Infant-Father Attachment: A Q-Set Study," *Fathering* 2 (2004) 191~210면.

7 Benjamin L. Hankin and Lyn Y. Abramson, "Development of Gender Differences in Depression: Description and Possible Explanations," *Annals of Medicine* 31.6 (1999) 372~379면.

8 Levina Clark and Marika Tiggemann, "Sociocultural and Individual

Psychological Predictors of Body Image in Young Girls: A Prospective Study," *Developmental Psychology* 44 (2008) 1124~34면.

9 Linda Smolak and Michael P. Levine, "Body Image in Children," Thompsom J. Kevin and Linda Smolak, eds., *Body Image, Eating Disorders and Obesity in Youth: Assessment, Prevention and Treatment*, New York: Taylor & Francis 2001, 41~66면.

10 Helga Dittmar, Emma Halliwell and Suzanne Ive, "Does Barbie Make Girls Want to Be Thin? The Effect of Experimental Exposure to Images of Dolls on the Body Image of 5-to 8-Year-Old Girls," *Developmental Psychology* 42.2 (2006) 283면.

11 Lee Anne Bell, "Something's Wrong Here and It's Not Me: Challenging the Dilemmas That Block Girls' Success," *Journal for the Education of the Gifted* 12 (1989) 118~30면.

12 Heather Ridolfo, Valerie Chepp and Melissa A. Milkie, "Race and Girls' Self-Evaluations: How Mothering Matters," *Sex Roles* (2013) 1~14면.

10장 ───

1 Kelly Danaher and Christian S. Crandall, "Stereotype Threat in Applied Settings Re-Examined," *Journal of Applied Social Psychology* 38 (2008) 1639~55면.

2 Claude M. Steele and Joshua Aronson, "Stereotype Threat and the Intellectual Test Performance of African Americans," *Journal of Personality and Social Psychology* 69 (1995) 797~811면.

3 Claude M. Steele, *Whistling Vivaldi: How Stereotypes Affect Us*, New York: W.W. Norton and Co. 2011.

4 Bonny L. Hartley and Robbie M. Sutton, "A Stereotype Threat Account of Boys' Academic Underachievement," *Child Development*

(2013).

5 Paul G. Davies, Steven J. Spencer, Diane M. Quinn and Rebecca Gerhardstein, "Consuming Images: How Television Commercials That Elicit Stereotype Threat Can Restrain Women Academically and Professionally," *Personality and Social Psychology Bulletin* 28 (2002) 1615~28면.

6 Paul G. Davies, Steven J. Spencer and Claude M. Steele, "Clearing the Air: Identity Safety Moderates the Effects of Stereotype Threat on Women's Leadership Aspirations," *Journal of Personality and Social Psychology* 88 (2005) 276~87면.

7 Geoffrey L. Cohen, Julio Garcia, Nancy Apfel and Allison Master, "Reducing the Racial Achievement Gap: A Social-Psychological Intervention," *Science* 313 (2006) 1307~10면.

11장

1 Quotations from David B. Tyack and Elisabeth Hansot, *Learning Together: A History of Coeducation in American Public Schools*, New York: Russell Sage Foundation 1992, 159, 180면.

2 Kay Nolan, "School to Explore Science of Gender; Arrowhead Will Offer Separate Classes for Boys, Girls," *Milwaukee Journal Sentinel*, March 9, 2006, 3B면.

3 American Civil Liberties Union, 3:08-cv-00004-CRS; Breckinridge County Public School District, Civil Action No. 3:08-cv-00004-CRS.

4 National Association for Single Sex Public Education Sixth International Conference, Las Vegas, Nevada, October 9-10, 2010.

5 National Center for Education Statistics, "U.S. Performance Across International Assessments of Student Achievement," http://nces.

ed.gov/programs/coe/ analysis/2009-index.asp.

6 Leonard Sax, *Why Gender Matters: What Parents and Teachers Need to Know about the Emerging Science of Sex Differences*, Random House Digital, Inc. 2007.

7 Eleanor E. Maccoby and Carol Nagy Jacklin, *The Psychology of Sex Differences*, Palo Alto, CA: Stanford University Press 1974.

8 Dennis McFadden quoted by Lise Eliot, *Pink Brain, Blue Brain*, Boston: Houghton Mifflin Harcourt 2009, 326면.

9 Mark Liberman quoted by Lise Eliot, *Pink Brain, Blue Brain*, Boston: Houghton Mifflin Harcourt 2009, 327면.

10 American Civil Liberties Union, 3:08-cv-00004-CRS.

11 Campbell Leaper and Christia Spears Brown, "Perceived Experiences with Sexism Among Adolescent Girls," *Child Development* 79 (2008) 685~704면.

12 Rebecca Bigler, "Reducing Sexism in Schools: Is Single-Sex Schooling a Solution?," Paper presented at the Annual Conference for American Education Research Association, Vancouver, Canada, 2012.

13 Amy Roberson Hayes, Erin E. Pahlke and Rebecca S. Bigler, "The Efficacy of Single-Sex Education: Testing for Selection and Peer Quality Effects," *Sex Roles* 65 (2011) 693~703면.

14 Kusum Singh, Claire Vaught and Ethel W. Mitchell, "Single-Sex Classes and Academic Achievement in Two Inner-City Schools," *Journal of Negro Education* (1998) 157~67면.

15 Fred Mael, Alex Alonso, Doug Gibson, Kelly Rogers and Mark Smith, "SingleSex Versus Coeducational Schooling: A Systematic Review," Doc# 2005-01. Washington, DC: U.S. Department of Education, 2005.

16 Rosemary C. Salomone, *Same, Different, Equal: Rethinking Single-Sex*

Schooling, New Haven, CT: Yale University Press 2003.

17 Terri Thompson and Charles S. Ungerleider, "Single Sex Schooling: Final Report," Ottawa: Canadian Centre for Knowledge Mobilisation 2004.

18 Bigler, "Reducing Sexism in Schools."

19 Nate Kornell, "Optimizing Learning Using Flashcards: Spacing Is More Effective Than Cramming," *Applied Cognitive Psychology* 23 (2009) 1297~1317면.

20 Amanda Datnow, Lea Hubbard and Elisabeth Woody, *Is Single Gender Schooling Viable in the Public Sector?: Lessons from California's Pilot Program*, Toronto: OISE 2001.

21 Diane Halpern, Report of Diane Halpern, Issues of Single-Sex Education, Available at www.aclu.org/files/assets/Expert_Report_-_Diane_Halpern.pdf.

핑크와 블루를 넘어서

젠더 고정관념 없이 아이 키우기

초판 1쇄 발행 • 2018년 11월 2일

지은이 • 크리스티아 스피어스 브라운
옮긴이 • 안진희
펴낸이 • 강일우
책임편집 • 정편집실·김보은
조판 • 박지현
펴낸곳 • (주)창비
등록 • 1986년 8월 5일 제85호
주소 • 10881 경기도 파주시 회동길 184
전화 • 031-955-3333
팩시밀리 • 영업 031-955-3399 편집 031-955-3400
홈페이지 • www.changbi.com
전자우편 • ya@changbi.com

한국어판 ⓒ (주)창비 2018
ISBN 978-89-364-7677-9 03300